VOULOIR
C'EST
POUVOIR

Couverture

- Maquette et illustration:
  MICHEL BÉRARD

Maquette intérieure

- Conception:
  MICHEL-GÉRALD BOUTET

DISTRIBUTEURS EXCLUSIFS:

- Pour le Canada et les États-Unis:
  LES MESSAGERIES ADP*
  955, rue Amherst, Montréal H2L 3K4
  Tél.: (514) 523-1182
  Télécopieur: (514) 521-4434
  * Filiale de Sogides Ltée

- Pour la Belgique et le Luxembourg:
  PRESSES DE BELGIQUE
  96, rue Gray, 1040 Bruxelles
  Tél.: (32-2) 640-5881
  Télécopieur: (32-2) 647-0237

- Pour la Suisse:
  TRANSAT S.A.
  Route du Grand-Lancy, 2, C.P. 125, 1211 Genève 26
  Tél.: (41-22) 42-77-40
  Télécopieur: (41-22) 43-46-46

- Pour la France et les autres pays:
  INTER FORUM
  13, rue de la Glacière, 75624 Paris Cédex 13
  Tél.: (33.1) 43.37.11.80
  Télécopieur: (33.1) 43.31.88.15
  Télex: 250055 Forum Paris

Raymond Hull

VOULOIR C'EST POUVOIR

Traduit de l'anglais par
Ivan Steenhout

*LES ÉDITIONS DE L'HOMME**
CANADA: 955, rue Amherst, Montréal H2L 3K4

*Division de Sogides Ltée

L'édition originale de cet ouvrage a été publiée en 1969 par Longmans Canada Ltd sous le titre *How to Get what You Want*.

Nouvelle édition
Bibliothèque nationale du Québec
Dépôt légal — 2e trimestre 1985

ISBN 2-7619-0520-2

(ISBN original: 0-7759-0556-9)

Sommaire

À F. W. "Ben" Benwell,
vendeur champion,
mon maître
et ami.

Introduction

Vous lisez ce livre parce que vous n'avez pas toujours réussi à obtenir ce que vous souhaitiez. Cet ouvrage explique en effet comment atteindre vos objectifs. Il vous donne la chance de vivre une vie nouvelle. Après l'avoir lu, vous cesserez de dire, de penser ou de faire des choses qui vous dépriment, vous accablent ou vous frustrent. Vos paroles, vos pensées et vos actes vous rempliront au contraire de bonne humeur, de dynamisme et vous vaudront le succès.

Les principes exposés dans ces pages ne sont pas neufs, mais la façon de les appliquer, elle, est originale. Personne n'a décrit cette méthode avant moi. Je l'ai mise au point après des années de tâtonnements et d'erreurs en glanant une idée par-ci, une autre par-là, en fouillant dans les livres, en parlant avec des amis, en écoutant des professeurs. J'ai réussi à éviter trois obstacles inhérents à certains autres systèmes:

1. Du point de vue du développement de la personnalité, les religions produisent parfois chez ceux qui y croient des changements durables et profonds. Mais il faut d'abord avoir la foi, croire aux dogmes et croire en leur fondateur.

"Croyez et vous serez sauvé!"

Mais comment se mettre à croire? comment devenir croyant? Cela, les religions ne le précisent pas.

2. Certaines méthodes très anciennes de développement de la personnalité, comme certains aspects du yoga par exemple, remontent à une époque où l'éducation de masse n'existait pas. Conçue essentiellement pour des illettrés, la pratique de ces méthodes risque d'ennuyer les contemporains et de leur faire perdre leur temps.

3. Enfin, quelques autres méthodes, admirables au niveau des principes, négligent absolument l'*application concrète* de ces principes à la vie de tous les jours.

Ma méthode de développement de la personnalité ne requiert aucune foi préalable. Si quelqu'un se met à croire en cours de route, tant mieux! Mais il n'est pas nécessaire de croire avant de commencer.

J'ai conçu ma méthode pour des gens qui ont fréquenté l'école. Je recours d'ailleurs fréquemment à *l'écriture* comme moyen de clarifier la pensée, de concentrer l'esprit et de noter ses propres progrès. Il s'agit d'y consacrer un peu de temps chaque jour. Cela n'a rien d'ennuyeux. Chaque étape est intéressante en soi, et facile — si, bien sûr, on souhaite vraiment développer sa personnalité.

Mon système explique au lecteur précisément quoi faire et quoi ne pas faire. Je prescris des exercices susceptibles de développer le corps et l'esprit, et d'améliorer la situation financière de chacun.

Mais avant de poursuivre, il me semble utile de parler un peu de la *volonté*.

Selon certains sages, la réussite exige de la résolution et de la détermination. "La volonté de réussir est plus importante que tout le reste", disait Abraham Lincoln. "La détermination est le facteur le plus important de la réussite", affirmait Lord Chesterfield, et Ralph Waldo Emerson notait que "la chance est un autre mot pour dire: ténacité".

Le concept de "volonté" m'évoquait avant — et je ne pense pas être le seul — un effort de tout l'organisme: dents serrées, poings fermés, muscles tendus... L'image est mal venue. Ce n'est pas l'intensité ou la force du vouloir mais bien sa *constance* qui produit des résultats durables.

La machinerie d'un navire pèse des centaines de tonnes, mais elle ne détermine pas son cours. C'est l'aiguille de la boussole qui guide le bateau. Elle ne pèse rien. Elle se contente de pointer obstinément dans la même direction: celle du pôle magnétique.

La volonté ressemble à l'aiguille d'une boussole mentale. Elle garde l'esprit conscient. Elle dirige les gestes et les pas dans la bonne direction. Point n'est besoin d'effort excessif: cessez simplement de penser aux problèmes, aux échecs, aux retards, cessez d'en parler; *pensez à la réussite et parlez du succès.*

La force de la volonté réside dans sa permanence et non dans l'intensité d'un effort passager. Ma méthode contribue à accroître la volonté dans le calme, la constance et la détente.

De plus, elle ne coûte pas cher. Un stylo, du papier et un peu de temps, voilà les seuls accessoires requis!

Mais est-elle efficace? Je n'en veux pour preuve que mon exemple personnel. Il y a trois ans, j'avais quarante-cinq ans. Je ne me sentais pas en forme. Je pesais cent soixante-quinze livres. Le simple fait de monter quelques marches me faisait presque défaillir. Je dormais mal. Je me réveillais en sueur à tout bout de champ. Je faisais d'affreux cauchemars. Ma vue baissait. J'avais le teint blafard et je perdais mes cheveux.

Je pèse aujourd'hui cent cinquante livres. Je suis capable de grimper cinquante marches quatre à quatre sans perdre haleine. Je puis facilement m'asseoir et me relever quarante fois de suite, et faire après vingt flexions des jambes et faire encore vingt flexions des bras, allongé sur le sol. Chaque jour, je vais chercher sur la plage de gros morceaux de bois pour alimenter mon poêle. Je les ramène sur mon dos jusqu'à ma maison qui se trouve sur une colline à cent pieds de hauteur. Je scie mon bois moi-même sans machine. Je cultive un grand potager. J'ai le teint d'un homme en bonne santé. Ma vue s'améliore. Mes cheveux repoussent. Je dors profondément chaque nuit. Je n'ai plus besoin de réveil. Je saute du lit tous les matins impatient de commencer ma journée.

Il y a quelques années, j'étais laveur de vaisselle. Je gagnais 23 dollars par semaine. Aujourd'hui, je suis écrivain, conférencier, homme de radio et de télévision. J'ai fini de payer ma maison. J'ai de l'argent en banque et je n'ai pas un sou de dette.

Je faisais souvent de profondes dépressions qui duraient des mois. Maintenant, j'ai l'esprit calme, gai, serein. Mon travail me plaît. J'ai beaucoup d'amis.

Jadis, la timidité et la nervosité me tenaillaient. Je transpirais de peur avant de répondre au téléphone. Je m'exprime aujourd'hui de façon tout à fait détendue devant des auditoires de centaines de personnes, devant les micros de la radio ou les caméras de la télévision. Les gens ont pris l'habitude de m'entretenir de leurs problèmes: juste de se confier à moi, disent-ils, leur fait du bien.

Je traite donc d'un sujet que je connais. J'ai expérimenté ma méthode sur mon propre esprit et sur mon propre corps. Je l'ai enseignée aux adultes lors de cours du soir et j'ai constaté qu'elle était efficace également pour les autres. Après trois semaines de cours, j'ai vu l'expression du visage de certains de mes étudiants changer sensiblement de même que leur caractère et leur comportement. Je suis donc sûr de la valeur de ma méthode et je vous propose aujourd'hui de l'essayer à votre tour.

Quelques lecteurs trouveront peut-être qu'ils savent déjà ce dont je traite ou qu'ils font déjà certains des exercices décrits dans ces pages; tant mieux! ils atteindront leurs buts d'autant plus vite!

D'autres estimeront qu'il leur reste beaucoup de chemin à parcourir et bien des choses à faire. Il ne faut pas qu'ils paniquent. Ils ne doivent pas essayer d'appliquer tous mes conseils d'un coup, qu'ils y aillent progressivement, étape par étape! Chaque étape, si l'on s'y astreint consciencieusement, produit des effets tangibles, appréciables et réjouissants.

Lisez mon livre, essayez ma méthode, vous vous rendrez compte des résultats par vous-même.

Comment vous servir de cet ouvrage

1. Lisez-le en entier sans pratiquer aucun exercice.

2. Commencez les exercices dans l'ordre et au rythme recommandés.

3. Relisez le volume lentement en réfléchissant à ce qui s'y trouve et en *soulignant les passages qui vous frappent le plus*. Cette étape est essentielle.

4. Une fois par mois, il est bon de relire les passages que vous avez soulignés; ce sont ceux-là qui vous concernent le plus.

Vouloir c'est pouvoir. Vouloir c'est pouvoir. Vouloir c'est pouvoir.
Vouloir c'est pouvoir. Vouloir c'est pouvoir. Vouloir c'est pouvoir.
Vouloir c'est pouvoir. Vouloir c'est pouvoir. Vouloir c'est pouvoir.

Vouloir c'est pouvoir. Vouloir c'est pouvoir. Vouloir c'est pouvoir.
Vouloir c'est pouvoir. Vouloir c'est pouvoir. Vouloir c'est pouvoir.

Chapitre 1
Qu'est-ce que vous voulez?

"Ami, réfléchis d'abord à ce que tu souhaites!"

(EPICTÈTE)

Mon livre va vous permettre d'atteindre *vos fins quelles qu'elles soient.*

Ma méthode peut servir à obtenir de l'argent ou des biens matériels. Mais elle est bonne également pour accroître son pouvoir personnel et *faire* ce qu'on souhaite: changer de personnalité et *devenir* celui ou celle qu'on a toujours rêvé d'être.

La méthode, je le répète, permet d'obtenir n'importe quoi — dans les limites du possible, bien sûr! Mais il faut être prêt à payer le prix. *On n'a rien pour rien,* c'est une règle universelle. Que ce soit avant ou après, on paie toujours pour ce qu'on a reçu.

Réaliser ses désirs ne se monnaie pas en argent mais en réflexion, en temps et en efforts — très peu en comparaison du temps perdu par le passé, de l'énergie et des idées gaspillées. Ce peu de temps-là pourtant bien contrôlé, bien orienté suffit pour réussir des miracles. Une once de métal découpé comme il faut donne une clef; appliquée au bon endroit et bien manipulée, cette clef ouvre des portes de dix tonnes. De façon analogue: en y consacrant un peu de temps, de réflexion et d'énergie, on parvient à ouvrir des portes jusque-là condamnées et à obtenir les trésors matériels, spirituels ou mentaux dont on a toujours rêvé. Chacun doit décider pour lui-même s'il veut se servir de la clef tout de suite, dans un an, plus tard ou bien jamais.

"Le temps passe", me disait un jour quelqu'un. "Le temps passe et je ressens dans le fond de moi-même que j'ai envie de faire quelque chose mais je ne sais pas quoi".

Est-ce aussi *votre cas?* Sans doute! Sinon, pourquoi liriez-vous mon livre?

Vous n'êtes pas le seul. La majorité des gens vivent de la sorte. Ils passent de l'enfance à la vieillesse en éprouvant le vague sentiment que la vie aurait dû leur apporter quelque chose mais ils ne consentent pas au moindre effort pour déterminer quoi. Ces gens-là sont des fétus de paille à la dérive du temps. Ils bougent, certes, mais ne peuvent prétendre *progresser.* Tout progrès implique la notion de mouvement systématique vers un but déterminé. Les tarets finissent par ronger le bois des embarcations à la dérive au gré des vents et des courants. Ces épaves coulent ou bien la marée les projette sur les récifs où elles achèvent de pourrir.

Le manque de direction, l'absence de but sont des causes courantes d'échec et de misère. Je citerai le cas de Fred, un manoeuvre. Il passe d'un emploi à l'autre. Il travaille tantôt dans la construction, tantôt comme concierge, manoeuvre, débardeur, commis de magasin ou messager. Il se dispute et critique sans cesse ses employeurs et ses compagnons de travail. Il ne travaille jamais longtemps au même endroit. On lui a déjà conseillé de s'inscrire à des cours du soir, de parfaire son instruction et d'agir de façon à décrocher un meilleur emploi. Mais Fred n'a pas le temps. Ses spéculations sur les résultats des courses l'occupent trop. Il maudit son manque de chance la plupart du temps. Dans ses moments plus philosophes, il se dit: "Bah! C'est la vie!"

Fred se trompe. Ce n'est pas *la vie.* Fred *ne vit pas.* Il se contente d'*exister,* de se *laisser ballotter* par les événements. Et Fred va continuer de se laisser ballotter de la sorte: il n'a ni but ni plan d'action pour l'atteindre.

Certains prétendent avoir un but. Lucille, par exemple, affirmait qu'elle aimerait par-dessus tout se sentir toujours en bonne condition physique. Tout en se plaignant de ses fatigues perpétuelles, elle alléguait qu'elle ferait n'importe quoi, donnerait n'importe quoi pour se sentir vigoureuse et dynamique. Une amie lui suggéra de s'inscrire à un club de conditionnement physique. Sa carte de membre lui coûta 300 dollars. Sur le coup, Lucille ne tarissait pas d'éloges: son club était extraordinaire et elle allait en tirer le plus grand profit. Mais elle ne s'y rendit que trois fois. Le moindre prétexte à présent lui est bon pour ne pas y aller, pour ne pas pratiquer ses exercices et pour ne pas s'astreindre au régime alimentaire qu'on lui a conseillé. Les actes sont plus révélateurs que les mots: Lucille ne veut pas réellement se sentir en forme.

Savez-vous ce que vous voulez?

Je vous lance un défi! Pensez aux dix choses que vous souhaitez le plus. Ne commencez pas tout de suite à les écrire. Arrêtez-vous et pensez-y. Bien des gens ont du mal à se rendre jusqu'au bout. J'ai donné cet exercice un jour lors d'un de mes cours du soir. Une de mes étudiantes, après y avoir réfléchi une minute ou deux, s'est écriée: "C'est effrayant!"

Effectivement, affronter sa vérité, se rendre compte de ce qu'on désire *vraiment* peut être effrayant. Il ne s'agit pas ici d'impressionner ses amis ni personne en prétendant désirer telle ou telle chose à la mode. Il s'agit d'examiner son propre esprit, de chercher à mieux se connaître. Il n'y a donc rien là qui puisse déprécier quelqu'un à ses propres yeux. Il s'agit de dresser honnêtement la liste des dix choses que l'on souhaite le plus.

Voici d'ailleurs quelques conseils qui vous aideront à mettre au point une liste de façon à ce qu'elle vous soit la plus utile possible:

1. Evitez les objectifs d'ordre trop général: "prospérité" ou "voyages", par exemple. Soyez précis. Au lieu du terme "argent", écrivez: "un revenu annuel de 30,000 dollars". N'écrivez pas "position de prestige", mais plutôt: "vice-président de la P.T.A." ou n'importe quel autre emploi prestigieux dont vous rêvez. N'écrivez pas "mariage", précisez: "un mari, deux enfants". Remplacez "amélioration de mon caractère" par la qualité que vous souhaitez spécifiquement acquérir: "bonne humeur" ou "assurance", par exemple.

2. Choisissez dix choses différentes. Ne pensez pas vous en tirer par un petit calcul en notant "cinq paires de chaussures" ou

"une encyclopédie en dix volumes". Ces deux points comptent pour deux — "nouvelles chaussures" et "encyclopédie" — et non pour dix.

3. Vérifiez si deux de vos désirs ne sont pas incompatibles. Il est impossible d'accomplir tout en une seule vie — du moins pas tout à la fois! Il est impossible d'être archéologue et en même temps vedette de boîte de nuit, de voyager tout le temps et en même temps de vouloir le jardinage comme passe-temps, ni d'être moine et millionnaire. Nul ne peut vivre une vie désoeuvrée et réussir à la fois dans un domaine spécialisé qui requiert beaucoup de temps comme le théâtre, le chant, la danse, la médecine, le droit, le journalisme ou la politique. Personne ne peut se diriger dans deux directions différentes à la fois.

Pensez-y. Résolvez vos contradictions. Si vous êtes incapable de choisir entre deux de vos objectifs, biffez-les pour le moment de votre liste. Remplacez-les par des souhaits dont vous êtes sûr.

4. N'incluez pas de choses pour lesquelles vous n'éprouvez qu'un intérêt passager. N'écrivez que ce que vous souhaitez assez fort et ce pourquoi vous êtes prêt à consentir certains efforts pour l'acquérir.

5. Ne visez pas trop haut la première fois. Il serait illusoire de s'attendre à ce que cette méthode, ou n'importe quelle autre d'ailleurs — permette à quelqu'un de devenir physicien, par exemple, sans suivre les cours universitaires requis; ou de penser devenir un homme d'affaires prospère avant d'avoir appris comment progresser dans son emploi actuel et avant de savoir comment bien gérer ses propres finances.

Avant de se porter candidat à la mairie d'une ville, il convient de devenir un orateur accompli et de connaître parfaitement les rouages de la politique. Avant de se mettre à chercher un mari, il faut apprendre à cuisiner. Avant de prétendre devenir soutien de famille, il faut être sûr de pouvoir subvenir à ses propres besoins.

Concentrez-vous sur les choses les plus accessibles d'abord. Que chacun de vos objectifs soit réaliste! Il ne sert à rien de se leurrer soi-même ni de rêver en couleur. Vous êtes en train de mettre au point un plan d'action réaliste pour restructurer votre vie. Choisissez pour commencer des objectifs faciles. Planifiez une série de buts modestes que vous êtes capable d'atteindre rapidement plutôt que de vous engager dans un programme à long terme qui exigera de vous plusieurs années d'efforts.

Je ne prétends pas qu'il ne faille jamais se donner des objectifs difficiles et à long terme. Mais selon moi, vous progresserez plus vite et plus agréablement si vous y allez étape par étape. Gardez à l'esprit vos objectifs plus lointains. Notez-les sur une autre feuille. Concentrez-vous pour le moment sur les étapes préliminaires. Considérez-les comme des objectifs en soi.

Quand vous aurez réussi à atteindre un certain nombre de ces objectifs préliminaires et maîtrisé les techniques décrites dans ce livre au point de pouvoir les appliquer systématiquement, automatiquement, sans jamais faillir, alors vous aurez assez confiance en vous-même pour entreprendre des projets plus difficiles et plus longs.

6. Il ne faut pas que la réalisation de vos désirs brime ou fasse du tort à quelqu'un d'autre. Il est sans doute louable de vouloir s'ouvrir un commerce, une confiserie, par exemple, mais il est un peu fou de vouloir tel ou tel magasin de façon précise sans avoir même vérifié si son propriétaire souhaitait le vendre.

Que vous cherchiez un mari ou une femme, soit! Mais n'essayez pas de voler l'épouse ou l'amie d'un autre. Tout désir légitime se satisfait sans blesser personne. Nuire aux autres, commettre des injustices finit toujours par retomber sur celui qui les provoque — et souvent d'une manière pénible et inattendue.

7. Formulez chaque souhait de façon positive. Décrivez clairement votre objectif, la qualité que vous souhaitez acquérir ou la disposition d'esprit que vous voulez atteindre. Evitez de mentionner les mauvaises habitudes et les situations anciennes que précisément vous voulez corriger ou éliminer.

N'écrivez pas: "je voudrais corriger mon mauvais caractère". Certes, c'est un objectif très respectable mais il est mal exprimé. Chaque fois que vous écrivez, pensez ou dites que vous avez "mauvais caractère", vous insistez sur ce mauvais caractère! Ecrivez plutôt: "j'acquiers un caractère agréable et gai".

“J’acquiers” est plus fort et plus constructif que “je voudrais” ou “j’ai besoin” ou encore “j’aimerais”.

Formulez votre phrase de façon à ce que vos mots suggèrent que vous êtes sur le point d’atteindre votre objectif.

Je donne quelques exemples supplémentaires de cette façon de procéder. Elle est importante. N’écrivez pas: “je voudrais cesser de boire”, “je veux vaincre ma timidité”, “je ne veux plus vivre dans l’environnement déprimant dans lequel je vis”. Ces formules impliquent l’idée d’ivrognerie, de timidité et l’idée d’un environnement réellement déprimant. Le subconscient est très sensible à de telles formulations. Il doit travailler pour vous. Exprimez vos désirs, vos pensées de façon à vous en faire un allié. Ecrivez plutôt: “j’acquiers des habitudes de sobriété et je me contrôle moi-même”, “je me sens toujours calme et sûr de moi”, ou bien: “je déménage bientôt dans un appartement agréable qui rendra ma vie plus stimulante”.

Consacrez du temps à la formulation de vos souhaits. Ils doivent être exprimés de façon positive: vous vous épargnerez de la sorte beaucoup d’efforts et beaucoup de temps quand vous serez effectivement prêt à passer du stade des idées à celui des actions concrètes.

8. Si vous n’arrivez pas à trouver dix choses que vous désirez vraiment, écrivez simplement celles que vous souhaitez. Si vous dépassez ce nombre de dix, écrivez quand même les points excédentaires. Je vous expliquerai plus tard ce qu’il faut en faire.

ATTENTION: Votre liste ne concerne que vous. Ne l’écrivez pas sur un bout de papier que vous laisserez traîner où d’autres pourront la lire. Achetez-vous un agenda. Gardez-le toujours à portée de la main. Vous y noterez tous les exercices. Ne montrez votre liste à personne. N’en parlez pas. Au chapitre 5, je vous expliquerai pourquoi.

EXERCICE No 1

Dressez la liste des dix choses que vous souhaitez le plus.

Ordonnez cette liste. Ecrivez en tête ce qui vous paraît le plus simple. Il est bon, comme dans n’importe quelle entreprise, de commencer par ce qui vous semble le plus facile et le plus aisément réalisable.

Avant de marcher, puis enfin de courir, l'enfant d'abord se traîne; au piano, le musicien commence par pratiquer les gammes. Il les répète lentement. Ce n'est que plus tard qu'il se lance dans des séries d'accords de plus en plus rapides et difficiles. L'apprenti charpentier, avant d'ériger une maison, doit savoir comment planter des clous.

De manière analogue, commencez par le projet le plus simple. Votre succès va vous encourager. Vous vous sentirez plus sûr de vous, plus déterminé à entreprendre le second point et ensuite les autres.

Notez donc les points les plus faciles d'abord; ensuite, par ordre croissant, les plus difficiles. Ecrivez le plus difficile de tous à la fin. Si en rédigeant ce premier exercice, vous avez relevé plus de dix objectifs, choisissez les dix plus faciles. Gardez les autres pour plus tard.

Si vous doutez de la place exacte de certains points dans votre liste, voici trois moyens différents d'en décider:

1. Demandez-vous d'abord quel objectif se réalise *le plus rapidement.* Lorsque tous les points se valent, un débutant se sent d'autant plus encouragé que le résultat de ses effort est plus *immédiat.*

La liste de monsieur F..., par exemple, comprend les trois points suivants:

- Perdre 15 livres.
- Connaître assez d'anglais pour lire les journaux anglophones.
- Au travail, me montrer tolérant et amical envers Joseph et Henri.

Le premier test a rapport avec la durée de l'effort. Apprendre l'anglais lorsqu'on ignore tout de cette langue demande des mois. Il est facile, par contre, de perdre 15 livres en huit semaines. Changer d'attitude envers des compagnons de travail ne demande pas de temps. On peut commencer tout de suite. Les résultats sont immédiats. Monsieur F... va donc placer ces trois points dans l'ordre suivant:

- Au travail, me montrer tolérant et amical envers Joseph et Henri.

- Perdre 15 livres.
- Connaître assez d'anglais pour lire les journaux anglophones.

Venons-en au second test. Il s'agit de déterminer les objectifs accessibles sans connaissances ni aptitudes autres que celles que vous avez déjà.

La liste de mademoiselle R... comprend:

- Renouer avec certains membres de ma famille en leur écrivant régulièrement.
- Apprendre à danser pour améliorer ma vie sociale.

Pour écrire des lettres, mademoiselle R... n'a pas besoin d'acquérir de nouvelles connaissances, même si renouer avec certains membres de sa famille constitue en soi un objectif à plus long terme. Il suffit qu'elle commence pour se sentir encouragée et plus sûre d'elle.

Après avoir bien réfléchi et après avoir appliqué les deux premiers tests, il peut arriver que deux objectifs restent l'un et l'autre aussi faciles à réaliser. Il faut alors se demander lequel on préfère. C'est lui qu'il s'agira de transcrire avant l'autre. La question pourrait se formuler de la façon suivante: "Si je ne pouvais obtenir les deux choses, laquelle des deux choisirais-je?" C'est celle-là la plus importante. Ecrivez-la d'abord.

EXERCICE No 2

Classez les dix points de l'exercice no 1 par ordre de difficultés croissantes. Notez le plus facile au début.

Ceci requiert plus de réflexion, n'est-ce-pas? Mais l'effort en vaut la peine. Déjà vous êtes arrivé plus loin que la majorité des gens: vous savez ce que vous voulez et vous avez conçu un plan pour arriver à vos fins.

Votre liste est l'élément de base de votre programme de développement personnel. Il va falloir y référer constamment. Vous allez vous rendre compte, au fur et à mesure de vos progrès, que vous aurez à la revoir — au début, très souvent, et de moins en moins plus tard. De telles modifications sont normales: vous n'êtes pas un bloc de ciment moulé pour toujours dans la même position. Vous êtes un être vivant. Vous évoluez. D'ici un mois, vous ne serez plus le même qu'aujourd'hui et d'ici un an, votre personnalité aura considérablement changé. A vous de décider si vous voulez changer en mieux ou en pire. De toute manière, vous changez et vos besoins se modifient aussi.

Attendez-vous donc à devoir modifier votre liste. Soyez attentif à ces changements. Acceptez-les.

1. Retirez de votre liste chaque objectif dès que vous l'avez atteint.
2. Si au bout d'un certain temps, tel ou tel objectif ne vous intéresse plus, enlevez-le.
3. Ajoutez-en de nouveaux pour remplacer ceux que vous avez supprimés. (Au chapitre 4, j'explique plus en détail comment soustraire ou ajouter de nouveaux éléments.)

Le présent chapitre vous aura donc permis de définir vos objectifs — pour le moment du moins. Dans les chapitres suivants, vous verrez comment les atteindre.

SOUVENEZ-VOUS: Gardez votre liste pour vous. N'en parlez pas. Ne dites à personne ce que vous êtes en train de faire. C'est important.

En résumé

Le prix du succès: un peu d'efforts, de réflexion et de temps.

Demandez-vous ce que vous souhaitez *vraiment*.

Préparez une liste de vos objectifs.

Soyez précis.

N'essayez pas de réussir deux choses incompatibles.

Allez-y progressivement, étape par étape. Commencez par le plus simple.

Ne cherchez ni à nuire ni à faire du tort aux autres.

N'écrivez pas les choses, les habitudes ou les situations dont vous ne voulez plus.

Formulez vos objectifs de façon positive.
Etablissez votre liste en commençant par les objectifs les plus faciles à atteindre.
Votre confiance en vous va croître grâce à des succès modestes.
Ne divulguez à personne votre plan d'action.

Peu de gens font l'effort de penser.
Celui qui pense, déjà, se détache du nombre.

Pour atteindre son but, il ne faut pas aller vite;
il faut progresser toujours dans la même direction.

Chapitre 2
Un exercice de réflexion

> "Ce ne sont ni les événements ni les faits qui déterminent surtout la vie, ni même qui importent. La vie c'est le flot continu de pensées qui traversent l'esprit de chacun".
>
> (MARK TWAIN)

Personne ne parle de celui qui étudie l'art de penser. Cette discipline ne s'enseigne pas d'habitude dans les écoles. La plupart des gens s'imaginent que tout le monde pense tout le temps, sans pratique et sans entraînement spécial. Eh bien, c'est faux! Penser n'a rien à voir avec ce processus mental incohérent, incontrôlé qui occupe la plupart des esprits la plupart du temps.

Un bébé, lorsqu'il babille ou pousse de petits cris, émet des bruits sans doute mais ne profère rien d'articulé. Il doit apprendre à contrôler ses cris et à former des mots. Il en va de même avec la pensée. Bien des gens s'imaginent qu'ils pensent. En fait, ils rêvent éveillés.

Penser — si je définis la pensée en fonction de ma méthode — doit être un processus mental dirigé et contrôlé. Penser s'enseigne, se pratique et s'apprend.

Pourquoi donc est-il tellement important de bien penser? Parce que *la vie,* comme le note Mark Twain, *dépend essentiellement des pensées*. Des pensées confuses correspondent à une vie confuse, des pensées déprimantes à une existence déprimante. Lorsque les pensées sont malades, l'organisme tombe malade. Des idées timorées, timides, incertaines conduisent tout droit à l'échec et à la pauvreté.

Apprendre à contrôler, à maîtriser sa pensée — en commençant par réellement "penser" permet de se modeler un corps neuf, de se façonner un nouveau caractère et de se bâtir une nouvelle fortune.

Je ne suis pas le seul à le prétendre. Salomon, dans le Livre des Proverbes, chap. 23, verset 7, écrit: "La manière dont un homme pense dans son coeur est aussi sa façon d'être". Un psychologue américain, William James, souligne pour sa part que "les êtres humains, en changeant leurs schèmes mentaux, modifient leur existence".

Déjà, vous avez fait deux exercices de réflexion — même si au moment où vous les avez faits, vous ne les appeliez pas ainsi: vous avez dressé la liste de vos dix souhaits les plus chers et vous avez déterminé lequel vous était le plus accessible. Ensuite, vous avez classé les autres.

Vous allez maintenant préciser le premier objectif que vous vous êtes assigné lors de l'exercice no 2. Vous allez, par écrit, en faire une description détaillée. S'il s'agit d'un objet matériel, décrivez-en la grandeur, la forme, la couleur, son mode de fabrication et son prix. Précisez en quoi il va vous être utile et ce que vous comptez en faire. Donnez au moins dix précisions. Si vous désirez un nouveau manteau, par exemple, voici la description que vous pourriez en faire:

Manteau neuf

1. Taille.
2. Longueur.
3. Poids.
4. Couleur.
5. Matériau (laine, coton, nylon, etc.; texture et tissus; genre de finition: imperméable, qui ne se rétrécit pas, etc.).
6. Style.
7. Nombre de boutons (format, forme, matériau, etc.).

8. Genre de doublure.
9. Nombre de poches.
10. Ceinture (largeur, emplacement, bride).
11. Prix.
12. Utilité du manteau (contre la pluie ou le froid, par exemple; quand et où le porter?).

Ces différents points me sont venus très vite à l'esprit. Je n'ai pourtant pas besoin de manteau pour le moment. Je suis persuadé, si vous en avez vous-même besoin, que vous ajouterez à cette liste plus de détails encore. Décrivez votre manteau tellement précisément que vous puissiez entrer dans n'importe quel magasin rempli de manteaux et choisir sans hésiter celui qui vous convient le mieux.

Il existe une autre façon de procéder. Pensez à ce manteau comme si vous aviez à le créer et à le réaliser vous-même. Il vous faudra de la sorte déterminer ce que vous voulez dans les moindres détails. Vous concevez votre manteau. Vous ne le fabriquez pas à l'aide de ciseaux, d'aiguilles ou de fil mais avec votre esprit créateur.

Vous souhaitez sans doute acquérir d'autres choses. Vous les avez incluses dans votre liste. Si vous désirez une nouvelle maison, voici quelques-uns des points à préciser:

Nouvelle maison

1. Emplacement (dans quel quartier? dans quelle ville? dans quelle région du pays?).
2. Genre de maison (appartement, villa, maison de campagne, maison unifamiliale, maison mobile, etc.).
3. Nombre de pièces et leur grandeur (décrire chaque pièce de façon distincte).
4. Couleur extérieure et finition.
5. Revêtement intérieur des murs.
6. Plafond.
7. Boiseries intérieures.
8. Genre de plancher (décrivez chaque pièce séparément).

9. Système de chauffage.
10. Chauffage d'appoint (feu ouvert, par exemple).
11. Ameublement (établissez une liste distincte pour chaque pièce).
12. Accessoires (description, format, prix, etc.).
13. Description du jardin.
14. Achat ou location (s'il s'agit d'un achat, précisez-en les conditions).
15. Date d'occupation.

S'il s'agit d'un objectif moins matériel comme terminer des études universitaires, par exemple, il faut également le décrire en détail. Précisez comment obtenir le diplôme que vous convoitez et le bénéfice que vous comptez en retirer.

Etudes universitaires

1. Type de diplôme.
2. Institution préférée.
3. Conditions d'admission.
4. Si nécessaire, que faire pour pouvoir être admis.
5. Date d'inscription prévue.
6. Cours à suivre la première année.
7. Cours à suivre la seconde année.
8. Cours à suivre la troisième année.
9. Cours à suivre la quatrième année.
10. Etudes postgraduées.
11. Nombre d'années requises pour terminer le programme.
12. Résidence pendant les études.
13. Frais de scolarité, coût des livres (session par session).
14. Mode de financement (notez les revenus, les économies, les prix ou les bourses).
15. Profession choisie après les études.

Si vous désirez vous marier, procédez de la même façon:

Mari

1. Age (à cinq ans près).
2. Taille.
3. Poids.
4. Nationalité.
5. Couleur et longueur des cheveux.
6. Couleur des yeux.
7. Apparence extérieure (bonne, moyenne, sans importance).
8. Religion.
9. Religiosité (fervent pratiquant, moyen, indifférent).
10. Profession.
11. Revenu.
12. Niveau d'instruction.
13. Fumeur? (si oui, à quel degré?).
14. Buveur? (si oui, à quel degré?).
15. Origine sociale.
16. Caractère (par exemple: sociable, réservé, dynamique, docile).
17. Passe-temps favoris (notez plusieurs points. Par exemple: danse, musique, cinéma, voyages, lecture, natation, patinage, bridge, tennis, etc.).
18. Attitude envers l'argent (par exemple: prodigue, économe).
19. Attitude envers le sexe.
20. Désir d'avoir des enfants (si oui, combien?).
21. Couleurs préférées.
22. Idéaux.

Si vous prenez le temps de réfléchir à un objectif de ce genre, plusieurs autres détails vous viendront sans doute spontanément à l'esprit. Mes exemples n'ont pour but que de vous donner une idée générale de la façon de procéder. Voici d'ailleurs quelques suggestions susceptibles de vous aider à décrire le mieux possible les choses que vous désirez acquérir.

1. Faites-en une description exhaustive. Je recommande de noter au moins dix caractéristiques de chacun de ces objets. Dans nombre de cas, vous en trouverez plus. Continuez votre description jusqu'à ce qu'elle soit complète. Vous le verrez plus tard: plus la description est précise, claire, détaillée, et plus il vous est facile d'acquérir ce que vous voulez.

2. Soyez exact. Si vous devez préciser la couleur, par exemple, n'écrivez pas "clair" ou "foncé". Soyez le plus précis possible. Notez la couleur exacte que vous souhaitez. S'il est question d'argent — le prix d'un objet, le montant d'un salaire ou la somme à débourser — ne restez pas dans le vague. Inscrivez le total exact de dollars et de sous. Si vous voulez maigrir, spécifiez le nombre de livres que vous voulez perdre, le laps de temps qu'il faudra pour y arriver, les détails du régime alimentaire et les exercices physiques à effectuer. Soyez spécifique également dans la description du bénéfice ou de la satisfaction personnelle que vous escomptez retirer de quelque chose. Décrivez *exactement* ce que vous en attendez. Cette précision contribuera à vous motiver.

3. Si vous trouvez difficile de décrire avec autant de minutie un objet imaginaire, faites le petit exercice suivant: décrivez d'abord, sans le regarder, un objet que vous possédez déjà — qui vous tient à coeur et que vous aimez beaucoup. Après quelques minutes d'entraînement, vous serez capable de décrire un objet que vous imaginez.

Ne ménagez pas vos peines pour parvenir à la description la plus complète, précise et détaillée possible. Ce faisant, vous *précisez* en même temps votre désir. Vous vous le rendez *évident*. Au début, l'idée de posséder un nouveau manteau, d'habiter une nouvelle maison ou de trouver un mari, était peut-être vague. Maintenant vous avez décrit de façon exhaustive ce manteau, cette maison, ce mari. Vous savez *précisément* ce dont vous rêvez.

Sans image précise de ce que vous désirez, comment la vie, comment le pouvoir créateur de votre esprit pourraient-ils combler vos attentes? La description détaillée de vos objectifs est une sorte de matrice à partir de laquelle vos pouvoirs vont se mettre en branle pour les réaliser.

La description doit être absolument exacte! Comment, en effet, se servir du patron d'une robe ou du plan d'un bateau si le dessin est mal reproduit, s'il est barbouillé, si le papier en est criblé de trous, si la moitié des instructions sont illisibles? Une couturière aurait dans ces conditions bien du mal à tailler, couper et assembler ses morceaux de tissus. Un désir vague ressemble à cela: il mène à des réalisations vagues, insatisfaisantes; et le plus souvent, il ne débouche d'ailleurs sur aucune réalisation du tout!

Pour bien travailler, il faut un bon patron dans le cas d'une robe et un bon plan, dans le cas d'un bateau. Ce sont des guides clairs, exacts, précis. De la même façon, décrire précisément ce qu'on veut est aussi satisfaire à la première exigence pour l'obtenir.

EXERCICE No 3

Notez dans le haut d'une page le premier objectif que vous avez choisi lors de l'exercice no 2. Procédez ensuite à une description détaillée de cet objectif. Décrivez-le exactement comme vous souhaitez l'avoir.

Il est temps maintenant de passer à trois autres techniques qui vous aideront à concrétiser vos souhaits.

1. Lisez trois fois par jour, matin, midi et soir, ce que vous avez écrit pour l'exercice no 3. Il est plus pratique de recopier la description dans un agenda de poche. Ne faites pas de cette lecture un rite mystérieux: parcourez les mots lentement et attentivement. Si possible, faites l'exercice quand vous êtes seul. Lire à haute voix est infiniment plus efficace. Si pour l'une ou l'autre de vos relectures, cela s'avérait impossible, *murmurez-vous* les mots pour vous-même. Le mouvement des mâchoires, des lèvres, de la langue accroît notablement la valeur de l'exercice (en allumant la radio, vous éviterez que tout autre membre de la famille entende ce que vous chuchotez). S'il vous est vraiment impossible de vous isoler, lisez votre texte en silence. Cela vaut mieux que de ne pas le parcourir du tout.

Souvenez-vous de l'importance de la discrétion. Ne montrez à personne, au travail ou à la maison, ce que vous lisez. Enfermez-vous, s'il le faut, dans la salle de bain pour relire vos textes pendant quelques minutes.

2. Pensez à l'exercice no 3 de temps à autre au cours de la journée quand vous n'avez pas l'esprit occupé ailleurs. Vous avez décrit ce que vous souhaitiez le plus. Imaginez qu'effectivement vous le possédez. Tâchez de vous voir en train de le regarder, de le toucher, de l'utiliser. Si votre objectif n'est pas matériel, si vous cherchez à améliorer votre caractère, imaginez que vous avez acquis la qualité nouvelle que vous souhaitiez. Si vous désirez avoir plus confiance en vous-même, par exemple, imaginez-vous dans une situation assez significative en train de vous comporter, de marcher, de parler avec assurance. Si vous souhaitez acquérir l'esprit de décision, imaginez que vous agissez promptement, facilement et que vous réussissez à décider vite ce qu'il faut faire.

Insistez sur les détails. Si vous voulez devenir chanteur, comédien, musicien, imaginez-vous sur une scène pendant un spectacle. Représentez-vous clairement la mélodie que vous chantez, vos répliques ou le morceau de musique que vous exécutez. Pensez à la chaleur des éclairages, au bruit des applaudissements. Vivez dans votre tête la situation que vous voulez vivre dans la réalité.

Si vous voulez une nouvelle maison, marchez-y mentalement d'une pièce à l'autre. Vous en êtes l'occupant. Asseyez-vous sur les chaises, approchez-vous de la table, cultivez votre jardin, reposez-vous dans votre nouvelle chambre. Si vous voulez devenir professeur, imaginez-vous dans votre salle de cours. Sachez quelle leçon vous allez donner. Questionnez les élèves. Imaginez que vous écrivez au tableau. Si vous souhaitez de l'argent, imaginez-vous à la banque: le caissier compte vos billets. Vous entendez le bruit qu'ils font. Vous les palpez entre vos doigts.

Quand ces images agréables et positives vous effleurent, formulez-les en phrases et en mots chaque fois que c'est possible.

Si, par exemple, vous voulez maigrir, imaginez-vous sur la balance. Vous surveillez l'aiguille. Vous êtes content car vous vous dites: "Bon! j'ai atteint mon but!" Voyez-vous en train de vous regarder dans un miroir avec plaisir. Vous vous dites: "J'ai vraiment changé!" Imaginez-vous en train d'acheter les nouveaux vêtements dont vous allez avoir besoin. Pensez à ce que vous direz au vendeur, à ce qu'il vous répondra. Pensez à la surprise de vos amis quand ils vous verront si mince et si épanoui. Pensez à ce que vous allez répondre à leurs compliments.

Ces pensées doivent venir *d'elles-mêmes*. N'essayez pas de vous concentrer de toutes vos forces. Ne serrez ni les poings ni les dents. Restez physiquement détendu dans la mesure où les circonstances vous le permettent. Il est possible de vous pratiquer tout en marchant. La détente totale est alors impossible, bien sûr: balancez les mains sans les serrer, cessez d'accélérer l'allure, respirez calmement, profondément, détendez les traits de votre visage et souriez.

Assis à la maison, au bureau, dans un autobus ou un avion, assurez-vous de poser vos deux pieds bien à plat sur le plancher, de détendre les muscles de vos jambes et de vos bras, de tenir la tête droite et en équilibre pour ne pas fatiguer les muscles du cou. Si vous être couché, relaxez complètement. La détente physique associée à une respiration profonde et régulière aide à penser *calmement*.

Astreignez votre esprit à devenir *spécifique* et *précis*. J'ai expliqué plus haut comment y parvenir.

Suscitez les idées et réfléchissez en vous montrant *intéressé* à le faire: attardez-vous à chaque détail. Chaque détail est important. Tâchez de vous souvenir de certains événements passés où vous étiez vraiment intéressé par ce qui vous arrivait. Vous rappelez-vous la façon dont vous vous êtes regardé dans le miroir la fois où vous deviez postuler un emploi important, juste avant l'entrevue décisive? Vous étiez intéressé, n'est-ce-pas? Ou la fois ou vous avez déballé ce cadeau que vous attendiez avec impatience? L'intérêt naît de la sensation de se savoir *personnellement impliqué*. L'exercice que vous faites est *le vôtre*. C'est vous qui en êtes le seul responsable et vous le faites pour vous. Faites-le donc avec *intérêt*.

Souriez pendant que vous réfléchissez. C'est un principe psychologique: une sensation de plaisir tend à provoquer le sourire; de la même manière, le sourire tend à provoquer une sensation de plaisir. Souriez donc! Prenez *plaisir* à penser que votre souhait se réalisera bientôt.

Certains ferment les yeux pour cet exercice. Ils voient littéralement ce à quoi ils pensent. Visualiser les idées, les voir dans l'esprit, est un don naturel.

Un généticien britannique, Sir Francis Galton, a étudié le phénomène. Il s'est rendu compte que cette faculté variait d'un individu à l'autre. Certains ne visualisent rien; d'autres visualisent avec beaucoup de difficulté un ou deux objets sans en distinguer nettement ni les couleurs ni les contours. D'autres enfin voient clairement l'image des choses dans leur esprit. Ils la voient nette, complète, en couleur et en relief, identique à l'objet réel. Les femmes visualisent plus facilement que les hommes, et les enfants plus facilement que les adultes. Si le lecteur souhaite en savoir plus long sur le sujet, je lui conseille de lire le chapitre consacré à l'image mentale dans le livre de Galton intitulé: *Recherches sur l'esprit humain et sur ses développements.*

Si vous visualisez facilement, utilisez cette faculté pour clarifier votre pensée pendant l'exercice. Tâchez de voir l'image la plus claire et la plus détaillée possible. Gardez-la en tête. Observez-la avec intérêt.

Si vous en êtes incapable, ne vous sentez pas handicapé. Ce manque n'entrave en rien le développement de votre personnalité. Ceux qui ne peuvent visualiser compensent souvent cette carence en devenant plus sensibles à la signification des *mots*. Les mots pour eux sont aussi expressifs et vivants que pour d'autres les images mentales. Ils tireront un profit supplémentaire de l'aspect verbal des exercices.

3. Recopiez l'exercice no 3 chaque jour. Vous vous rendrez compte au fur et à mesure de ces transcriptions que des améliorations s'imposent spontanément à vous. Il va falloir corriger quelque peu votre texte initial. Vous pensez à des détails nouveaux, plus intéressants et qui vous plaisent davantage. Notez ces modifications dès que possible, soit sur la page sur laquelle vous avez fait l'exercice no 3 ou sur une autre feuille de papier que vous glisserez dans votre carnet au moment voulu.

De tels changements sont bons. Vous commencez à peine à clarifier et à maîtriser votre pensée. Le processus est graduel. Il ne réussit pas le premier ni le second jour.

Vous vous dites peut-être: "Je vais griffonner les améliorations ou les changements sans réécrire complètement chaque jour le texte de l'exercice no 3". Bien sûr, il vous est loisible d'agir ainsi mais le résultat sera mauvais. Il est important de posséder une copie claire, nette de l'exercice no 3 pour la relire régulièrement. C'est la base de l'acquisition d'une pensée positive. Si cette page est barbouillée de ratures, d'ajouts, de mots biffés, vous n'atteindrez pas le meilleur résultat possible. Recopiez donc l'exercice no 3 chaque jour en y ajoutant les améliorations auxquelles vous avez songé la veille.

Recopiez le texte de toute façon, même si vous n'avez rien à y changer. L'écriture régularise la pensée. Ecrire, peu importe le sujet, reste le meilleur moyen de se concentrer.

De plus, le mouvement des doigts, de la main, de l'avant-bras, du poignet constitue, pour celui qui écrit, une sorte de mémoire manuelle qui imprime dans son cerveau ce qu'il est précisément en train d'écrire.

Cette mémoire manuelle fait appel aux muscles, aux tendons, aux jointures. Elle rend possible le mouvement des membres sans qu'on ait à les commander de façon particulière. Elle détermine entre deux poids lequel est le plus lourd, entre deux sphères laquelle est la plus grosse, juste en faisant appel à la sensation. C'est grâce à elle aussi qu'on porte les aliments à la bouche sans avoir à regarder ce qu'on fait.

La mémoire manuelle offre d'étonnantes possibilités. Les méthodes d'instruction traditionnelles recourent largement aux mémoires visuelle et auditive. Mais plusieurs handicapés visuels, incapables d'apprendre à lire avec les yeux, l'apprennent aisément en suivant de grosses lettres avec leurs doigts. Certains musiciens jouent de mémoire en revisualisant page après page l'ensemble de leur partition. D'autres se servent de leur mémoire manuelle. L'acte physique d'écrire aide à se souvenir de ce qu'on écrit.

Lisez l'exercice à haute voix pendant que vous l'écrivez. De la sorte, vous marquez triplement votre esprit. Vous recourez à la fois aux mémoires visuelle, auditive et manuelle.

Souriez pendant que vous écrivez. Un exercice auquel on prend plaisir se comprend mieux. On s'en souvient plus longtemps. Il reste une base solide.

Je me suis fait une règle d'inscrire le mot "sourire" bien en évidence au-dessus de chacune des feuilles de papier destinées à n'importe lequel de mes exercices. Je vous le recommande aussi. Ne soyez pas gêné d'avoir à vous conditionner de la sorte: personne d'autre que vous ne le saura et vous en tirerez un profit considérable.

Trois nouveaux exercices résument tout ce que je viens de dire:

EXERCICE No 4

Relisez l'exercice no 3 trois fois par jour à haute voix si possible.

EXERCICE No 5

Pensez à l'exercice no 3 dans vos moments perdus. Pensez-y de *façon claire:* verbalisez ou visualisez votre pensée (selon vos aptitudes personnelles). *Soyez intéressé* par ce que vous pensez. Réagissez-y avec *plaisir.*

EXERCICE No 6

Réécrivez l'exercice no 3 chaque jour en y ajoutant les améliorations et les corrections requises. Votre texte doit rester clair et propre.

A eux deux, les exercices no 4 et no 6 ne demandent pas plus que quelques minutes par jour. L'exercice no 5 se fait à temps perdu, à certains moments de la journée qui seraient autrement beaucoup moins productifs. Soyez satisfait de ces débuts modestes. Il ne faut pas vouloir en faire trop à la fois. Ne vous lancez pas sur les exercices comme la misère sur le monde. Vous risquez d'attraper une indigestion mentale et de vous dégoûter vous-même de la méthode. Allez-y calmement, lentement, exactement comme je vous le suggère.

Ce processus d'élaboration, de redéfinition et de révision de vos objectifs comporte un autre avantage: il vous permet d'éliminer ce que vous ne voulez pas vraiment.

Bien des gens s'imaginent vouloir telle ou telle chose sans savoir exactement ce qu'elle implique. Mademoiselle P..., par exemple, voulait devenir institutrice. Arrivée à l'Ecole normale, elle réalisa tout à coup qu'elle n'aimait pas les enfants! Elle perdit donc deux ans d'efforts pour avoir négligé ce "détail"!

Décrivez l'objet de vos souhaits point par point. Considérez-en toutes les implications. Soyez sûr de vouloir vraiment ce que vous décrivez.

Prenez le temps de bien faire les exercices nos 4, 5 et 6. Ils sont le fondement de tout votre programme. Dans son ouvrage *L'efficacité de l'esprit,* Arnold Bennett a écrit que les trois causes principales d'échec sont: 1) l'absence de désir, 2) le mépris de ses amis, 3) le fait d'entreprendre trop de choses à la fois.

La méthode que je vous suggère évite ces écueils. Vous savez exactement ce que vous voulez puisque vous le décrivez en détail et puisque vous relisez votre description sans cesse. En second lieu, vos amis ne peuvent vous mépriser puisque vous gardez votre programme d'action secret. Enfin, vous n'avez pas les yeux plus grands que la panse: vous ne vous attaquez qu'à une chose à la fois en commençant par la plus facile.

SOUVENEZ-VOUS: ne parlez à personne de ce que vous faites! C'est essentiel. N'en parlez ni à votre mari, ni à votre épouse, ni à votre meilleur ami. Gardez le secret le plus total!

Vous souhaitez sans doute savoir maintenant comment cette technique va se traduire dans le concret. C'est ce que j'explique au chapitre suivant.

En résumé

Maîtrisez vos pensées, contrôlez-les: vous serez capable de restructurer votre vie.

Clarifiez vos objectifs; définissez-les avec minutie et exactitude.

Relisez trois fois par jour la description de votre désir le plus cher.
Recopiez cette description chaque jour le plus proprement possible.
Redites-vous votre objectif à haute voix.
Pensez-y chaque fois que vous le pouvez.
Formulez votre pensée *calmement*.
Examinez votre pensée avec *intérêt*.
Réagissez-y avec *plaisir*.
Verbalisez ou visualisez l'objet de vos souhaits.
Redéfinissez et corrigez régulièrement la description de votre objectif.
Ne parlez de votre programme à personne.

Il y a une idée à l'origine de chaque réalisation humaine.

La pensée ressemble au feu.

Une idée confuse est comme le grésillement d'un pétard mouillé.
Une pensée contrôlée ressemble au feu durable d'un flambeau.

Chapitre 3
La puissance de la pensée

"L'esprit devient ce qu'en font les pensées car les pensées de quelqu'un déteignent sur son âme".

(MARC AURÈLE)

Un citadin, s'il se perd en forêt, risque après trois jours d'y mourir de peur et de faim. Perdu dans la même forêt, un coureur des bois peut y survivre des mois en se nourrissant de poisson, de gibier, de fruits sauvages et de racines. Il trouve beaucoup de nourriture. Il sait quoi trouver et où le chercher.

Il en va de même des exercices de pensée. Ils mènent infailliblement à certains résultats; mais parfois ces résultats sont inattendus et surprenants. Lorsqu'on sait ce qu'on cherche, il est facile d'identifier le résultat d'une pensée et de la tourner à son avantage.

Une aventure qui m'est personnellement arrivée va servir à illustrer mon propos. L'histoire a eu lieu voici quelques années, il n'y a donc rien de mal à en parler.

Je cherchais un agent littéraire pour m'aider à vendre mes volumes. J'appliquai donc les principes exposés dans ma méthode. Je m'attendais à vivre l'habituelle relation auteur-agent littéraire. J'écrivis à New York où se trouvent les bureaux de la plupart d'entre eux. Personne ne voulait de mes écrits. J'avais donc apparemment échoué.

Sur ces entrefaites, trois de mes amis — deux habitaient ma ville et le troisième résidait à plusieurs milliers de milles plus loin

— commencèrent pour moi certaines tractations rentables et importantes. Mes droits d'auteur s'accrurent. Le premier s'arrangea pour qu'on mette en scène une de mes pièces; le second me présenta un éditeur et le troisième finança la publication d'un cours que j'avais mis au point pour la vente au détail. Une quatrième personne enfin que je ne connaissais pas, établit certains contacts qui me firent rencontrer un propriétaire de théâtre.

Aucune de ces quatre personnes ne se connaissaient. *Toutes ignoraient mon désir de trouver un agent littéraire.* Deux d'entre elles agirent à mon insu. La troisième, d'une certaine façon, fit le contraire de ce que je souhaitais consciemment. Pourtant toutes leurs démarches aboutirent et me furent profitables.

Fait à noter: ils m'ont apporté leur concours sans que j'aie eu à débourser la commission de 10 pour cent qu'un auteur verse habituellement à son agent.

Cette histoire prouve que *ma pensée a eu certaines conséquences concrètes, même si je ne les avais pas prévues.* Je connaissais bien déjà la puissance de la pensée. J'étais donc capable de reconnaître et de saisir au vol ces chances inespérées.

Vous vivrez sans doute de pareilles expériences. J'ignore ce que vous souhaitez. Il m'est donc impossible de vous prédire comment vos voeux se réaliseront. Je puis néanmoins vous donner quelques indices d'ordre général. Le pouvoir de votre pensée agit pour vous de six manières différentes.

Votre objectif se grave dans votre esprit

Plusieurs personnes n'atteignent pas le but qu'elles se sont fixé parce qu'elles *oublient tout simplement* de faire ce qu'il faut — et qui pourrait se faire facilement — pour y parvenir.

Henri veut se montrer bon et gentil envers sa femme et ses enfants. Il décide 3 ou 4 fois par an d'assouplir son caractère et d'adoucir son humeur. Mais des centaines de fois, aux prises avec les difficultés de la vie de tous les jours, il oublie ses bonnes résolutions. Il injurie tout le monde. Il se fâche et parfois même frappe les membres de sa famille. Il rend tout le monde malheureux et lui-même le premier.

La décision de maigrir échoue souvent de la même façon: on se ressert de viande, on met du beurre sur ses pommes de terre et de la crème dans son café *par simple négligence.*

L'habitude *désastreuse* de remettre à plus tard ce qui peut se faire tout de suite contribue énormément à faire *oublier* ce qu'on a décidé.

William James disait: "Peu importent les bonnes *dispositions!* Si quelqu'un n'est pas décidé à profiter de toutes les occasions concrètes pour améliorer sa personnalité, son caractère restera toujours mauvais. L'enfer est pavé de bonnes intentions!"

Ma méthode vous aide à vous souvenir de vos bonnes intentions. Elles font réellement partie de votre pensée. Elles sont au premier plan de votre esprit quand il s'agit de passer à l'action.

En d'autres termes: vous n'oubliez jamais ce que vous voulez.

Vous êtes inspiré

Les exercices de contrôle et de maîtrise de la pensée vous ouvrent l'esprit à ce qui s'appelle communément l'inspiration. La plupart des gens s'imaginent que l'inspiration ne les concerne pas. Ils la considèrent comme une chose rare, surnaturelle, destinée aux seuls poètes, prophètes et génies. C'est faux. *Il arrive à chacun d'être inspiré mais la plupart des gens l'ignorent.*

Les poètes, les prophètes et les génies guettent l'inspiration, s'en servent et la cultivent. Vous aussi le pouvez. Vous pouvez vous en servir pour devenir celui que vous voulez être.

L'inspiration se présente rarement sous la forme d'une expérience émotivement éprouvante et terrible, ou sous la forme d'une sorte d'éruption volcanique d'intelligence et de pouvoir. Chez les gens ordinaires, l'inspiration se manifeste en douceur. Elle ressemble à l'éclosion nocturne d'un bourgeon. Quelque chose bouge lentement comme la surface d'un lac lorsqu'un poisson remonte.

L'inspiration, en fait, c'est l'émergence dans la pensée consciente du fruit de l'inconscient, la *naissance d'une idée utile.*

Il faut *guetter l'inspiration* et savoir *s'en servir vite.*

Les fleurs n'émettent pas leur pollen longtemps. Les poissons ne mordent pas longtemps non plus. Lorsqu'on rate la chance, elle tarde à revenir.

Restez sur vos gardes. Peu après le début de votre programme, vous recevrez sans doute votre première inspiration. Je ne puis préciser quand: peut-être deux minutes après avoir rédigé le troisième exercice pour la première fois, peut-être le troisième jour, en faisant l'exercice no 5, en réfléchissant calmement et avec plaisir à l'objet de vos désirs, ou peut-être après avoir repris l'exercice no 6 cinq fois de suite. J'ignore quand mais je sais que tôt ou tard l'inspiration va vous venir.

Comment la reconnaître? Qu'est-elle? L'inspiration, c'est l'idée soudaine qui vous permet de réaliser votre objectif en tout ou en partie. C'est un moment crucial. *Souvenez-vous de l'idée, écrivez-la.* Je le répète: ÉCRIVEZ-LA!

Si vous ne l'écrivez pas, vous l'oublierez sûrement. Votre idée risque de ne plus jamais revenir.

Retenez l'idée, écrivez-la. Même si elle vous semble faible. Dans la mesure où elle contribue à la concrétisation de votre projet, elle provient de votre inspiration.

En même temps que j'écrivais ce chapitre, je rédigeais quelques vers pour un concours de poésie. Le concours était annoncé depuis plusieurs jours mais je ne parvenais pas à trouver le moindre sujet qui me permette d'y participer. Il fallait, selon les règles, composer les vers sur le rythme d'un air connu. Hier en nouant ma cravate, le chant patriotique du Pays de Galles, "Men of Harlech" m'a soudain traversé l'esprit. J'ai laissé ma cravate, je me suis précipité jusqu'à mon bureau, j'ai pris mon carnet de notes et, en haut d'une nouvelle page, j'ai écrit: "Air: Men of Harlech".

Dans l'autobus qui me menait au théâtre, trois vers me sont venus. Je les ai notés immédiatement du mieux que j'ai pu en dépit des cahots et des secousses. Plus tard, j'ai pensé à trois autres vers.

J'étais assis devant une bière au foyer des artistes. J'ai déposé mon verre sur le comptoir et j'ai noté ces trois nouvelles lignes.

Si j'essaie maintenant de me souvenir de ces six vers, *j'en suis incapable*. Je les ai tout simplement oubliés. Mais peu m'importe. Ils sont en sécurité dans mon carnet de notes. Je finirai facilement mon poème: j'en possède la structure et le début. Si je ne l'avais pas noté au fur et à mesure, je l'aurais perdu pour toujours. (1)

Ne laissez pas une idée se perdre, même si elle vous semble irréalisable. Si vous la perdez, vous ignorerez toujours si elle aurait pu vous servir ou non. Si vous la notez, vous finirez bien par lui trouver une utilité.

Gardez toujours un carnet et un stylo à portée de la main. Il vous est possible ainsi d'écrire toutes les idées qui vous viennent. Peu importe si l'inspiration vous arrive pendant que vous mangez, travaillez, vous baignez, conduisez un autobus ou simplement vous reposez dans votre lit. Ne laissez pas vos idées se perdre, notez-les. Persuadez-vous que l'idée qui se présente contribue à restructurer votre vie, qu'elle est un jalon dans la conquête de ce que vous voulez. Quoique vous soyez en train de faire, n'hésitez pas une seconde à vous interrompre et à écrire.

Selon ma propre expérience, le temps que je consacre à mes exercices quotidiens semble particulièrement fertile. J'ai dû interrompre souvent plus d'une douzaine de fois mes exercices pour noter les nouvelles idées qui me venaient à l'esprit.

Je le répète une fois de plus: ne laissez aucune idée se perdre. Ecrivez-la". J'insiste pour que vous ne l'oubliiez pas. Souvenez-vous-en. Notez vos idées.

Outre mon travail littéraire proprement dit, je dirige des ateliers d'écriture. Mes étudiants se plaignent parfois de ne pas avoir d'imagination. Je leur ai prouvé maintes fois le contraire. *A condition d'écrire,* tout le monde est capable d'idées créatrices sur n'importe quel sujet. Je reste debout dans la classe et j'incite mes étudiants à essayer. Ils se rendent ainsi vite compte de ce dont ils sont capables.

---

(1) Incidemment, ce poème a gagné un prix lors du concours.

Je vous recommande de suivre mon conseil: NE LAISSEZ AUCUNE IDÉE SE PERDRE, ÉCRIVEZ-LA.

En la notant, vous la clarifiez et vous l'approfondissez. C'est un peu comme un fil qui dépasse d'un manteau. On tire dessus pour l'arracher et l'on s'aperçoit qu'il est bien plus long que l'on pensait. Agissez de la même façon pour les idées qui vous viennent: tirez dessus! Ce qui vous semble à prime abord mince et fragmentaire, se complétera de soi-même au fur et à mesure que vous le noterez.

Vous stimulez votre esprit

Votre esprit se décourage si vous ne tenez pas compte de ses suggestions. Il se développe au contraire si vous l'encouragez. Noter les idées, ne pas les laisser se perdre, c'est encourager l'esprit.

Je vais illustrer mon propos: si vous suggérez à votre employeur certains changements qui vous semblent utiles et bons pour l'entreprise, s'il n'y prête aucune attention mais continue de vaquer à ses occupations comme si de rien n'était, vous finirez sans aucun doute par vous décourager. Vous cesserez de lui suggérer quoi que ce soit.

Mais au contraire s'il s'intéresse à vos idées, vous répond qu'elles paraissent intéressantes, vous remercie de lui en avoir fait part, en prend note et, si par la suite vous constatez que vos suggestions ont amené certains changements concrets, vous serez fier de vous; vous serez encouragé, si l'occasion se représente, à donner votre avis une autre fois, surtout si vous participez aux bénéfices de l'entreprise.

L'esprit fonctionne de la même manière. Vous êtes assis au centre de votre esprit conscient — dans le bureau directorial! Vous jugez les suggestions qui vous parviennent des divers services, des ateliers et des entrepôts du cerveau.

Un directeur, dans la réalité, sort de son bureau, visite les installations de son entreprise et vérifie ce qui s'y passe. Mais il est impossible de sortir du bureau principal de l'esprit — du moins par les processus de pensée normaux. Il faut y attendre que la manufacture d'idées du subconscient émette des informations qui pourront éventuellement servir.

Il y a cependant moyen, grâce à certaines techniques extrêmement efficaces — l'attention, l'action, l'approbation — d'encourager la machine à produire les idées.

L'attention: soyez absolument sûr de votre esprit. Ayez totalement confiance en lui: il est capable de produire les idées dont vous avez besoin et il *va* les produire. Guettez-les quand elles arrivent dans le champ de votre pensée consciente.

L'action: ne laissez se perdre aucune idée, notez-la. Tâchez de la comparer avec d'autres idées du même ordre, ou même avec des idées différentes. Appliquez ces idées (j'y reviendrai plus longuement au chapitre 9).

L'approbation: il n'y a rien de malsain à éprouver du plaisir et de la reconnaissance à penser ce qu'on pense — du moins pour toute une part de ce qu'on pense. Souriez simplement. Encouragez-vous tout bas ou à voix haute. Dites-vous un mot gentil: "Voilà une bonne idée! Je suis content de l'avoir eue. J'aimerais qu'il m'en vienne plus souvent!" Trouvez votre propre formule. Avec un peu d'entraînement, ce petit procédé vous paraîtra tout simple et tout naturel.

N'hésitez pas à vous féliciter vous-même. Votre esprit en a besoin. Ce genre de félicitations lui confère sa puissance. Mark Twain l'a noté avec beaucoup de justesse: "L'autosatisfaction commande les autres sentiments". Et John Milton a écrit: "Rien souvent n'est plus profitable que de s'estimer soi-même".

Prêtez attention à votre esprit. Agissez en fonction de vos pensées. Appréciez-les et par la même occasion, vous stimulerez votre cerveau. Il travaillera pour vous d'autant plus fort!

L'inspiration se développe et s'épanouit à mesure que l'on y recourt: *l'esprit produit de plus en plus d'idées de plus en plus vite.*

Vous allez finir par faire totalement confiance à votre inspiration. *Vous serez dès lors capable d'entreprendre n'importe quoi, de vous lancer dans n'importe quel projet; vous serez convaincu que votre esprit vous donnera le moment venu toutes les idées qu'il vous faut pour réussir.*

Vous transformez votre caractère

En pratiquant assidûment les exercices nos 4, 5 et 6, vous allez profiter d'une loi naturelle: une idée souvent répétée devient une conviction.

Regardez autour de vous et vous constaterez la véracité de cette loi. La maladie obsède l'hypocondriaque; il *croit* qu'il est malade et finit très vite par le *devenir*. La malchance tourmente le pessimiste; il se *croit* malchanceux et, à coup sûr, il finit par le *devenir*.

En vous efforçant de trouver de nouveaux modes de pensée, vous transformez votre caractère et *changez votre vie*. Comme l'a dit Emerson: "Le sort de l'homme est le fruit de son caractère."

Dès que vous commencerez à pratiquer les exercices, attendez-vous à ce que votre caractère s'améliore. Guettez ces transformations. Vous vous apercevrez vite que vous êtes plus optimiste, plus créatif et plus positif. Soyez heureux de ces changements, si légers soient-ils. Encouragez-les tant que vous pouvez. Chaque petit changement est un autre pas vers le but que vous vous êtes fixé.

Vous pénétrez l'esprit des autres

Même si vous ne parlez de votre programme à personne, votre esprit transmet directement vos pensées à d'autres esprits. Sans que vous prononciez un seul mot, d'autres personnes s'intéressent à ce qui préoccupe votre subconscient. (Souvenez-vous de ce qui m'est arrivé quand je cherchais un agent littéraire.)

Ceux qui ne sont jamais occupés de télépathie auront peut-être du mal à croire ce que j'avance. Tant pis! De toute façon, je ne demande à personne d'avoir la foi. Chacun l'éprouvera lui-même. Faites les exercices régulièrement et — *que vous y croyiez ou non* — vous constaterez bien que la télépathie n'est pas un mythe.

Attendez-vous également à constater autre chose:

1. En parlant, les gens vous communiquent certaines données et certaines idées intéressantes, quelques fois délibérément parce qu'ils savent que le sujet vous intéresse. D'autres fois, ces choses vous vien-

nent à l'oreille par hasard. Ne les laissez pas se perdre. Notez-les. N'hésitez pas à sortir votre carnet et votre stylo. Vous voir attacher tant d'importance à ce qu'ils disent flattera vos interlocuteurs.

SOUVENEZ-VOUS: ne précisez pas la raison pour laquelle vous prenez ces notes. Contentez-vous de rester vague. Dites simplement quelque chose comme: "Voilà une idée intéressante!" ou: "Je veux être certain de ne pas l'oublier".

Combinez les idées des autres avec celles qui sont nées de votre propre inspiration. Vous les mettrez en pratique plus tard.

2. D'autres personnes vous recommanderont de lire certains livres ou vous les prêteront. Voyez-y le résultat direct de votre pensée. Vous aviez un objectif précis: grâce aux livres, vous acquerrez la connaissance requise pour l'atteindre. Soyez reconnaissant envers la personne qui vous recommande tel ou tel ouvrage ou qui vous le prête. Lisez le volume attentivement. Quand l'occasion se présente, recommandez, prêtez ou donnez à votre tour un livre à quelqu'un qui en a besoin.

Etablissez les bons contacts

Vous allez rencontrer des gens qui vous conseilleront utilement ou qui vous aideront à atteindre votre but. Cela m'est arrivé tellement souvent que je n'en suis plus surpris. Quand j'ai eu besoin de certaines informations, de conseil ou d'assistance, j'ai toujours rencontré quelqu'un disposé à m'aider.

Cela se produira également pour vous, comme vous allez le constater. Tout ce que vous avez à faire, c'est de vous y préparer: recherchez les bons contacts, sachez vous en servir rapidement et de façon avisée. Le bénéfice est souvent réciproque: vous êtes capable d'aider en retour celui qui vous informe, vous conseille ou vous aide.

Vous pouvez donc escompter obtenir certains résultats de six façons différentes. Dans certains cas, vous atteindrez votre but exactement comme vous l'aviez prévu. Mais le plus souvent, le chemin pour y parvenir est imprévu. Soyez attentif. Ouvrez grands les yeux, tendez l'oreille. Il serait vraiment trop triste de mourir de faim en pleine abondance!

En résumé

Les effets de la pensée: apprendre à attendre l'inattendu.
Gravez dans votre esprit les objectifs que vous vous êtes fixés.
L'inspiration: comment naissent les idées utiles.
Ne laissez se perdre aucune idée, écrivez-la.
Ecrire clarifie l'idée et l'approfondit.
L'attention, l'action et l'approbation stimule votre esprit créateur.
Encouragé, l'esprit produit de plus en plus d'idées de plus en plus vite.
Souvent répétée, une idée se transforme en conviction.
Acquérir de nouvelles convictions, c'est changer de caractère.
L'esprit peut capter les idées des autres.
Soyez ouvert aux idées des autres, utilisez-les.
Recherchez ceux qui peuvent vous aider.
Aidez à votre tour celui qui vous aide.

Comme une lampe la nuit attire les phalènes
un esprit clair et positif attire les autres esprits
comme il attire aussi la richesse et le savoir.

Pour un homme qui pense de manière originale
il en est mille qui suivent et obéissent.

Chapitre 4
Le second point

"Les sciences et les arts naissent et se perfectionnent petit à petit".
(MICHEL DE MONTAIGNE)

Vous avez pratiqué quotidiennement les exercice nos 4, 5 et 6 — en vous concentrant sur votre objectif prioritaire, celui que vous avez noté en tête de liste. Vous avez peu à peu transformé l'exercice no 3. Vous l'avez corrigé petit à petit. Vous en avez rendu le texte de plus en plus clair. Il exprime à présent le plus parfaitement possible ce que vous souhaitez.

Vous l'avez transcrit plusieurs jours de suite sans être capable d'y apporter la moindre modification nouvelle: le texte s'est cristallisé; il est parfait; vous ne pouvez rien y ajouter. Vous voilà donc prêt à passer à l'étape suivante!

Mais d'abord, révisez l'exercice no 2. Relisez votre liste en entier, de préférence à voix haute. Désirez-vous toujours chacun des éléments qui s'y trouvent?

Ne soyez pas surpris si déjà vous avez envie d'en changer certains. Contrôler son esprit, le maîtriser pendant quelques jours suffit à le changer — et à changer celui qui pratique l'exercice (probablement plus qu'il n'aura jamais changé avant au cours d'une si courte période). Revoyez donc soigneusement l'exercice no 2.

Apportez-y toutes les corrections requises. Recopiez-le dans votre carnet sur une page blanche. Même si vous ne le modifiez en rien, réécrivez l'exercice no 2. Cette retranscription est essentielle. J'en ai traité au chapitre 2 à propos de l'exercice no 3:

1. Copier une idée proprement et clairement clarifie l'esprit et ordonne l'idée.

2. Ecrire permet de se concentrer au maximum.
3. Ecrites, les idées restent gravées dans l'esprit.

Commencez désormais à soigner systématiquement la présentation de vos exercices écrits.

A. Servez-vous d'un papier blanc non ligné. Efforcez-vous d'écrire des lignes *bien droites*. Chaque ligne doit être *parallèle* à la suivante.

B. Ecrivez *clairement, lisiblement*. Personne d'autre que vous ne lira vos exercices mais efforcez-vous quand même de les rendre lisibles.

C. *Ecrivez plus serré:* mettez plus de mots dans une ligne et plus de lignes dans une page.

Ces changements d'écriture produiront certains effets psychologiques importants. L'exercice A vous fera acquérir plus d'*ordre* et plus de *précision*. L'exercice B est un exercice de *clarté*. Votre pensée se clarifiera en même temps que votre écriture. L'exercice C est un exercice de *concentration*. Il faut se concentrer pour écrire plus serré. Par la même occasion, vous vous concentrez également sur ce que vous êtes en train d'écrire.

L'écriture est le reflet du caractère. Plusieurs employeurs le savent qui exigent des échantillons d'écriture de ceux qui veulent travailler pour eux. Votre changement de caractère va modifier votre écriture. Il est moins évident sans doute mais tout aussi vrai que votre changement d'écriture va contribuer à modifier votre caractère. Cela vous semble fantastique? Essayez pour vous en persuader, vous verrez bien vous-même!

Maintenant il faut agir. Lire et recopier chaque jour en entier l'exercice no 3 demanderait trop de temps. Je vous propose donc, avant de passer à l'étape suivante, un procédé qui vous facilitera la pratique de la première.

La description précise du premier point de l'exercice no 2 — comme je vous le recommandais à l'exercice no 3 — vous est maintenant familière. Elle est gravée profondément dans votre subconscient. Vous l'avez étudiée avec plaisir. Elle fait partie de votre pensée.

Vous avez probablement déjà progressé vers la réalisation de votre objectif. Votre inspiration vous a peut-être déjà soufflé quelques bonnes idées. Vous avez peut-être reçu certaines informations utiles ou rencontré une personne susceptible de vous aider.

Vous devez maintenant pouvoir vous remémorer vite et n'importe quand votre objectif et le plan détaillé pour y parvenir. Une courte phrase doit jouer le rôle de déclencheur verbal. Cette phrase, je la désigne du nom d'*affirmation*. Voici quelques conseils pratiques sur la manière de formuler l'affirmation:

1. Ne référez jamais à d'anciennes difficultés ou à d'anciens problèmes ou handicaps. Faites de l'affirmation une assertion positive du résultat que vous escomptez.

2. Quand c'est possible, confondez la poursuite de votre objectif avec les notions de *plaisir* et de *facilité* (par exemple: "Je maîtrise facilement et agréablement telle ou telle technique" ou: "Il m'est facile et agréable de perdre x kilos".

Cette façon de procéder contribue à détruire l'idée qu'il faut absolument crisper les lèvres, serrer les poings et les dents pour qu'un effort porte fruit. Elle dissocie de votre démarche les concepts de difficulté et de souffrance fréquemment et à tort associés à tout cours de développement de la personnalité.

Ces notions sont inutiles. Comment trouver difficile et désagréable un programme de conduite qui vous intéresse vraiment? Une des conséquences majeures de la méthode exposée dans ces pages est justement de maintenir et d'accroître l'intérêt qu'a chacun de poursuivre ses objectifs.

3. L'affirmation doit être concise. L'exercice no 3 demandait beaucoup de détails car il s'agissait de passer d'un vague désir à sa formulation précise. Cette étape est maintenant franchie. L'affirmation est un aide-mémoire, un moyen de faire resurgir votre objectif n'importe quand. Une vingtaine de mots suffisent dans la plupart des cas.

Je vous donne quelques exemples d'affirmations:

- *Je mène à terme mon programme d'études car je veux obtenir un diplôme universitaire (précisez lequel).*

- *J'entraîne ma mémoire pour la rendre puissante et efficace et je m'en sers pour progresser dans ma profession.*
- *J'obtiens le manteau (la maison, l'automobile, etc.) que je souhaite sans payer cher. Je le porte (s'il s'agit d'une maison: je l'habite; s'il s'agit d'une voiture: je la conduis) et j'en tire beaucoup de plaisir.*
- *J'organise bien mon budget et mes affaires prospèrent.*
- *Je trouve facilement un emploi bien rétribué et agréable comme... (précisez).*
- *Je mange et j'aime manger les aliments qui font partie de mon régime. Ils me suffisent.*
- *Je m'arrange pour bien m'entendre et pour garder de bonnes relations avec... (précisez: tel ou tel membre de la famille, compagnon de travail, etc.).*
- *Je profite de chaque jour: j'exécute sans tarder et avec joie tout ce que j'ai à faire.*
- *Je me qualifie pour obtenir de l'avancement (précisez le poste que vous souhaitez occuper) parce que tous m'apprécient et parce que je manifeste ma bonne volonté envers mon employeur et mes compagnons de travail.*

EXERCICE No 7

Formulez l'affirmation correspondant au premier point de votre exercice no 2.

Cette étape vous surprend peut-être. Il fallait d'abord détailler le plus possible vos objectifs (voir exercice no 3) et maintenant voilà que vous devez les ramasser en une formule concise! Pourquoi ne pas passer directement de l'exercice no 2 à la formulation de l'affirmation? Ce ne serait pas bon. Au moment de l'exercie no 2, vous n'aviez les idées ni claires ni précises. Elles se sont clarifiées plus tard quand vous y avez réfléchi et quand vous les avez examinées plus en détail.

L'affirmation correspond, pour faire une autre analogie, au numéro d'un plan de bateau dans un catalogue. Il est bien différent de dire: "Je veux voir le plan no 1" et: "Je vais penser à un joli bateau".

Vous avez donc formulé votre affirmation. Appliquez-y désormais ce que je vous recommandais lors des exercices nos 4, 5 et 6 et que j'appelle la "technique d'impression". Relisez votre formule trois fois par jour. Pensez-y de temps en temps. Recopiez-la quotidiennement. Si vous entrevoyez la possibilité de l'améliorer, n'hésitez pas.

Continuez d'appliquer la technique d'impression jusqu'à ce que votre objectif soit complètement atteint; à ce moment-là vous pouvez le biffer de votre liste.

(Cependant, même si vous avez formulé l'affirmation correspondant à un point quelconque de votre exercice no 3 et si vous vous en servez, ne jetez pas pour autant la description détaillée de ce point. Gardez-en la version finale, corrigée, comme point de référence. Relisez-la parfois pour vous rafraîchir la mémoire).

Il s'agit maintenant de passer au point 2 de l'exercice no 2.

EXERCICE No 8

Ecrivez dans le haut d'une page le second objectif choisi lors de l'exercice no 2. Décrivez-le dans le détail, exactement comme vous le voulez.

Cette partie du programme fait appel à la technique d'impression — lecture, réflexion, transcription quotidienne. Appliquez la technique d'impression aux exercices no 7 et no 8.

Suppressions et modifications

Après avoir réfléchi quelques jours à l'exercice no 3, vous allez peut-être décider de supprimer l'un ou l'autre de vos objectifs. Mais vous avez déjà déclenché en vous certaines forces créatrices qui à votre insu tendent à le réaliser. Il faut donc poser certains gestes spécifiques pour contrer l'action de ces forces créatrices.

Incidemment, une bonne part de la souffrance et de la misère s'explique ainsi. Sans y prendre garde, ou bien parfois par malice, les gens disent et pensent des choses qu'ils *ne veulent pas* vraiment voir se produire. Ils le font *fréquemment*. Ils *s'engagent* dans ce qu'ils disent. Et plus tard ils s'étonnent que les échecs, les trahisons, les obstacles qu'ils prévoyaient leur arrivent exactement comme ils l'avaient prévu.

Si vous vous êtes engagé dans un processus créatif pour atteindre un objectif donné, il n'est pas sage de vous en détourner simplement et de l'abandonner comme si de rien n'était.

Même quand vous modifiez votre objectif — sans pour autant l'abandonner complètement — vous risquez, si vous n'y prenez garde, d'éprouver certaines difficultés. A titre d'exemple, je citerai une histoire cocasse qui m'est arrivée.

J'avais décidé de maigrir. Je pesais 175 livres. Je voulais réduire mon poids à 155 livres. Quand j'atteignis 160 livres, je me rendis compte que je resterais trop gros, même en ne pesant que 155 livres. Je modifiai donc mon objectif initial et le ramenai à 150 livres.

A ma grande surprise, il me fut impossible de franchir le seuil des 155 livres. Je descendais à 154 livres puis j'éprouvais de terribles malaises. Je mangeais un peu plus parce que j'avais faim: je rebondissais aussitôt à 155 livres. Pendant des mois, mon poids n'a pas changé. C'est ainsi que je me rendis compte de la puissance d'un objectif qu'on s'est assigné, même si on l'a modifié en cours de route.

Je rédigeai alors la formule suivante: "Je supprime mon objectif initial de 155 livres. Cela m'a été utile mais j'ai trouvé mieux. Cette première idée correspond au souvenir d'un désir. Elle n'a plus ni force ni effet. Elle ne m'intéresse plus. Je m'intéresse et me concentre à présent de toutes mes forces sur un nouvel objectif: peser 150 livres".

J'appliquai la technique d'impression — lire, réfléchir, transcrire — à cette nouvelle formule pendant quelques jours. Très vite je dépassai le seuil qui me semblait infranchissable. Tout aussi rapidement et facilement, j'atteignis le nouvel objectif que je m'étais fixé: 150 livres.

Vous noterez le style simple et répétitif de la formule. Elle est destinée au subconscient. Il est bon de lui parler comme à un enfant intelligent. Je vous conseille d'adopter ce principe.

L'exemple montre aussi comment faire pour *changer* un objectif auquel on a déjà réfléchi et pour la réalisation duquel on a consenti certains efforts.

Je vous propose maintenant un schéma de formule pour le cas d'une annulation complète d'un objectif donné: "Je supprime cet objectif pour telle ou telle raison. Je m'aperçois que je n'en ai plus besoin ou que je n'en veux plus. Mon idée première ne représente plus rien pour moi que le souvenir d'un désir. Elle n'a plus ni force ni effet. Elle ne m'intéresse plus. Je m'intéresse et me concentre à présent de toutes mes forces sur un nouvel objectif bien meilleur".

N'essayez pas de vous leurrer vous-même. Ne prétendez pas n'avoir jamais voulu de telle ou telle chose. N'essayez pas de l'oublier. Laissez-la reposer dans votre esprit comme un *souvenir*, comme par exemple le souvenir de vos désirs d'enfant. Cette façon de procéder ne présente aucun danger.

Une fois rédigée la formule d'annulation d'un de vos objectifs, appliquez-y la technique d'impression (lecture, réflexion, transcription) pendant une semaine.

Quand vous renoncez à l'un de vos objectifs, remplacez-le par un de ceux que vous aviez laissés pour compte lors de l'exercice no 1. Gardez la liste exhaustive de vos souhaits. Vous en extrairez certains et les incluerez à votre programme lorsque vous en enleverez d'autres, soit parce que vous les aurez réalisés ou tout simplement parce que vous aurez décidé de les abandonner.

Recourez à cette méthode uniquement lorsque vous abandonnez un objectif auquel vous avez déjà appliqué la technique d'impression. Biffez sans crainte les points de votre liste (exercice no 2) dont vous n'avez pas encore rédigé la description détaillée et auxquels vous n'avez pas réfléchi sérieusement. Oubliez-les. Vous n'avez mis en branle aucune force créatrice pour les réaliser. Ils ne devraient donc pas vous préoccuper davantage.

N'hésitez jamais à vous servir de cette technique pour changer l'un de vos buts ou pour modifier l'un de vos objectifs. Il n'y a rien de honteux à changer d'idée. C'est signe que vous vous développez vous-même. Un de mes étudiants m'a dit une fois après la troisième leçon: "J'ai complètement changé mes objectifs et j'en suis arrivé à mieux me comprendre moi-même".

En résumé

Quand votre caractère change, vos désirs changent aussi.
Écrivez tous les exercices clairement et lisiblement.
La présentation de vos textes écrits doit être précise et ordonnée.
Réduisez la dimension de votre écriture: écrivez plus serré.
Votre écriture reflète fidèlement votre caractère.
Changez d'écriture et vous changerez de caractère.
Résumez votre objectif en une formule brève et positive.
La technique d'impression: lire, réfléchir, transcrire.
Utilisez les techniques adéquates pour modifier ou supprimer l'un de vos objectifs.

L'échec est l'habitude d'abandonner ses projets,
le succès l'habitude de les poursuivre.

La réussite est un puissant stimulant.

Chapitre 5 L'importance de la discrétion

"Soyez muet, vous serez sauf — le silence ne vous trahit jamais".
(JOHN BOYLE O'REILLY)

Dans les chapitres précédents, je vous ai recommandé de ne montrer à personne vos exercices écrits et de ne pas parler de vos désirs ni de vos projets. Soyez fidèle à cette règle tout au long de ce programme de développement de la personnalité.

Quatre bonnes raisons justifient cette discrétion.

1. Bien des gens ont malheureusement un caractère négatif, un tempérament destructeur. Ils prennent plaisir à vous critiquer et à vous décourager dès qu'ils savent que vous vous êtes lancé dans une action positive.

Quand je commençai à pratiquer la littérature d'imagination, je doutais de mes moyens et de mes talents (à cette époque, j'ignorais bien sûr ce que je sais aujourd'hui sur la façon de mener une entreprise importante à terme). Je m'ouvris de mes projets à une dame bien connue dans les milieux littéraires locaux. Elle me connaissait à peine. Elle fronça le nez et dit très fort devant toute l'assistance: "Mais mon pauvre M. Hull, vous ne réussirez jamais!"

Moins de telles personnes en savent, moins elles ont de chance de vous décourager ou de vous ridiculiser.

2. Quelques-uns de vos amis — parfois avec les meilleures intentions du monde — essayent parfois de vous détourner du plan que vous avez prévu.

Si par exemple vous leur parlez de maigrir, ils vous répondent que c'est inutile, qu'ils vous aiment tel que vous êtes, etc.

D'autres amis, peut-être trop faibles eux-mêmes, insistent sur les difficultés et sur les risques d'échec. S'ils savent par exemple que vous voulez vous inscrire à un cours technique ou professionnel, vous pouvez d'avance les entendre s'exclamer: "Ces cours doivent être terriblement ennuyeux, n'est-ce-pas?" ou bien: "Cela doit donc vous demander du temps!", ou bien encore: "Votre travail n'est peut-être pas ce qu'il y a de mieux mais un tien vaut mieux que deux tu l'auras!" Il y a toujours moyen de discuter avec des amis bien intentionnés mais à quoi bon gaspiller son temps et s'investir émotivement? De toute manière, vous n'aurez jamais le dessus à moins de les placer devant le fait accompli.

3. Certaines personnes, elles, semblent courtoises et gentilles. Elles ne vous découragent pas quand vous leur parlez mais ne se gênent pas, dans votre dos, pour vous critiquer et vous démolir: "*Elle!* qui essaie de réussir cela! mais voyons, ma chère, elle n'a aucune chance!" "Il est plein de bonne volonté, le pauvre, mais il est trop vieux pour changer maintenant!"

Quand elles ne vous démolissent pas verbalement, de telles personnes pensent quand même à vos projets et pensent que vous allez échouer. Elles gardent cette idée en tête, s'en persuadent et guettent les signes avant-coureurs qui vérifieront leurs sombres prédictions.

Cette atmosphère de critique latente, ces pensées négatives risquent de nuire énormément à vos projets. Vous noterez incidemment que ceux qui vous connaissent et vous aiment le plus éprouveront le plus de scepticisme. Les relations d'intimité que vous entretenez avec eux et la parfaite connaissance qu'ils ont de vous confèrent à leurs pensées une sorte de pouvoir supplémentaire pour vous décourager. Il est donc particulièrement important de ne pas révéler vos projets aux êtres qui vous sont les plus proches.

Parler d'un désir ou d'un projet, c'est perdre une partie de son énergie psychique. En agissant vous faites appel aux ressources de votre esprit créateur. Ces ressources se gaspillent si vous parlez trop.

Les créateurs utilisent la puissance de leur esprit pour mener leurs entreprises à terme. Lisez les mémoires des artistes et des savants, vous constaterez que la plupart d'entre eux gardent le silence sur leurs travaux inachevés. La plupart des peintres n'autorisent personne à regarder leurs oeuvres avant qu'elles ne soient terminées. Bon nombre d'écrivains cachent leurs manuscrits lorsqu'ils n'ont pas atteint la version définitive et refusent de discuter de leurs idées avant de les avoir couchées sur le papier.

Suivez de tels exemples: évitez les remarques désobligeantes des autres, donnez plus de force à votre pouvoir créateur. Restez toujours discret.

Une telle discrétion surtout vis-à-vis des membres de sa famille, requiert parfois un peu d'ingéniosité. Une de mes étudiantes m'a dit un jour en classe qu'elle avait bien du mal à cacher ses notes et ses exercices pour ne pas que son mari les voie. D'autres femmes du groupe lui ont aussitôt fait une série de suggestions: cacher les feuilles de papier dans un livre de cuisine, les coller derrière le miroir de son sac à main, les dissimuler dans le panier à linge, etc. S'il vous faut dissimuler vos notes, vous trouverez bien la cachette et la façon la plus adaptée à votre situation.

Même après avoir atteint certains de vos objectifs et même si les résultats sont évidents, n'en parlez pas! Si vous rencontrez des gens et leur dites: "Voyez comme j'ai bien réussi telle ou telle chose. C'est merveilleux, n'est-ce-pas?" Soyez certain que beaucoup tenteront quand même de vous décourager. "Faire son propre éloge n'équivaut pas à une recommandation, vous répondront-ils. Il est impossible que vous ayez réussi ceci ou cela. Nous vous connaissons depuis des années. Il est impossible de changer d'un coup. *Ne nous racontez pas d'histoires*". Et ainsi de suite.

Jésus Christ lui-même était conscient du danger. Après certaines de ses guérisons miraculeuses, il recommandait expressément au miraculé de n'en parler à personne.

Le danger est évident. Les gens mal intentionnés disent à celui qui vient de guérir: "Vous savez bien que vous êtes incurable. L'amélioration n'est que temporaire. Votre état va s'aggraver demain!"

Donc, même quand vous avez atteint l'un de vos objectifs, continuez de garder le silence. Attendez que les autres constatent le changement. S'ils s'imaginent avoir découvert quelque chose *par eux-mêmes,* alors ils le croiront; bien mieux, ils répandront la nouvelle à votre place.

A ce stade, une fois améliorés votre caractère et votre vie, et maintenant que les circonstances vous sont notablement plus favorables, il se pourrait que quelqu'un vous demande votre recette.

Ne donnez aucun détail!

Répondez de façon générale. Dites par exemple: "J'ai étudié" ou bien: "J'ai pratiqué certains exercices" ou encore: "J'ai suivi une méthode que j'ai trouvée dans un livre". Si votre interlocuteur insiste, donnez-lui simplement les références du livre et laissez-le poursuivre ses recherches seul.

(La règle de discrétion ne comporte qu'une seule exception, décrite au chapitre 12).

En résumé

En étant discret, vous atteignez plus vite vos objectifs.
En étant discret, vous évitez les critiques et les railleries.
En étant discret, vous échappez aux interventions de ceux "qui vous veulent du bien".
En étant discret, vous ne subissez pas les pensées négatives des autres.
En étant discret, vous gardez intact votre pouvoir créateur.
Laissez les autres découvrir vos succès.
Ne donnez aucun détail sur la façon dont vous avez réussi.

Pourquoi raconter ses projets à tout venant?
S'ils ratent, il aurait mieux valu les taire;
S'ils réussissent, le succès témoignera pour eux.

Chapitre 6
Reconditionner son esprit

> "Ce qu'un homme pense de lui-même détermine, ou plutôt lui désigne son destin".
>
> (MARK TWAIN)

Les exercices décrits jusqu'ici n'occupent votre pensée consciente que quelques minutes par jour. Ce chapitre-ci vous propose un thème auquel réfléchir à temps perdu, même si vous êtes en train de faire autre chose.

Comme je l'ai expliqué au second chapitre, l'activité mentale d'un esprit moyen ressemble à une sorte de fouillis. Le cerveau s'agite constamment mais ce remue-ménage ne produit rien: il ressemble à une tempête dans un verre d'eau. Il y a mouvement mais il n'y a jamais progrès. L'eau du verre n'est ni bonne ni claire: c'est une substance trouble et glauque, sale comme de l'eau de vaisselle; et le verre lui-même est souillé.

L'image est déplaisante? Peut-être mais rien n'est irrémédiable. Même l'esprit le plus trouble, le plus désorganisé se transforme. On peut améliorer ses pensées, en régulariser le mouvement. Au lieu de ressembler à un dépôt de boue, l'esprit peut devenir un fleuve puissant, à l'eau limpide et dont le cours vous porte dans la bonne direction. Il s'agit de savoir comment procéder.

Chaque événement de la vie, chaque expérience s'emmagasine dans le cerveau de chacun.

Quand j'écris "événements", je pense aussi bien à tous les repas qu'on a mangés, à toutes les paroles qu'on a dites ou entendues, à toutes les choses qu'on a vues, qu'on a apprises à l'école, aux livres qu'on a lus, aux films qu'on a regardés, etc. N'importe quel détail de ce stock d'impressions mentales, grâce à un stimulus adéquat, peut revenir à la conscience. Il y a bien des choses dont on ne se resouviendra jamais. Elles continuent pourtant d'affecter le subconscient comme un cadavre de rat dans une solive empeste parfois toute une maison.

Chaque pensée consciente équivaut à un événement de la vie. Quand elle sort de la conscience, elle prend place dans cet entrepôt qu'est la mémoire.

L'entrepôt, remarquez-le, contient plus, beaucoup plus de pensées que d'actions. Tout le monde est déjà resté maintes et maintes fois pendant des heures sans rien faire pendant que les pensées allaient et venaient comme des images sur un écran de télévision.

J'ai inscrit une phrase de Mark Twain en exergue au chapitre 2: "Ce ne sont ni les événements ni les faits qui déterminent surtout la vie, ni même qui importent. La vie c'est le flot continu de pensées qui traversent l'esprit de chacun". Vous êtes à même de comprendre maintenant la signification profonde de cette phrase. Il n'y a pas que le présent qui est constitué de pensées mais aussi le passé — l'*enregistrement* indélébile de ce passé dans votre mémoire.

La plupart de vos pensées sont-elles fortes, constructives, saines, optimistes, heureuses? Ou bien au contraire sont-elles faibles, négatives, malades, pessimistes et dépressives?

"Je suis une nature peu attrayante et insociable. Personne ne m'aime". Vous vous persuadez vous-même. Vous vous imprégnez de l'idée que votre vie est misérable, qu'elle ne comporte que des frustrations et que vous connaîtrez une vieillesse solitaire. C'est le meilleur moyen de le vivre effectivement.

"Je ne suis pas intelligent, je n'arriverai jamais à rien". Vous créez de vous-même une image de raté, d'insignifiant, de perpétuel déçu, de pauvre diable. Pire! vous insistez sur cette image.

"J'imagine qu'un jour ma femme me soit infidèle! Je ne parviendrais jamais à l'oublier. Je me demande bien ce que je ferais?"

Et vous y pensez, vous vivez la scène dans le détail, vous en rajoutez!

"Comme j'envie B... d'avoir un tel emploi! (ou une telle maison ou une telle femme ou autant d'argent) *Mais qu'a-t-il donc de plus que moi? Mon Dieu! je déteste son culot! Si je pouvais, je le tuerais."* Vous insistez lourdement, amèrement sur votre présumée infériorité. Vous perdez des heures précieuses à ruminer des projets de vengeance que, de toute manière, vous ne mènerez jamais à terme. Utilisez bien votre temps: progressez sur le chemin du succès, vous rejoindrez B... et même vous le dépasserez.

"Mme T... m'a croisé dans la rue. Elle n'a même pas daigné me parler. Pour qui se prend-elle donc? Craint-elle de se déshonorer en m'adressant la parole en public?" Vous revivez cette soi-disant humiliation, vous la ressassez, vous en ressentez un grand dépit.

"R... est malade. Bientôt ce sera mon tour. La semaine dernière, j'ai eu mal dans la poitrine, ce doit être le coeur ou les poumons. Mon Dieu! je vais peut-être mourir un de ces jours!" Vous rabâchez sans cesse cette idée de maladie et de mort. Vous transpirez de peur. Vous souffrez. Votre coeur s'emplit d'amertume parce que vous seul, à la différence de tous les autres, n'êtes pas immortel!

J'ai gaspillé moi-même énormément de temps à penser à la mort. Vous aussi, n'est-ce-pas?

Avoir des idées sombres dans le genre de celles que j'ai énumérées plus haut, c'est un peu comme jouer avec le feu. Celui qui a des pensées négatives, destructrices, *pense réellement,* au sens fort du terme. Il se concentre. Il médite longuement. Sa pensée s'imprègne et se nourrit de toutes ses sensations — des mots qu'il entend, de ce qu'il voit, de ce qu'il touche. En même temps qu'il pense, il réagit émotivement. Il éprouve de la haine, de l'envie, de la jalousie ou du remords. Sa pensée s'accompagne de manifestations physiques visibles: il rougit, tremble, pâlit, ses muscles se tendent, etc. Et il recommence sans cesse et sans cesse. En fait, il fait tout ce qu'il faut pour transformer ses pensées en réalité mais il s'en sert pour se détruire lui-même.

Et vous? Combien de temps avez-vous perdu à penser de la sorte? Même si c'est peu de temps, c'est encore trop! Vous éprouvez le besoin de repartir à zéro. C'est d'ailleurs pourquoi vous lisez ce livre.

Vous ne pouvez changer ce que votre esprit contient déjà. Oubliez donc le passé. Vous êtes capable — et c'est ce qui importe — de choisir ce que vous laisserez désormais pénétrer dans votre tête. Vous êtes capable de vous laisser envahir par une marée de pensées positives, utiles, susceptibles de transformer de façon durable votre façon de penser.

Cette transformation va s'opérer de deux manières différentes:

1. D'abord, vous allez améliorer le *niveau général* de vos pensées. Vous aviez un évier à moitié rempli d'eau froide. Vous allez laisser couler l'eau chaude. Vous n'enlevez pas l'eau froide. Cependant, la température moyenne de l'eau s'élève graduellement.

Il en va de même avec l'esprit. Imaginez une sorte de "thermomètre mental" gradué de façon à ce que le bas corresponde aux idées froides — faibles et négatives — et le haut aux idées chaudes — fortes et utiles. Efforcez-vous de ne penser qu'à des idées utiles pour atteindre vos objectifs et parvenir au genre de vie dont vous rêvez. Vous allez rapidement vous rendre compte que petit à petit le contenu général de votre esprit s'oriente dans la bonne direction. Votre "température mentale" va s'élever petit à petit.

2. Ensuite vous allez profiter du fait que toute vos pensées ne vous sont pas également accessibles. Pour reprendre l'analogie de l'entrepôt: ce que vous avez pensé d'abord, au début de votre vie, se trouve dans le fond, tout au bas de la pile. Les autres pensées plus récentes se sont accumulées par-dessus (certains éléments plus anciens auxquels vous référez et que vous examinez régulièrement se retrouvent également sur le dessus mais ceci n'infirme en rien la règle générale).

Ce que vous entreposerez désormais dans votre esprit sera donc sur le dessus. Vous le ramènerez plus facilement à un niveau de pensée consciente. Vos pensées nouvelles recouvrent les anciennes — c'est ce qui pourrait s'appeler "l'effet de couverture".

Je ferai une dernière comparaison: au printemps, le soleil commence à briller sur l'eau glacée des lacs. La température générale de l'eau monte (c'est la transformation décrite au point 1). Mais en même temps, il se forme près de la surface une couche d'eau plus chaude. Quelqu'un peut y nager, trouver l'eau très agréable et ne pas sentir du tout la nappe glacée du fond (c'est l'effet de couverture décrit au point 2).

Vous atteignez donc de bons résultats si vous nourrissez votre esprit de bonnes idées. Ces résultats tarderont, hélas! à se produire si dans vos moments perdus, vous vous complaisez à réfléchir à des choses négatives (si, par exemple, vous doutez du présent, craignez l'avenir ou éprouvez du remords pour le passé).

Je vous propose un exercice qui contribuera à ne jamais vous laisser oublier les pensées positives et qui aidera à les maintenir à la surface de votre esprit.

EXERCICE No 9

Prenez 52 fiches de 2 pouces (5 cm) par 3.5 pouces (9 cm). Inscrivez sur chacune de ces fiches une des citations qui se trouvent un peu plus loin dans ces pages. Placez une fiche dans votre sac à main, dans votre agenda ou en tout autre endroit où il vous est loisible — et à vous seul — d'aller la lire souvent. Gardez la même fiche pendant une semaine. Mémorisez la citation.

Vous allez vous rendre compte qu'à vos moments creux quand vous ne faites rien de spécial, cette citation va vous revenir d'elle-même. Profitez-en pour la répéter lentement plusieurs fois. Réfléchissez-y. Essayez d'en trouver le sens profond. Essayez de comprendre en quoi cette phrase est valable pour vous. Restez attentif à ses applications concrètes. Paraphrasez-la. Réécrivez-la dans vos propres mots. Tâchez de la rendre plus concise de façon à ce qu'elle ait plus de force; adaptez-la à vos besoins et à vos désirs. Souvenez-vous: cet exercice ne doit pas grignoter le temps que vous consacrez déjà aux autres activités du programme. Il a simplement pour but de rendre vos moments creux utiles et constructifs.

Ces citations peuvent vous servir d'une autre manière encore. Il y aura sans doute des moments où vous vous sentirez anxieux, cafardeux, agressif ou déprimé. Il est en effet presque impossible de chasser toute idée négative. Elles originent de tant de sources différentes: les journaux, la radio, la télévision, les discussions avec d'autres, la mauvaise influence directe de certains esprits malveillants, etc. Je le répète: il est presque impossible de les chasser de votre conscience. Par contre, vous pouvez ne pas les ressasser. Vous êtes incapable d'empêcher un intrus de cogner à votre porte mais vous pouvez vous abstenir de le laisser entrer, de rencontrer votre famille et de l'inviter à souper.

C'est facile: réduisez au maximum l'effet de ces pensées importunes. Ce n'est pas seulement la nature d'une pensée mais aussi le temps qu'on y consacre et l'intérêt qu'on y porte qui détermine l'effet qu'elle aura sur l'esprit.

La formule suivante rend compte de cette allégation:

Degré d'impression = pensée X temps X intérêt.

Quand vous vous rendez compte que vous réfléchissez à quelque chose de néfaste, chassez cette pensée immédiatement. Souvenez-vous de la phrase inscrite sur votre fiche. Redites-la. Répétez-la souvent, s'il le faut. Réfléchissez-y. Ecrivez-la sur un bout de papier. Redites ou recopiez d'autres citations que vous avez mémorisées les semaines précédentes. Ce genre de pratique, vous vous en rendrez vite compte, chasse les idées importunes.

La méthode est simple. Elle marche du premier coup. Pour une raison bien évidente: l'esprit humain ne peut en même temps réfléchir à deux choses différentes à la fois. Faites entrer de force une pensée positive dans votre esprit et vous chassez automatiquement la pensée négative. Après un peu d'entraînement, cet exercice devient machinal. Sa pratique requiert de moins en moins de temps. Vous parvenez même à vous enlever de la tête toute pensée négative avant même qu'elle ait eu le temps de s'installer. Vous ne lui allouez que *peu de temps* et ne lui manifestez que *peu d'intérêt*. Elle ne vous impressionne donc quasiment pas. Vous accordez *beaucoup de temps* et portez *beaucoup d'intérêt* aux pensées *positives*. Elles vous laissent donc une impression plus durable.

Les techniques décrites dans ce chapitre ont pour objet de changer votre mode de pensée. Souvenez-vous: en changeant de mode de pensée, vous transformez toute votre vie.

Je vous conseille d'utiliser les 52 citations suivantes:

1. Ce ne sont pas les circonstances qui façonnent un homme. C'est l'homme qui fait les circonstances (Benjamin Disraeli).
2. La détermination est le facteur le plus important de la réussite (Lord Chesterfield).
3. Il faut réagir à chaque obstacle par la patience, la persévérance et un langage apaisant (Thomas Jefferson).
4. Résolvez un problème et vous en éloignez cent (Confucius).
5. Les événements ne troublent pas les hommes mais l'idée qu'ils se font de ces événements (Epictète).
6. La persévérance, et non la force, réussit de grandes choses (Samuel Johnson).
7. Rien n'est indigne de vous qui vous porte dans le sens de votre vie. Rien n'est grand ni souhaitable qui vous en détourne (Ralph Waldo Emerson).
8. Les habitudes s'installent insensiblement (John Dryden).
9. La chance est un autre mot pour dire: ténacité (Ralph Waldo Emerson).
10. D'habitude, les hommes n'utilisent qu'une faible partie de leur pouvoir (William James).
11. Détournez-vous de ceux qui vous découragent de vos ambitions. C'est l'habitude des gens mesquins. Ceux qui sont vraiment grands vous font comprendre que vous aussi pouvez le devenir (Mark Twain).
12. La manière dont une personne pense dans son coeur est aussi sa façon d'être (Proverbes 23,7).
13. Quand la bonne volonté est grande, les difficultés ne peuvent l'être (Machiavel).
14. Il est si simple de chasser, d'effacer les idées mal venues, néfastes. Il est si simple de vivre tout de suite en paix (Marc Aurèle).
15. Le succès n'arrive pas à ceux qui l'attendent — et il n'attend pas que personne aille à lui (Anon).
16. Aimes-tu la vie? Alors ne perds pas ton temps; le temps est l'essence même de la vie (Benjamin Franklin).
17. Le fruit de ses paroles peut satisfaire un homme (Proverbes 12,14).

18. Si vous deviez un jour vous transformer vous-même, faites-le un peu chaque jour (Confucius).
19. Une parole saine est comme l'arbre de vie (Proverbes 15,4).
20. Le triomphe et la défaite, comme ils se ressemblent! (Epictète).
21. La joie, la misère dépendent autant du caractère que du destin de chacun (La Rochefoucauld).
22. Celui qui ne se décourage pas, décourage l'adversité (Anon).
23. Le genre de langage que vous proférez est aussi celui que vous allez entendre (Anthologie grecque).
24. La plupart des gens sont heureux dans la mesure où ils se conditionnent à l'être (Abraham Lincoln).
25. Ses pensées déterminent la vie d'un homme (Marc Aurèle).
26. Les difficultés ne découragent jamais le sage. Elles le stimulent. Il redouble de zèle et d'application. Il persévère et finit immanquablement par l'emporter (Lord Chesterfield).
27. Se contenter d'exister, c'est perdre son temps. Il faut vivre pour que la vie soit utile (Edward Young).
28. N'accrochez pas d'images tristes au mur. Ne vous lamentez pas, ne pleurez pas sur votre sort. Oubliez les propos négatifs. Donnez courage aux autres à force d'affirmations (Ralph Waldo Emerson).
29. L'habitude du bonheur libère des circonstances extérieures (Robert Louis Stevenson).
30. S'il ne s'aide pas lui-même, aucun homme ne peut prétendre aider les autres (Ralph Waldo Emerson).
31. La puissance à vrai dire est l'empire de l'habitude (Syrus Publilius).
32. Les mots sont des choses (Byron).
33. Personne ne sait ce dont il est capable avant d'avoir essayé (Syrus Publilius).
34. On est invincible quand on se trouve vraiment bien disposé (Marc Aurèle).
35. Ne vous penchez pas sur votre passé avec mélancolie: il ne revient jamais (Henry Wadsworth Longfellow).

36. Les échecs sont semblables à des couteaux: ils nous servent ou nous blessent, selon que nous les prenions par le manche ou par la lame (James Russell Lowell).

37. Les sots se perdent en songes creux.
Quand on le veut vraiment, la sagesse se fraie un chemin (George Crabbe).

38. Chaque homme doit accomplir ce pourquoi il a été créé (Thomas Carlyle).

39. Pour être heureux, il faut qu'une chose au moins nous enthousiasme (Charles Kingsley).

40. Ne soyez jamais mélancolique; luttez sans cesse sinon l'habitude de la tristesse finira par vous envahir (Sydney Smith).

41. Faire et souhaiter faire sont deux choses différentes (Benjamin Franklin).

42. L'échec et le succès ne sont pas des accidents mais simplement justice (Alexander Smith).

43. L'homme crée l'événement. Il est lui-même l'artisan de sa bonne fortune matérielle aussi bien que morale (Thomas Carlyle).

44. La vraie santé d'un homme, c'est le bien qu'il fait en ce bas monde (Mahomet).

45. Reporter les choses à plus tard, c'est se faire voler du temps (Edward Young).

46. Celui dont l'âme est heureuse et sereine ne ressent pas le poids des ans (Platon).

47. Soyez sain. Ne négligez aucun effort, aucune méthode, aucune pratique susceptible de vous le faire devenir (Ralph Waldo Emerson).

48. Pour un homme qui pense, il en est cent qui parlent (John Ruskin).

49. Etre fermement décidé équivaut à agir (Edward Young).

50. Nos pensées, plus que nos actes, déterminent notre avenir (Philip James Bailey).

51. Semez une idée, vous récolterez un acte.
Semez un acte, vous récolterez une habitude.
Semez une habitude, vous récolterez un caractère.
Semez un caractère, vous récolterez un destin (Anon).

52. Celui qui a le coeur joyeux vit une fête perpétuelle (Proverbes 15,15).

Ces citations sont excellentes. Je les ai trouvées personnellement d'un grand secours. Vous êtes capable d'en découvrir d'autres. Elles vous serviront. Vous vous apercevrez peut-être qu'il vous faut moins d'une semaine pour retenir l'une d'elles et pour la comprendre vraiment. De toute manière, 52 citations ne vous suffisent pas. Après vos 52 semaines d'exercices, il vous en faudra d'autres. L'exercice est tellement efficace qu'il est bon, selon moi, de le pratiquer toute la vie.

Il vous est possible de trouver d'autres préceptes du genre:

1. Dans ce livre même puisque vous allez souligner les passages qui vous intéressent particulièrement. Si vous le voulez, utilisez-en quelques-uns et notez-les sur vos fiches.

2. A l'occasion d'autres lectures (livres, journaux ou revues), vous ne manquerez pas de tomber sur certaines phrases particulièrement bien adaptées à votre situation.

3. Vous allez imaginer vous-même certaines maximes. Quand elles vous viennent, notez-les rapidement.

Vous tirerez le profit maximum de ces fiches en les relisant de temps en temps. Cachez partiellement le texte, lisez les premiers mots et vérifiez si vous êtes capable de vous rappeler la suite et sa référence.

(Ce travail constitue également un excellent exercice de mémoire).

En résumé

Il vous est possible d'améliorer votre niveau de pensée.
L'esprit emmagasine toutes vos idées.
Les pensées sont des événements. L'esprit les conserve.

Elevez la “température mentale” de votre esprit.
Servez-vous de “l’effet de couverture”.
Utilisez vos moments creux pour emmagasiner des idées positives.
Une idée positive éloigne un état d’âme morose.
Degré d’impression = pensée X temps X intérêt.
Reconditionnez votre esprit et vous rebâtissez votre vie.

Pensez clairement. Prenez-y plaisir et intérêt.
Votre pensée alors deviendra réalité.

L'esprit ressemble à une usine de transformation:
la qualité du produit fini dépend de celle de la matière première.

Chapitre 7
La puissance de la parole

"*Un mot juste* est une chose puissante".

(MARK TWAIN)

Le discours et la pensée sont étroitement liés. La pensée précède parfois le discours; parfois — et chacun l'a déjà appris à ses dépens — c'est le mot qui précède la pensée.

Notre discours façonne notre vie. C'est évident. Il est arrivé à chacun de se trouver d'innombrables fois dans une situation dont l'issue dépendait des propos qu'il tenait. C'est le cas lorsqu'on postule un nouvel emploi, lorsqu'on rencontre des inconnus, lorsqu'on présente une demande en mariage ou lorsqu'on en reçoit une, lorsqu'on prononce un discours, lorsqu'on essaie de vendre un produit, lorsqu'on discute avec ses proches, avec ses amis ou bien ses compagnons de travail.

Une phrase mal venue risque de détruire une vieille amitié; une phrase délicate permet parfois de s'attirer la bienveillance d'un ennemi de longue date. Une indiscrétion, une confidence trahie sapent à coup sûr le crédit d'un homme d'affaires. Un mensonge peut conduire en cour d'assises.

Votre discours et le sujet de vos propos déterminent l'idée que les autres se font de vous. Mais — et c'est peut-être plus grave encore — votre discours influence aussi votre propre pensée. Dès lors pourquoi ne pas utiliser ce discours de façon systématique et régulière pour contrôler cette pensée?

Il n'est pas besoin de me croire sur parole. Je l'ai déjà dit: pour suivre le programme que je vous propose, nul besoin d'avoir la foi. Tout ce dont vous avez besoin, c'est d'assez de curiosité pour tenter l'expérience. Essayez de contrôler votre façon de vous exprimer et observez-en vous-même les effets sur votre façon de penser.

Il est plus facile de contrôler ce qu'on dit que de contrôler ce qu'on pense. Pour faire une autre analogie: un adulte, même extrêmement fort, est incapable de pousser un cheval dans une direction où l'animal ne veut pas aller. Un enfant, par contre, juste avec les mors, dirige le cheval comme il le désire.

Contrôlez votre discours et vous contrôlez par le fait même, sans difficulté ni déplaisir, la puissance énorme de votre esprit.

Chacun contrôle son langage jusqu'à un certain point. Chacun censure parfois ce qu'il veut dire, que ce soit par tact ou par discrétion. Il est facile d'étendre ce contrôle partiel à l'ensemble de ses conversations. La majorité des gens ne le font pas, et n'en tirent donc pas profit, tout simplement parce qu'ils n'y ont jamais pensé.

Essayez donc vous-même!

Laissez guérir les vieilles blessures

Charlie ne rate aucune occasion pour amener le sujet de la conversation sur l'infidélité féminine. Il en profite pour raconter comment son ex-femme l'a trompé. Conteur extraordinaire, Charlie semble revivre chaque détail pénible au fur et à mesure qu'il le raconte. Sa voix grimpe d'un ton. Il est amer. Il pâlit de rancoeur. Sa mémoire est prodigieuse: il se rappelle avec précision chacune de ses querelles de ménage et les rapporte fidèlement.

Hélène saisit chaque occasion pour expliquer qu'elle a perdu son emploi à cause de la rancune personnelle de son chef de service. Elle répète son histoire à ses amis. Elle la raconte dans les agences de placement. Elle la redit lorsqu'elle passe une entrevue pour un nouveau poste; elle a même écrit aux journaux pour se plaindre de l'injustice dont elle prétend avoir été victime; elle en a parlé à la radio lors d'un programme de ligne ouverte. Finalement, elle s'est acquise une telle réputation de mauvaise tête qu'il lui est impossible de trouver un nouvel emploi en ville.

Hélène et Charlie ont peut-être raison. Mais ils ne sont pas seuls sur la terre. Vous avez eu des problèmes; moi aussi j'en ai eu. Tout le monde en a. Mais *pourquoi donc les étaler sur la place publique?*

En règle générale, *personne ne s'intéresse aux problèmes des autres.* Toujours en parler rend seulement celui qui en parle insupportable à leurs yeux.

Ce genre de propos éloigne les amis mais affecte encore plus gravement celui qui les tient. Raviver des souvenirs pénibles c'est, dans une certaine mesure, revivre des situations pénibles. La peur, la haine, la jalousie, l'envie sont des émotions malsaines. Elles font du tort à la santé de celui qui les éprouve. Il perd son énergie mentale qu'il gaspille à reconstituer le passé quand il s'agit de vivre le présent et de construire l'avenir. Ne ravivez pas les blessures anciennes. Oubliez-les. Laissez-les se cicatriser.

Le discours et l'expérience

Evitez de parler des choses pénibles du passé et, de la même manière, évitez d'insister sur la tristesse du présent. Si quelque situation vous pèse, si vous voulez vous débarrasser d'une mauvaise habitude, *n'en parlez pas.* Si vous vous décrivez en paresseux, en sot, en timide, ou comme quelqu'un qui remet tout à plus tard, vous bâtissez dans votre esprit et dans celui des autres une image de vous qui correspond à la description que vous en faites.

Comme tout le monde, vous avez tendance à devenir conforme à votre réputation. Vous êtes pareil à un personnage de pièce de théâtre: vous vous identifiez au rôle que vous avez choisi et que les autres s'attendent à vous voir jouer.

Si vous voulez changer de rôle, cessez d'insister sur vos anciennes répliques, arrêtez d'y porter attention, arrêtez d'en parler.

Le sot montre à tout le monde le trou qu'il a dans son tapis; le sage met le pied dessus pour le dissimuler.

Ne parlez pas de ce que vous ne voulez pas vivre.

Toute conversation se prolonge dans la réalité. Parlez de ce que vous voulez connaître et expérimenter. Parlez de la santé, de la richesse, de la joie. Parlez-en de façon générale sans révéler que vous avez trouvé le moyen de les atteindre grâce au programme que vous suivez.

Si vous continuez de parler comme je vous le recommande, vous vous apercevrez bien vite que vous pensez ce que vous dites et que les autres le pensent aussi. A force de jouer votre nouveau rôle, votre esprit s'habitue à votre nouveau personnage. Votre entourage également et, par la même occasion, vous le vivez plus facilement.

SOUVENEZ-VOUS: *vous finissez par penser ce que vous dites. Ce à quoi vous pensez finit toujours par se réaliser.*

Le discours et le progrès

Le discours ne détermine pas seulement ce que vous devenez, il détermine aussi la rapidité de votre progrès et la manière dont vous progressez. Le discours détermine la lenteur, la difficulté, ou bien au contraire la vitesse et la facilité de vos progrès.

Evitez d'employer des expressions qui impliquent le doute, la notion de difficulté ou d'incertitude quant à l'issue de vos efforts. Si vous suivez un régime, par exemple, ne dites pas: "Voilà bien le projet le plus difficile que j'aie entrepris! J'ai toujours faim. Je ne songe qu'à manger". Vous vous imaginez peut-être qu'en vous exprimant de la sorte vous vous revalorisez aux yeux de vos amis. En fait, cela n'a pour effet que de vous rendre mal inutilement. Dites plutôt: "Mon régime me fait un bien fou! Je perds au moins trois livres par semaines".

Il n'est pas bon d'affirmer: "Dieu seul sait comment je vais réussir mes examens! Je sens que je n'ai pas assez étudié". Vous semez le doute dans votre subconscient. Le jour de votre examen, ce doute aura tendance à se réaliser. Il vaut cent fois mieux dire: "J'étudie fort. Je suis sûr d'être prêt le jour de l'examen".

Certains entravent leurs progrès par ce qu'on pourrait appeler un discours "à moitié constructif". Ils disent aux autres (ou se disent) par exemple: "Finalement j'ai décidé de me corriger pour ne plus remettre à plus tard ce que je peux réaliser tout de suite". L'intention est excellente mais la formulation malheureuse. Il y a moyen d'exprimer la chose autrement, sans référer à la mauvaise habitude qu'il s'agit d'éliminer. Il faut dire dans ce cas-ci: "Aujourd'hui, je fais mon travail sans tarder" ou bien: "J'ai finalement tracé un plan de travail et je compte bien m'y tenir".

J'ai déjà touché un mot de ce que je viens d'expliquer, au moment où je parlais de l'écriture (pour l'exercice no 1). Les mêmes remarques s'appliquent donc au langage également.

N'oubliez pas la règle générale de discrétion. Tout ce que je suggère plus haut ne vous sera pas utile avant d'avoir progressé assez pour que les autres s'en rendent compte et vous en fassent la remarque.

Exprimez-vous toujours de façon constructive. Ne perdez pas ce principe de vue. Un discours constructif accélère la réalisation de vos désirs.

Ne parlez pas trop

Les proverbes se contredisent sur la plupart des sujets mais lorsqu'il s'agit de se taire ou de parler, tout le poids de la sagesse des proverbes penche en faveur du silence.

- Les outres vides sont les plus bruyantes.
- Grand parleur, grand menteur.
- Homme de silence, homme de sens.
- Il sait beaucoup celui qui sait tenir sa langue.
- Une langue muette fait une tête sage.
- La parole est d'argent, le silence est d'or.
- Personne ne se repent jamais de s'être tu.

Je pourrais allonger la liste et remplir la page. De telles sentences expriment une vérité profonde. Parler beaucoup sans que ce soit nécessaire témoigne habituellement de la nervosité ou de la sottise de celui qui parle. Le bavardage est le bruit des idées boiteuses dans une tête à moitié vide. Le sot *paraîtrait* sage, et le timide sûr de lui, s'ils parvenaient à se taire.

Parler trop ne profite à personne. Le bavardage vide le bavard de son énergie vitale. Il n'enrichit ni son esprit ni celui des autres.

Il n'est pas nécessaire d'observer un mutisme total. Je vous propose une règle pour éviter les conversations oiseuses et nocives. Avant d'ouvrir la bouche, demandez-vous si ce que vous allez dire est exact, si c'est bien et si c'est nécessaire.

N'ayez pas peur: cette pratique ne va pas briser votre vie. Les liens de l'amitié, de l'amour et les relations familiales survivent aussi bien quand on ne les noie pas dans un flot de paroles incessant. Bien des gens travailleraient mieux, plus efficacement, s'ils perdaient moins de temps à bavarder.

Parler trop nuit autant que trop manger ou trop boire.

Reconsidérez le poids de vos paroles. Ménagez à votre langue certaines périodes de repos. Tâchez de passer à lire ou à réfléchir un peu du temps que vous consacrez aujourd'hui à bavarder.

Je ne puis vous préciser la mesure dans laquelle il faut vous taire. J'ignore si vous parlez beaucoup ou pas. Réfléchissez de toute façon à ce que je vous propose. Si vous souhaitez y donner suite, vous savez comment faire.

Les sujets de conversation déplaisants

Evitez, si vous le pouvez, de parler de choses méchantes, déplaisantes et négatives. Si l'un de vos amis éprouve certains problèmes, ne courez pas le dire à tout le monde. Ne parlez pas des événements sordides ou tragiques dont vous entretiennent les journaux, la radio ou la télévision. La plupart de ces faits divers *ne vous concernent pas*. Même si un tremblement de terre dévaste quelque ville du Middle-East, ou si quelque tornade coule un navire dans la mer du Japon, vous n'y pouvez rien: ce sont des fléaux naturels. Il vous est impossible d'aider les victimes. Il vaudrait sans doute mieux ne jamais avoir entendu parler de ces cataclysmes!

Entraînez-vous à ne pas prendre connaissance des mauvaises nouvelles qui ne vous concernent pas. N'en lisez pas le compte rendu dans les journaux, n'en regardez pas les reportages à la télévision.

Je ne plaide pas en faveur des spectacles à l'eau de rose. Je ne prétends pas qu'il faille ignorer *tous* les événements désagréables ou déplaisants. Il se passe bien des choses difficiles à accepter que ce soit dans sa propre vie, au travail, dans la ville où l'on habite ou dans le pays dont on est citoyen.

Si ces choses désagréables vous concernent, si votre pensée, votre discours, votre action, votre argent ou votre vote peuvent y changer quelque chose, alors luttez, agissez dans le sens qui vous semble juste. Mais ne vous embarrassez pas, ne vous chagrinez pas, ne parlez pas des choses qui échappent à votre contrôle.

Le devoir parfois vous commande d'intervenir. Alors:

1. Usez de tact. Faites allusion à ce qui ne va pas le plus délicatement possible. N'insistez pas sur chaque détail sordide. Ne les savourez pas. N'exagérez pas. Ne laissez pas votre imagination s'emballer. Contentez-vous de rapporter strictement les faits.

2. Quand vous critiquez quelqu'un ou quelque chose, prenez l'habitude d'ajouter, pour compenser, un détail favorable à celui que vous critiquez.

3. Soyez concis. Venez-en au fait le plus rapidement possible.

(La même remarque s'applique si vous avez à réprimander ou à critiquer quelqu'un qui se trouve devant vous).

En ayant du tact et en se montrant délicat, il ne s'agit pas seulement d'épargner les autres: un discours négatif, destructeur nuit également à celui qui le tient.

Si vous discutez politique, par exemple, et que vous affirmez d'un politicien qu'il est un escroc et qu'il devrait être en prison, vous tenez des propos négatifs et destructeurs. Le *savez-vous* réellement? Avez-vous vraiment *la preuve* que ce politicien est un escroc? Si oui, pourquoi ne pas le dénoncer à la police? Si non, pourquoi donc en faire état? Vos allégations se basent-elles sur des cancans, sur quelques potins dans un journal? Aimeriez-vous *vous-même* vous voir accuser, condamner sur la foi de semblables fariboles? Souvenez-vous: il est bien probable qu'une multitude de personnes aussi bien informées que vous, pensent quant à elles que le politicien en question est un brave homme et qu'il doit continuer à représenter le peuple.

Ne vaudrait-il pas mieux dire dans ce cas: "Ce politicien a fait telle et telle bonne chose mais pour telle et telle raison, je ne suis pas d'accord avec lui"? Exprimée ainsi, votre idée peut déboucher sur une discussion utile et constructive. Elle porte fruit. De toute manière, vos insinuations ne parviendront même pas à blesser le politicien que vous n'aimez pas. Elles ne vous aideront pas non plus et elles ne vous apprendront rien.

Si par exemple vous parlez des difficultés familiales de certains de vos amis, pourquoi vous exprimer en disant: "N... a de nouveau battu sa femme et ses enfants: c'est la seconde fois cette année. J'ai toujours prédit que ce mariage ne marcherait jamais".

Il vaudrait bien mieux passer ce genre de choses sous silence. Vous n'y pouvez rien. Votre discours risque de blesser les personnes concernées. S'il vous faut absolument en parler, ne vaudrait-il pas mieux dire: "M... et N... sont des gens très bien mais ils ne semblent pas faits pour s'entendre".

Ne soyez pas avare d'éloges

Edward Young a écrit:

> "Le désir de se voir louer, même s'il est bien caché,
> domine, à un degré ou l'autre le coeur de tous les hommes".

Les compliments sincères, les remerciements, les mots gentils font toujours plaisir. L'habitude de vanter les autres contribue beaucoup à se gagner et à se *garder* l'amour et l'amitié de tous.

Les éloges que vous décernez vous reviennent toujours. Vous vous apercevrez — et c'est une règle absolue — que plus vous louez les autres, plus les autres vous louent. La louange est un des moyens les plus efficaces de faire faire aux gens ce que vous voulez qu'ils fassent. Louez les gestes que vous souhaitez voir se répéter, louez les traits de caractère sur lesquels vous voulez que les autres mettent l'accent. Dans un potager, le jardinier arrose les plantes qu'il veut voir pousser et non les mauvaises herbes.

Exercez-vous à trouver toujours le mot qui fait plaisir à chaque personne que vous rencontrez. Entraînez-vous à cela sur le commis de l'épicerie, sur vos compagnons de travail, vos proches et vos amis. *Trouvez* ce que vous pouvez sincèrement louanger chez chacune de ces personnes: vêtements, coiffure, air gai, bijoux, etc.

"Je sais que je puis toujours m'attendre à vous voir sourire".

"Mon Dieu! Que vous êtes dynamique aujourd'hui. Vous devez vous sentir débordante d'énergie".

"Ah! Vous voilà! Ponctuel comme toujours!"

Ne vous contentez pas de vanter les mérites de quelqu'un quand il est là. *Louez-le autant en son absence.* De tous les compliments, ce sont les plus beaux. Soyez certain de toute manière que ce que vous dites va bien finir par venir aux oreilles de la personne concernée.

Ne critiquez jamais les gens derrière leur dos. Soyez sûr également que vos critiques leur parviendront et qu'ils le prendront très mal!

Parlez avec calme

Evitez dans la mesure du possible de vous fâcher. La colère fatigue celui qui l'éprouve. Elle détourne une bonne part de son énergie qui pourrait servir à des propos positifs. La colère crée des ennemis. Parfois, elle tue. Plus d'un homme est mort d'une crise cardiaque suite à un accès de colère. Thomas Jefferson a trouvé une excellente règle de conduite: "Si vous êtes en colère, comptez jusqu'à dix avant de parler; si vous êtes extrêmement fâché, comptez jusqu'à cent".

Au lieu de compter, il est toujours possible, si vous le préférez, de répéter en vous-même: "Je garde mon calme. Je suis toujours gai et conciliant".

Ce genre de phrase détourne votre colère et vous aide à affronter les difficultés en gardant votre sourire.

Ou bien, concentrez-vous sur une des citations de votre carnet. Elles vont jouer le rôle d'un extincteur. Elles éteindront l'incendie mental qui se prépare à vous ravager. Elles détruiront les flammes avant qu'elles n'atteignent trop d'ampleur.

EXERCICE No 10

Pendant une heure — de préférence quand vous vous sentez en forme et détendu — surveillez votre conversation. Tâchez de ne tenir aucun propos négatif ou destructeur. Si malgré tout l'une ou l'autre phrase malheureuse vous échappe, taisez-vous, réfléchissez à l'expression positive, utile que vous auriez pu dire à sa place.

Au début, pratiquez cet exercice une ou deux fois par semaine. Il est facile comme vous allez le constater. Petit à petit augmentez-en la durée jusqu'au moment où toute votre conversation devient positive.

Rencontrer de l'hostilité

Il se peut que vous rencontriez certaines personnes qui se moquent de vous parce que vous vous efforcez d'être positif et qui vous traitent de naïf et d'optimiste. Laissez-les rire. S'ils veulent une existence triste et noire, cela ne vous regarde pas. Il vous est impossible de changer leur façon de penser. Donnez le bon exemple. C'est ce que vous avez de mieux à faire. Continuez votre chemin avec le sourire et laissez les autres aller le leur.

En résumé

Votre façon de parler façonne votre vie.
Votre façon de parler détermine vos pensées et celles des autres.
Contrôlez votre discours et vous contrôlez votre esprit.
Laissez guérir les vieilles blessures.

Parlez de choses que vous souhaitez voir se réaliser.
Un discours positif accélère la réalisation de vos désirs.
Ne parlez pas trop.
Dites du bien des autres.
Ne parlez pas de vos problèmes.
L'habitude de tenir des propos positifs se cultive. Commencez dès aujourd'hui!

La langue est un bon serviteur
mais un maître terrible.

Votre discours révèle ce que vous êtes
et détermine ce que vous serez.

Chapitre 8 Le troisième point

"Nos doutes nous assaillent et nous font échouer
Et nous ratons le but que nous pourrions atteindre
Par crainte seulement de ne l'atteindre point".

(WILLIAM SHAKESPEARE)

Vous avez maintenant circonscrit vos objectifs. Vous avez commencé à vous concentrer, à contrôler votre pensée pour parvenir à vos fins. Ne soyez pas impatient. N'embrassez pas trop de projets d'un seul coup. Il vaut mieux y aller petit à petit, régulièrement et en fin de compte réussir plutôt que de trop entreprendre et de se décourager.

Souvenez-vous: il ne sert à rien de vous demander avec inquiétude à tout bout de champ: "Comment réussir? Quand vais-je enfin constater le résultat tangible de mes efforts?" Cela ressemble trop à la peur et la peur ne mène nulle part.

Prenez l'habitude de penser à votre objectif comme si vous l'aviez atteint. Pensez-y calmement, sans vous forcer, comme si vous jouissiez déjà des bénéfices que vous en escomptez. Laissez croître les idées. Elles se présenteront à vous plus riches et plus vivantes chaque nouvelle fois que vous y pensez. Soyez intéressé par ce que vous imaginez. Réagissez-y avec plaisir. Répétez votre souhait à haute voix. Ecrivez-le, vous le fixerez. Condensez-le en une formule brève et affirmative.

C'est la première étape. Elle est simple mais essentielle. Semez l'idée dans votre tête, elle poussera toute seule. *Ce que vous pensez, vous lui donnez réalité.*

L'inspiration concrétise les idées. Elles viennent d'elles-mêmes — je parle des idées utiles, de celles qui contribuent à vous rapprocher de vos objectifs. Acceptez chaque idée. *Notez-la,* même si au début elle vous semble irréaliste. Notez-la. Attendez calmement, avec confiance. Une autre idée viendra certainement. Combinez-la avec la première. Elle vous permettra sans doute de mettre au point un plan d'action effectif et clair.

Archimède a vécu ce genre d'expérience. Vous connaissez peut-être l'anecdote. Le roi de Syracuse avait donné de l'or à un orfèvre pour qu'il lui cisèle une nouvelle couronne. Il suspectait l'artisan d'avoir remplacé l'or par un autre métal. Il demanda donc à Archimède de vérifier le bien-fondé de ses soupçons.

Archimède pensa d'abord peser la nouvelle couronne et la comparer au poids d'une barre d'or qui aurait le même volume: si la couronne était plus légère, l'artisan l'aurait effectivement trafiquée. L'idée semblait à prime abord irréalisable: il paraissait impossible en effet de déterminer le volume exact de la couronne sans la fondre en un lingot rectangulaire et par là même la détruire.

Mais un peu plus tard, au moment où il était dans son bain, Archimède eut une seconde idée grâce à laquelle il put donner suite à la première qui était apparemment inutile. Il vit l'eau de son bain déborder. Il se dit que le volume d'eau qu'il déplaçait en entrant dans son bain était égal au volume de son corps. Il appliqua par la suite le même procédé pour déterminer le volume de la couronne.

Alexander Graham Bell eut l'idée "oiseuse" d'envoyer un courant électrique variable dans un fil pour transmettre un son à distance. Ce n'est que plus tard qu'il trouva comment faire vibrer un diaphragme pour obtenir une variation de courant. L'idée de Thomas Edison de se servir d'un filament incandescent semblait complètement inutile jusqu'au jour où il sut comment précisément fabriquer ce filament.

Ecrivez donc *toutes* les idées que vous souffle votre inspiration. Dans le chapitre suivant, je vous donnerai quelques conseils sur la façon de les mettre en pratique.

Vous avez sans doute déjà remarqué certains changements positifs dans votre caractère: vos pensées se cristallisent de plus en plus sur l'aspect positif des choses. Ne vous découragez pas si quelque pensée négative vous effleure encore de temps à autre. Vous savez maintenant comment vous endébarrasser.Elle ne vous fera pas énormément de tort dans la mesure où vous ne la ressassez pas. Une averse passagère ne suffit pas à assombrir l'été. C'est la température moyenne, ce sont les alternances de soleil et de vent, c'est le climat général qui fait la saison. De la même façon, c'est la tendance générale des pensées de quelqu'un qui façonne son esprit, modèle son caractère et détermine son destin.

Vous avez peut-être déjà rencontré de nouvelles personnes susceptibles de vous aider. Si ce n'est pas le cas, restez vigilant: les bons *contacts* existent, à vous de les *attirer* par votre esprit juste et égal.

Vous avez bien commencé: vous avez reconditionné votre esprit. Votre développement mental multiplie vos chances de succès. Vos efforts se font plus positifs. Vous acquérez de meilleurs atouts mentaux pour progresser.

Continuez de rester discret sur vos projets et vos désirs. Ne parlez à personne de vos résolutions; laissez les résultats parler d'eux-mêmes.

Lors de l'exercice no 8, vous avez détaillé votre second objectif (voir exercice no 2). Vous avez consacré du temps à préciser cette description jusqu'au moment d'être sûr de ne plus pouvoir rien y ajouter. Pratiquez cet exercice sans vous presser. Vous pouvez en avoir terminé après six ou sept jours mais une description exhaustive demande parfois trois, et même quatre semaines. Quand vous estimez qu'il n'y a plus rien à y ajouter, à y modifier ou à y soustraire, passez à l'étape suivante: exprimez votre souhait en une affirmation concise et lapidaire.

EXERCICE No 11

Formulez une affirmation concise et positive qui résume le deuxième point de l'exercice no 2. Appliquez à cette formule la technique d'impression. Lisez-la trois fois par jour. Copiez-la quotidiennement.

Vérifiez maintenant si vous tenez toujours à tous les objectifs que vous aviez définis lors de l'exercice no 2. Voyez si vous ne souhaitez pas en modifier certains ou en rayer d'autres. Si vous en biffez l'un ou l'autre, remplacez-les. Le total des objectifs exprimés doit se maintenir à dix. Que vous ayez modifié votre liste ou non, réécrivez l'exercice no 2 sur une page blanche. Quand vous aurez fini, vous serez prêt à passer au point suivant.

EXERCICE No 12

Ecrivez dans le haut d'une page le troisième objectif que vous aviez choisi lors de l'exercice no 2. Décrivez dans le détail ce que vous souhaitez, exactement comme vous le voulez. Appliquez à ce texte la technique d'impression.

Les exercices nos 7, 11 et 12 représentent la part de votre programme à laquelle il faut vous astreindre chaque jour. Relisez vos fiches à vos moments perdus et réfléchissez-y. Quand vous en avez l'occasion, pratiquez l'exercice no 10: contrôlez votre discours.

N'oubliez pas "la composante plaisir": elle doit accompagner chaque exercice. Eprouver du plaisir à faire ce qu'on fait, augmente le bénéfice que l'on retire de ses actions. Souriez pendant vos exercices. Respirez profondément, lentement: vous vous sentirez calme et bien. Considérez les brèves périodes que vous y consacrez comme vos moments les plus agréables de la journée.

En résumé

Progressez régulièrement, calmement vers votre but.

Les idées "inutiles" à première vue se révèlent souvent valables.

L'*orientation générale* de vos pensées détermine votre destin.
Ne parlez pas de vos intentions; laissez les faits parler d'eux-mêmes.
N'oubliez pas “la composante plaisir”.

A la longue, vos pensées modèlent votre visage.

Il est facile de faire un pas.
Après le premier pas,
les autres sont plus faciles encore.
Essayez donc!

Chapitre 9
Transformer les idées en actes

"Le but ultime de la vie n'est pas la connaissance, c'est l'action".
(THOMAS HENRY HUXLEY)

Après avoir suivi mes cours pendant trois semaines, une étudiante me dit un jour qu'elle était restée éveillée toute une heure la veille à cause du flot ininterrompu d'idées utiles qui jaillissaient de son subconscient et crépitaient dans son esprit.

A l'heure qu'il est, vous avez sans doute vous-même déjà vécu le même phénomène. Vous vous êtes conformé aux conseils que je vous prodiguais dans le troisième chapitre: vous n'avez pas laissé ces idées se perdre, vous les avez notées. Maintenant vous souhaitez sans doute les traduire en actions concrètes et les utiliser pour parvenir à vos fins.

D'abord, il faut grouper les idées par grands thèmes. Ne les laissez pas traîner sur les bouts de papier ou dans l'agenda où vous les avez griffonnées: transcrivez-les dans le cahier dans lequel vous rédigez vos exercices. N'oubliez pas d'inclure aussi les idées qui vous viennent d'autres personnes. Dans le haut d'une page, notez le premier objectif défini lors de l'exercice no 2. Ecrivez en-dessous toutes les idées qui s'y rapportent. Faites de même, sur une autre page, pour le point 2 de l'exercice. Et ainsi de suite, pour chacun des dix éléments de votre liste en y consacrant une nouvelle page chaque fois.

A titre d'exemple, je vous donne quelques phrases pêle-mêle comme elles se trouveraient sans doute dans un agenda.

Fred m'a recommandé le nouveau livre de C.D. pour maigrir sans douleur. L'acheter.
Faut-il annuler mes dons aux oeuvres de charité X, Y, Z?
Apprendre par coeur dix vers chaque jour.
Etablir un budget par mois et par année.
Acheter quelques livres sur l'Europe.
Aller vendre mes vieux vêtements.
Téléphoner au service d'éducation permanente pour les cours de langues.
Acheter un nouveau carnet d'adresses: mettre de l'ordre dans les noms et les numéros de téléphone.
Envisager la possibilité de trouver un second emploi.
Ecrire une lettre de félicitations à Henri.
Acheter une balance, me peser chaque jour.
M'ouvrir un compte d'épargne distinct.
M'acheter un livre pour apprendre les rudiments de la comptabilité.
M'informer sur les cours de danse.
Prendre une assurance-vie?

Voici maintenant comment il faudrait grouper ces diverses idées et les classer par rubriques. (En pratique, chaque rubrique doit se noter sur une page différente.)

1. *Réorganiser mes finances pour rétablir mon crédit.*
   Faut-il annuler mes dons aux oeuvres de charité X, Y, Z?
   Etablir un budget par mois et par année.
   Aller vendre mes vieux vêtements.
   Prendre une assurance-vie?
   M'ouvrir un compte d'épargne distinct.
   M'acheter un livre pour apprendre les rudiments de la comptabilité.
   Envisager la possibilité de trouver un second emploi.

2. *Maigrir de X livres.*
Acheter le livre de C.D. pour maigrir sans douleur.
Acheter une balance, me peser chaque jour.

3. *Améliorer ma mémoire.*
Apprendre par coeur dix vers chaque jour.

4. *Améliorer mes relations sociales.*
Acheter un nouveau carnet d'adresses: mettre de l'ordre dans les noms et les numéros de téléphone.
Ecrire une lettre de félicitations à Henri.
M'informer sur les cours de danse.

5. *Vacances en Europe l'an prochain.*
Téléphoner au service d'éducation permanente pour les cours de langues.
Acheter quelques livres sur l'Europe.

NOTE: Certaines de vos idées n'auront sans doute aucun rapport avec vos dix objectifs principaux: idées plus générales, par exemple, sur la façon de développer votre personnalité, suggestions sur la façon d'atteindre certains objectifs ultérieurs, etc. Classez-les sur une autre page sous le titre: *Divers.*

Remarquez le pouvoir positif du procédé. Il est très différent du journal intime. Tenir un journal, c'est s'attarder à son passé. L'écrire et, par la suite, le relire c'est une manière de revivre les expériences et les événements qu'on a vécus, bons ou mauvais, positifs ou négatifs. Noter les idées positives, c'est transcrire l'avenir, déterminer le futur.

Un de mes amis de longue date, un vieil homme de 80 ans, a quelque peu modifié cette façon de procéder. Dans chacune des pièces de sa maison, il garde un carnet et un stylo. Quand une idée lui vient, il la note immédiatement où qu'il se trouve. Le pouvoir créateur, on le voit, se cultive et s'entretient à tout âge!

Noter ses idées positives et les classer, est extrêmement important d'un strict point de vue émotionnel. On se sent plus confiant, plus sûr de soi. On pose *certains jalons* qui déjà rapprochent de l'objectif ultime. Au départ, on a commencé par quelque chose de vague et d'intangible: un simple voeu. Ensuite, on a produit quelque chose de visible, de concret, de durable: *un plan d'action écrit.* Cette phase est la quatrième dans le processus de développement de la pensée créatrice.

La première étape consistait à définir le plus précisément possible l'objectif que l'on poursuivait. Il s'agissait, en d'autres termes, de *savoir exactement ce qu'on voulait.*

Le but de la seconde étape était de graver, grâce à la technique d'impression, la description détaillée de cet objectif dans le subconscient.

La troisième étape consistait à ne pas laisser se perdre les idées créatrices émises par le subconscient.

A la quatrième étape, enfin, on classe les idées et on les transforme en un plan d'action concret.

Vous constaterez vraisemblablement, en remettant vos notes en ordre, que sur certains sujets vous avez eu plus d'idées que sur d'autres. Certaines pages en comptent une dizaine; d'autres cinq ou même deux, certaines peuvent n'en comporter aucune. C'est normal. Toutes les pommes d'un pommier ne mûrissent pas d'un coup. De la même façon, vos idées ne se traduiront pas toutes en gestes concrets le même jour.

Etudiez d'abord la page qui compte le plus grand nombre d'idées. Lisez-les, de préférence à voix haute. Réfléchissez-y. Par le fait même vous approfondissez les idées que vous avez notées et même vous en trouvez de nouvelles. Notez ces idées supplémentaires également.

Après avoir bien étudié vos idées, vous vous trouverez dans l'une des quatre situations suivantes:

1. Tout ce que vous avez noté ne vous aide pas à déterminer une ligne de conduite précise.
2. Vous voyez une, ou même plusieurs façons d'agir.
3. Certains points exigent une décision: faut-il y donner suite ou non? Tout de suite? Plus tard? Insister ou pas? etc.
4. Vous voyez deux, ou plusieurs façons d'agir mais elles sont contradictoires.

Examinons les quatre possibilités:

IL N'Y A PAS DE LIGNE DE CONDUITE PRÉCISE

Dans ce cas, attendez. Votre inspiration vous soufflera d'autres idées. Elles viendront *à coup sûr* si vous gardez le contrôle de votre esprit et si vous restez positif. Plus vous aurez confiance en vous, plus les idées viendront vite. Un moment donné, vous recevrez l'idée clef qui vous permettra de mettre en pratique les idées plus anciennes. Ne perdez pas de vue qu'en rassemblant vos idées de la sorte, vous entraînez votre esprit et vous le renforcez. Vous le contrôlerez d'autant mieux quand sera venu le moment d'agir.

VOUS VOYEZ UNE OU PLUSIEURS POSSIBILITÉS D'ACTION

Vous savez quoi faire pour atteindre tel ou tel objectif, ou tout au moins quoi faire pour vous en rapprocher. Dans l'exemple de classement de la page 110, plusieurs idées sont immédiatement réalisables. Elles ne demandent pas plus ample réflexion:

Etablir un budget par mois et par année.
Aller vendre mes vieux vêtements.
M'ouvrir un compte d'épargne distinct.
M'acheter un livre pour apprendre les rudiments de la comptabilité.
Acheter le livre de C.D. pour maigrir sans douleur.
Acheter une balance, me peser chaque jour.
Apprendre par coeur dix vers chaque jour.

Pour des idées du genre, n'hésitez pas: *agissez tout de suite*. Plus loin dans ce chapitre, la section intitulée "Prendre des décisions" vous met en garde contre le danger de remettre à plus tard ce qu'il est possible de faire tout de suite et vous explique comment acquérir l'habitude d'agir rapidement.

CERTAINES DÉCISIONS S'IMPOSENT

Certains points du classement suggéré plus haut demandent réflexion:

- Faut-il annuler mes dons aux oeuvres de charité X, Y, Z?
- Prendre une assurance-vie?
- Envisager la possibilité de trouver un second emploi.

Pesez le pour et le contre. Utilisez la méthode décrite dans la section "Prendre des décisions".

FAÇONS D'AGIR CONTRADICTOIRES

Il peut arriver que deux femmes attirent le même homme. Il ne peut épouser les deux à la fois. Dans l'exemple cité plus haut, il est difficile, bien sûr, de trouver le temps d'étudier à la fois la comptabilité et les langues, et en même temps de suivre des cours de danse et de travailler à un second emploi!

Il faut choisir ce qui semble le plus valable.

Prendre des décisions

Ce que je suggère ici ne vaut pas seulement pour évaluer les idées notées dans votre agenda mais s'applique chaque fois que vous avez une décision à prendre.

Si vous avez à choisir, par exemple, entre deux emplois, écrivez le premier en haut d'une feuille blanche. Tracez une ligne verticale et divisez votre page en deux. Notez d'un côté tous les avantages de cet emploi et de l'autre tous ses inconvénients.

Procédez de la même manière sur une autre feuille pour le second emploi.

Parfois la décision se prend tout seul. Il suffit de comparer les deux listes. L'un des emplois comporte nettement plus d'avantages que l'autre.

Si les listes s'équilibrent, raffinez votre technique: cotez sur dix chaque avantage et chaque inconvénient. Si, par exemple, l'avantage de tel ou tel emploi c'est qu'"il plaît à l'oncle Alfred" et son inconvénient, c'est qu'"il ne plaît pas à ma femme", vous n'hésiterez sans doute pas longtemps: l'inconvénient l'emporte sur l'avantage. Vous établirez donc une note en conséquence.

Procédez ainsi pour toute votre liste. Additionnez les pour et les contre. La réponse viendra d'elle-même.

Cette technique permet de décider "quoi faire et quoi ne pas faire". Elle permet de déterminer, parmi plusieurs possibilités d'action, la meilleure ligne de conduite possible. Elle vous aide à prendre toutes sortes de décisions.

Dans le cas de décisions particulièrement graves, faites comme je vous dis; ensuite, laissez passer la nuit et le lendemain relisez vos listes; vérifiez si vous pouvez ajouter d'autres arguments dans un sens ou dans l'autre.

Cette technique vous *enlève* le problème de l'esprit et le transfère sur le papier. C'est un de ses avantages. Prendre une décision complexe dans sa tête est presque aussi difficile que jongler avec plusieurs objets différents et en même temps déterminer précisément leur poids, leur dimension et la composition de chacun.

Utilisez régulièrement cette technique. Elle accélère vos décisions et les améliore. Employez-la chaque fois que vous devez décider quelque chose. Ainsi, vous serez prêt lorsqu'il s'agira de passer à des décisions graves et importantes.

Cette fois, aucun exercice ne peut vous familiariser avec la technique que je vous conseille d'appliquer. L'habitude seule peut vous aider. Vous êtes en route vers le succès. William James a dit: "L'état le plus misérable pour l'homme est celui où tout est inhabituel, sauf l'indécision". Cultivez l'habitude de décider vite!

Donner suite à ses décisions

De nombreuses personnes décident d'agir — elles savent parfaitement quoi faire et ce qu'elles veulent — et pourtant elles retardent le moment de passer à l'action ou négligent de le faire.

> Demain sera pareil à hier,
> Après-demain semblable à demain.
> Remettre à plus tard ce qui peut aujourd'hui se faire,
> C'est se faire voler la vie et dérober son temps.
>
> (Edward Young)

Décider de ne pas agir, c'est quand même prendre une décision. Une décision du genre ne devrait pas vous tracasser. Cette attitude est parfois la plus sage. De nombreux problèmes se résorbent d'eux-mêmes à la longue. Mais remettre quelque chose à plus tard produit à coup sûr de l'angoisse à cause du conflit entre la décision — on a décidé quoi faire — et le comportement réel — on ne fait rien.

Je vous propose un programme en sept points pour vous débarrasser de l'habitude de remettre les choses à plus tard.

1. Prenez l'habitude de décider vite. Utilisez la technique décrite ci-dessus. Décidez de votre ligne de conduite le plus rapidement possible.

2. Habituez-vous à agir vite dans le cas de choses de moindre importance. Cette rapidité vous servira plus tard lorsque vous aurez à prendre certaines décisions majeures. A la caserne, le soldat s'entraîne à obéir vite. Sur un champ de bataille cette rapidité l'aide beaucoup. Entraînez votre corps à obéir instantanément aux ordres de votre esprit. Levez-vous, travaillez, délassez-vous, couchez-vous au moment où il le faut. Payez vos factures rapidement. Tenez vos promesses si vous promettez d'écrire. Le manque de ponctualité, le désordre, l'instabilité conviennent peut-être à certains mais ne vous conviennent plus: vous avez décidé de restructurer votre vie.

3. Après l'avoir prise, ne revenez plus sur une décision. Il ne sert à rien d'y repenser sans cesse, de toujours vous demander si c'était la bonne décision ou non. C'est aussi mauvais que de ne pas agir du tout. Faites ce que vous avez à faire. Oubliez votre décision. Il sera toujours temps d'y revenir si les circonstances changent ou si vous obtenez d'autres informations qui vous demandent d'y repenser.

4. Insistez sur votre goût d'agir. *Dressez* une liste qui rende évident le fait que votre action contribue à la réalisation de l'un ou de plusieurs de vos objectifs (voir chapitre 12). Cette liste sera votre meilleur stimulant pour agir vite.

Motivez-vous visuellement. Préparez-vous un "livre d'illustrations" pour chacun de vos objectifs importants. Il stimulera vos pensées. Découpez dans des revues — ou si vous le pouvez, dessinez-les — des images de l'objet que vous convoitez.

Si vous rêvez d'un voyage à l'étranger, collectionnez les cartes postales des endroits que vous comptez visiter; essayez de trouver des photos des diverses villes, des gens, des sites que vous voulez voir.

Si vous rêvez d'une nouvelle maison, dessinez-en le plan. Procurez-vous des photos et des images de l'ameublement et des appareils électriques que vous comptez y installer. Pensez au jardin: sachez quelles variétés de fleurs et d'arbustes vous ferez pousser. Gardez-en les images.

Si votre objectif est la force physique et la santé, découpez la photo de quelqu'un dont le corps correspond à celui dont vous rêvez.

Si vous cherchez à développer un talent — chanson, danse, art oratoire — procurez-vous la photo de quelqu'un qui est arrivé au sommet de cet art.

Si vous dessinez, ne vous découragez pas parce que vos dessins ne sont pas parfaits: il ne s'agit pas de faire une oeuvre d'art. Des esquisses suffisent. C'est l'*idée* qui importe — la représentation visuelle de l'idée. Bien sûr, vos esquisses doivent être *aussi nettes que possible.*

Quel que soit l'objectif que vous vous êtes choisi, il y a moyen de le représenter visuellement. Collez vos images, vos dessins dans des carnets. Réservez un carnet à chaque sujet.

Vous vous dites peut-être: "Cela demande du temps!"... Bien sûr! Cela en demande! Vous en avez autant maintenant que vous en aviez avant. Avant, vous viviez des journées de 24 heures et *n'obteniez rien de ce que vous vouliez.* Vous vivez encore 24 heures par jour. Utilisez positivement une partie de ces 24 heures et *vous obtiendrez ce que vous voulez.*

Ne mésestimez pas le pouvoir de suggestion de l'image. Les organisations religieuses y font appel largement. Elles conseillent à leurs fidèles de contempler l'image des saints pour obtenir un peu de la sainteté de ces saints. Les agences de publicité utilisent la même méthode: elles montrent l'image d'une robe, d'une voiture, d'un morceau de viande. L'image conditionne le public. Les gens s'empressent d'acheter ce qu'on leur montre.

Augmentez votre motivation: tenez un "livre d'illustrations". Gardez toujours en mémoire l'image de ce que vous souhaitez obtenir.

5. Encouragez-vous tout bas juste avant de passer à l'action. Répétez-vous (fort, si possible) l'une des citations de vos fiches qui s'applique bien à la situation que vous vivez. Ou bien, servez-vous d'une phrase d'ordre plus général susceptible d'augmenter votre assurance, votre pouvoir et votre efficacité. Par exemple:

> "Le pouvoir de la concentration n'a pas de limite, je m'en sers chaque fois que je parle ou que j'agis".
>
> "J'utilise bien mon temps. Je fais vite et avec passion tout ce que j'ai à faire".

Un représentant de commerce m'a confié qu'avant chaque vente importante, il se répétait à lui-même: "Mon vieux, tu n'es pas n'importe quel vendeur. Tu es un vendeur *d'expérience*. Tu es le champion des vendeurs". Et chaque fois, ce petit truc marchait! Le représentant de commerce en question en a chaque fois retiré le peu d'assurance et d'énergie supplémentaire que requérait la situation.

Certains prient: "Je m'en remets à la puissance positive du Seigneur. Il me vient en aide dans toutes mes paroles et dans toutes mes actions".

Forgez-vous une phrase qui corresponde à votre personnalité et à vos besoins. Apprenez-la par coeur. Servez-vous-en. Si vous la répétez souvent, vous serez plus calme, plus sûr de vous et plus efficace au moment d'agir. Essayez, vous verrez!

6. Chaque jour, tracez-vous un programme d'action. Conformez-vous-y. Faites-le quotidiennement même pour les choses qui n'interviennent pas directement dans la réalisation de vos objectifs principaux. Dressez un plan d'action quotidien: vous gagnerez du temps, améliorerez votre mémoire, accroîtrez votre efficacité et retirerez plus de satisfaction de la vie de tous les jours.

Au début, allez-y doucement! N'en mettez pas plus que vous ne pouvez raisonnablement en faire. Sinon, vous vous découragerez bien vite, vous aurez l'impression d'échouer tout le temps et vous ne ferez plus rien. Soyez modéré: tracez-vous un plan réaliste. De la sorte, vous prendrez l'habitude de mener à terme ce que vous entreprenez.

Ne bourrez pas votre plan d'action d'insignifiances. Ne gaspillez ni votre temps ni votre papier. Il est bien sûr que vous allez vous laver, vous habiller, manger, etc. Il n'est donc pas utile de noter ces choses-là.

Ne vous contentez pas non plus d'inscrire juste les actions exceptionnellement importantes. Dosez votre programme: incluez-y certaines démarches faciles et d'autres plus difficiles. Ces dernières vous stimuleront. Mon programme d'action personnel comporte chaque jour 5 ou 6 choses. Je l'écris sur une feuille de papier de 4 pouces par 5 environ (10 X 12,5 cm). En général, une page d'agenda convient très bien.

Si le moment où doit être accomplie telle ou telle action importe, notez-le. Notez les autres démarches par ordre d'importance. Si vous ne parvenez pas à les achever toutes, vous aurez toujours bien terminé les plus urgentes.

Gardez une autre feuille sous la main pour y noter les choses du lendemain. Incluez-les à votre nouveau programme au moment où vous le rédigez. Certains établissent leur plan d'action la veille au soir, d'autres le matin. Vérifiez le moment qui personnellement vous convient le mieux.

Ce genre de planification, s'il s'accompagne aussi de réflexion, vous donne l'*expérience quotidienne du succès*. "Je me suis donné des ordres et je m'y suis conformé".

7. Récompensez-vous vous-même chaque fois que vous avez terminé quelque chose. Félicitez-vous. Faites-vous plaisir verbalement ou d'une autre façon plus concrète. Dites-vous — à voix basse ou fort — ce que vous diriez à l'un de vos employés s'il avait bien travaillé: "Jérôme, je suis content de toi. Ton travail aujourd'hui a été impeccable" ou bien: "Jean-Claude, tu as parfaitement rempli tes fonctions. Tu deviens chaque jour plus efficace".

Récompensez-vous concrètement. Mangez l'un de vos plats préférés. Offrez-vous un vêtement. Payez-vous un verre. Ces gestes marqueront agréablement le fait que vous avez fait ce que vous aviez décidé.

Ne sous-estimez pas le pouvoir de cette technique d'auto-récompense. Pour dresser les animaux, le dompteur emploie la même méthode: encouragement, action, récompense. C'est aussi ce qui motive le comportement humain quand il s'agit de poser des gestes difficiles. Vous vous êtes engagé dans une démarche d'auto-développement. Utilisez donc les techniques les plus efficaces possibles.

Conformez-vous à ce programme en sept points. Je ne connais pas de meilleure façon d'en finir avec l'indécision, la confusion et la remise à plus tard des choses qu'on pourrait faire tout de suite. Ces mauvaises habitudes mènent droit à la misère, à la maladie et à la faillite. Je ne connais pas, je l'ai dit, de meilleure méthode pour se forger des habitudes d'ordre, d'auto-discipline et de rapidité d'action — trois qualités qui vous apporteront la santé, la richesse et la joie.

En résumé

Utiliser les idées: les examiner, les évaluer, décider, agir.

Revoyez la liste de vos idées chaque semaine.

Copiez, lisez, étudiez vos idées pour les clarifier et les approfondir.

Couchez vos décisions sur le papier: c'est rapide et facile.

Donnez rapidement suite à vos décisions.

Soyez prompt même pour les petites choses; vous acquerrez l'habitude de l'être pour les grandes.

Prenez une décision et ensuite n'y revenez plus.

Motivez-vous à agir.

Félicitez-vous pour vous encourager.

Récompensez-vous quand vous avez achevé ce que vous prévoyiez faire.

Un projet réalisé donne l'expérience du succès.

L'homme atteint la paix du coeur
non pas en ignorant les problèmes
mais en les résolvant.

L'esprit qui conçoit une idée
est aussi capable de concevoir
la démarche pour la réaliser.

Chapitre 10
Les dix premiers points

"Un progrès réel et sûr est fait de multiples petits progrès".

(HENRY ST. JOHN,
vicomte de Bolingbroke)

Les recommandations du présent chapitre ont pour objet de vous conserver toujours en mémoire les sept objectifs de votre liste initiale qu'il vous reste à travailler.

Relisez l'exercice no 2 une fois par semaine. Cette technique, nous l'avons vu, contribue à clarifier et à préciser l'expression de vos désirs. Réécrivez l'exercice no 2 sur une nouvelle page chaque semaine. N'en raturez pas les versions antérieures pour y inclure de nouveaux points. Même si vous les biffez, les mots anciens ne s'effacent pas. Chaque fois que vous relisez votre liste, vous vous en souvenez. Si vous la recopiez, si votre texte est clair et sans bavures, votre esprit se fixera mieux sur vos nouvelles idées.

Respectez ce principe tout au long de votre programme de développement personnel. Qu'il s'agisse de vos notes, de vos listes ou de vos exercices, ne vous satisfaites jamais d'un texte sale, gribouillé et plein de ratures. Ces documents sont le reflet de vos pensées, et vos pensées déterminent votre vie.

L'ensemble de la méthode fait appel pour changer la vie à des moyens indirects. Il arrive que certains parviennent à transformer directement leur caractère de façon radicale et d'un seul coup par quelque extraordinaire effort de volonté. Mais c'est tellement difficile et tellement rare que cela tient presque du miracle. Il vaut mieux s'y prendre de façon plus détournée: utiliser certains mots, poser certains gestes susceptibles d'influencer la façon de penser puisque l'on sait que les pensées façonnent le caractère et contrôlent les événements.

Ainsi donc la clé du succès réside dans l'attention — on pourrait dire: la scrupuleuse attention — que l'on porte à ses paroles et à ses actes. L'écriture est essentielle: elle incarne l'action et la cristallise dans les mots. Pensez-y!

EXERCICES Nos 13, 15, 17, 19, 21, 23, 25 et 27

Quand vous aurez complété la description précise et détaillée de chacun de vos objectifs, formulez l'affirmation correspondante. Elle doit être brève et positive. Appliquez-y la technique d'impression: lisez l'affirmation trois fois par jour; réfléchissez-y de temps à autre: recopiez-la chaque jour.

EXERCICES Nos 14, 16, 18, 20, 22, 24 et 26

Après avoir formulé l'affirmation d'un objectif donné, passez à l'objectif suivant. Notez-le en haut d'une nouvelle page (selon les instructions de l'exercice no 2). Décrivez-le dans le détail, exactement comme vous l'imaginez. Appliquez à cette description la technique d'impression.

Pratiquez vos exercices *avec le sourire. Soyez heureux de les faire.* Ils représentent le meilleur moment de votre journée.

N'oubliez pas de répéter vos affirmations et vos autres exercices à voix haute, ou tout au moins en vous les chuchotant. Il faut être seul pour pouvoir le faire. Avec un peu d'ingéniosité, vous êtes capable de vous ménager des moments de solitude. S'il le faut, faites vos exercices dans votre voiture, en la stationnant quelque part pendant quelques minutes. Levez-vous tôt le matin. Réfléchissez et écrivez pendant que les autres dorment encore. Sortez faire un tour, répétez vos exercices en marchant. Quand on est décidé de faire quelque chose, on trouve toujours le moyen de le faire. A chaque obstacle franchi, votre confiance, votre assurance et votre ingéniosité s'accroissent. Vous devenez de plus en plus capable d'affronter et de surmonter de nouveaux obstacles.

Profiter des échecs

Si l'on parle d'obstacles, on parle aussi d'échecs, d'erreurs, de retards. Ce serait vous abuser, vous tromper cruellement de vous persuader que ma méthode — ou n'importe quelle autre — vous permet d'atteindre tous vos objectifs sans que vous connaissiez jamais le moindre échec. Je vous ai répété jusqu'ici qu'il fallait vous convaincre que vos buts vous étaient accessibles, agréables et faciles. Je ne pense pas me contredire maintenant.

J'essaie simplement de vous montrer qu'une erreur de parcours ou qu'un obstacle ne doivent pas suffire à vous faire abandonner votre projet. Il y a moyen de *tirer profit de ses erreurs*, d'en apprendre beaucoup, de transformer un échec temporaire en un succès à long terme.

L'ERREUR EST HUMAINE

Quelqu'un qui apprend le violon répète le moindre morceau des centaines de fois avant d'être prêt à l'exécuter en spectacle. Il fait des milliers de fausses notes. Il n'abandonne pas à la première ni à la centième ni même à la millième. Son professeur lui montre comment s'aiguiser l'oreille, comment déceler les fausses notes et par là même comment produire les notes justes.

La jeune fille qui apprend à patiner n'est pas solide sur ses patins les premières fois. Elle n'a pas le sens de l'équilibre. Il faut qu'elle tombe et titube pour apprendre. A la longue, elle se meut sur la glace avec grâce et élégance.

Celui qui apprend l'art oratoire tremble et pâlit devant son premier auditoire. Il a la voix faible et suraiguë. Il oublie la moitié des choses qu'il avait à dire. Quand il a fini, il s'écroule découragé, trempé de sueur, convaincu de s'être ridiculisé à tout jamais. Mais il recommence, parle une autre fois, se corrige et finit par apprendre comment prononcer un discours et comment parler en public avec aisance et adresse.

Lisez les biographies de ceux et de celles qui ont réussi. Vous constaterez que tous ont commis des erreurs et subi des échecs.

C'est la loi: *on apprend grâce aux erreurs*. Préparez-vous à en commettre vous aussi. *Accueillez vos erreurs avec plaisir. Considérez-les comme un moyen d'apprendre*.

CHACUN DOIT AFFRONTER UNE CERTAINE FORME D'OPPOSITION

L'enfant qui apprend à marcher lutte contre la loi de la pesanteur quand il essaie de se tenir debout. Il pourrait abandonner, s'asseoir sur son derrière, rester mou, incapable de marcher à tout jamais. Mais non! L'enfant sain n'abandonne pas: il essaie jusqu'au jour où il se tient droit et marche. Il développe les muscles de ses jambes et de son dos et vainc la loi de la pesanteur.

A l'école, au travail, dans la vie politique, tout le monde affronte, un moment ou l'autre, une forme quelconque d'opposition.

Le besoin d'une forme d'opposition est tellement fort que nous la créons artificiellement quand elle n'existe pas. Sans adversaire, quel serait l'intérêt d'une partie de bridge, d'un tournoi de golf, d'un match de tennis, de base-ball ou de football? L'adversité développe la force. C'est le sel de la vie.

Tout le monde en a besoin et tout le monde la rencontre. Soyez prêt à y faire face lorsque vous tâcherez d'atteindre vos objectifs. *Soyez heureux de rencontrer une certaine forme d'opposition. C'est un moyen d'éprouver vos forces et de vérifier votre adresse*.

CONNAÎTRE L'ÉCHEC

Les plans que l'on s'est tracés, les efforts que l'on fait réussissent parfois très vite et sans difficulté. On obtient immédiatement l'information, l'aide, l'emploi souhaités. Les bonnes idées viennent vite. On acquiert sans problèmes l'objet que l'on souhaite acquérir.

Mais souvent, je l'ai dit plus haut, on connaît l'échec. La jeune fille ne répond pas "oui" la première fois. Votre acheteur ne se décide pas tout de suite. Les membres de votre club ne vous élisent pas président au premier tour de scrutin. Vos bonnes résolutions s'émoussent. Vous oubliez votre programme de développement. Vous criez, vous êtes en colère, vous vous emportez. Vous oubliez votre nouveau budget: vous achetez une robe ou une bouteille d'alcool que vous ne pouvez réellement pas vous offrir. Vous manquez à votre régime alimentaire.

C'est le moment de vérité. Les échecs permettent de distinguer l'adulte de l'enfant, de déterminer ceux qui tendent réellement vers la réussite et ceux qui se résignent à la médiocrité.

Il y a trois manières — courantes, quoique mauvaises — de réagir aux échecs, aux retards, aux critiques et aux obstacles.

1. *Vous vous dépréciez vous-même:* "J'aurais dû le savoir. Je ne suis pas bon". "Je n'aurais pas dû commencer".

"Je n'ai jamais rien réussi. Je ne vois pas pourquoi je réussirais maintenant". Et ainsi de suite.

Vous répétez votre auto-critique à qui veut bien l'entendre. Vous la ruminez pendant des jours, des mois, des années.

2. *Vous jetez le blâme sur les autres:* "Ce n'est pas ma faute. Vous êtes trop aveugle pour m'apprécier".

"Si vous le prenez sur ce ton, je ne veux pas de votre aide même si vous me suppliiez de l'accepter".

"Je sais ce qui cloche: X a dit du mal de moi derrière mon dos".

De tels propos, destinés à quelqu'un qui s'est opposé à vous, ne sont pas utiles. Ils ne vous aident pas. Ils ne vous font aucun allié, juste des ennemis.

3. *Votre propre erreur est responsable de votre échec, et vous répétez obstinément la même erreur.*

"C'était mon plan. Donc il était bon. Rien ni personne ne m'en fera démordre".

Il y a moyen de réagir aux échecs de façon positive. Ce genre de réaction est meilleur et plus facile.

1. *Voyez ce que vous pouvez en apprendre.* Ne vous découragez pas, ne vous fâchez pas. Ne vous entêtez pas. Restez calme. Posez-vous quelques questions pertinentes:

"Ai-je fait ce que j'avais effectivement prévu?"

"Si non, qu'est-ce que j'ai oublié?"

"Si oui, pourquoi ai-je échoué?"

"Pourquoi telle ou telle chose, un tel ou un tel, se sont-ils opposés à mon action?"

Les causes d'un échec sont souvent doubles: certaines proviennent des autres et d'autres proviennent de soi-même.

Si un jardinier plante des bulbes d'oignon et qu'il ne pousse, au lieu des gros oignons prévus, que des petites choses malingres qui ne valent pas la peine d'être ramassées, ce jardinier — plutôt que de se fâcher et de se décourager — ferait mieux d'analyser son échec, de vérifier la qualité de ses graines, le moment où il les a plantées, la fertilité de son sol, etc.

Si vous vous emportez, n'attribuez pas votre colère à votre habituel mauvais caractère; ne blâmez pas les autres non plus. Examinez calmement la situation et déterminez avec précision quel geste ou quelle parole a provoqué votre échec.

Si vous échouez chaque fois que vous voulez devenir président de votre club, cessez d'envier l'élu. Comparez vos qualités et les siennes. Utilisez les mêmes tactiques que lui la prochaine fois qu'une élection aura lieu.

Dans mon propre métier, l'écriture, il m'arrive parfois qu'un éditeur refuse un de mes manuscrits. De tels refus jadis me décourageaient au point d'avoir envie de jeter mon livre, de ne plus jamais le regarder. Maintenant, j'essaie de comprendre. Je compare mon manuscrit à d'autres livres qui ont eu du succès et qui ont été publiés. Et je vois toujours en quoi je me suis trompé.

2. *Revoyez vos plans.* L'échec est toujours la preuve que votre plan d'action était mauvais ou bien, s'il était bon, que vous ne l'avez pas mené à terme correctement. Revoyez donc votre plan à la lumière de ce que vous avez appris grâce à votre échec.

Pour conquérir une femme, il vous faut peut-être soigner plus votre apparence, vos manières, augmenter votre revenu.

Pour récolter de bons oignons, il vous faut peut-être utiliser de l'engrais ou trouver un sol plus fertile.

Vous vous rendez compte que vous n'êtes peut-être pas prêt à devenir président de votre club tout de suite. Ne vaudrait-il pas mieux vous présenter au poste de secrétaire ou de vice-président?

Votre nouvel état d'âme calme, serein, contrôlé vous permet sans doute d'affronter un stress normal. Mais ne vaudrait-il pas mieux, pour un certain temps, éviter certaines personnes ou certaines situations? Attendre que votre nouvelle habitude soit tout à fait ancrée en vous?

Si je prends mon cas personnel, aurais-je dû réécrire le manuscrit refusé? Ou bien tâcher de trouver un nouvel éditeur?

Si vous n'avez pas obtenu l'emploi que vous convoitiez, c'est peut-être signe que vous n'avez pas encore atteint le degré de compétence requis. Il existe peut-être certains cours du soir ou certains cours par correspondance qui pourraient combler vos lacunes?

Revoyez votre plan. Réétudiez-le, non pas avec mélancolie ni en vous sentant coupable, non! Revoyez-le avec intérêt, avec curiosité et enthousiasme. Il ne faut pas que cet examen vous soit pénible: il doit être *agréable* et *facile.* N'oubliez jamais que cette réévaluation de votre plan d'action — tout comme d'ailleurs la réflexion initiale qui l'avait engendré — est une étape nécessaire dans l'accomplissement de vos fins.

S'il vous est impossible dans l'immédiat de modifier consciemment ce plan, retournez à vos exercices. Réévaluez la description détaillée de votre objectif. Demandez-vous s'il représente exactement ce que vous souhaitez. Réétudiez l'affirmation de cet objectif. Essayez de la condenser encore, de la rendre plus positive, plus forte.

Appliquez-y de nouveau la technique d'impression. Guettez toute idée nouvelle que vous soufflerait votre inspiration, tout conseil, toute idée supplémentaire que pourraient vous fournir les autres. Ne laissez passer aucune chance d'établir de nouveaux contacts.

3. *Essayez encore*. Quand vous pensez avoir planifié une ligne de conduite meilleure, ou amélioré l'ancienne, essayez encore.

Si votre nouvelle tentative réussit, tant mieux! Sinon, recommencez. Appliquez la technique en trois points: apprendre, réexaminer, essayer une autre fois — jusqu'à ce que vous réussissiez.

Ne vous tracassez jamais, ne vous découragez jamais à cause de vos échecs. Chaque échec représente la découverte d'une fausse piste. Vous n'aurez plus à la suivre. Quand vous aurez éliminé toutes les fausses pistes, il ne restera plus que le chemin qui vous conduira tout droit à votre objectif.

Toute cette façon de procéder — j'insiste — ne doit jamais devenir fastidieuse ni décourageante. Au contraire, elle doit être passionnante; et à la longue devrait même devenir facile.

Il est immanquable qu'avant de terminer tous les exercices de ce chapitre, vous connaissiez certains échecs. Vous en rencontrerez d'autres pendant ce cours de développement de votre personnalité. Ne perdez jamais de vue ce que je viens de dire. Vous transformerez ainsi chaque échec en une expérience utile qui vous permettra de mieux progresser à l'avenir.

La réalisation de vos dix objectifs

A ce stade-ci, vous avez donc dix brèves affirmations à lire et à recopier chaque jour, en plus des quelques minutes que vous consacrez à contrôler et à diriger votre esprit. C'est peu de temps, peu de travail en regard des bénéfices que vous en retirerez.

Les forces créatrices de votre esprit sont axées sur vos dix objectifs. Vous avez eu de nombreuses idées pour les réaliser. Chaque fois, vous les avez notées. Quelques-unes de ces idées sont traduites en actions concrètes. Vous vous êtes donc sans conteste rapproché de vos buts. Vous avez peut-être même réalisé certains d'entre eux.

Vous avez gravé dans votre esprit quelques-unes des idées positives du chapitre 6.

Vous avez commencé à régler votre vie, à bien utiliser votre temps, votre argent, votre énergie et la puissance de votre esprit.

Votre caractère a changé. Vous l'avez noté et vos amis l'ont remarqué.

Ces résultats sont satisfaisants. Ce n'est qu'un maigre avant-goût pourtant de ce que vous obtiendrez plus tard si vous persévérez. Vous avez en quelques semaines progressé énormément. Imaginez les progrès que vous ferez dans les années à venir.

Le chapitre suivant propose quelques réflexions sur la poursuite et l'intensification de votre programme de développement personnel.

En résumé

Relisez et réécrivez régulièrement l'exercice no 2.
Un texte bien présenté produit une pensée claire et précise.
Vos paroles et vos actes déterminent vos pensées.
Vos pensées déterminent votre destin.
Le plaisir multiplie la puissance de l'esprit.
Les exercices de développement personnel doivent se faire quand on est seul.
Voyez ce qu'un échec peut vous apprendre.
Après un échec, réexaminez votre plan d'action; améliorez-le.
Après avoir modifié votre plan d'action, essayez une nouvelle fois.
Il est passionnant de surmonter ses échecs.
Certains succès faciles vous stimulent à poursuivre votre effort.

Le succès est une habitude:
l'habitude de progresser dans la bonne direction
et de ne pas s'arrêter avant d'avoir atteint son but.

"Je n'ai pas de temps à consacrer
au développement de ma personnalité"
affirme celui qui consacre 24 heures sur 24
à se détruire lui-même.

Chapitre 11
Le plan à long terme

"Vous aimez la vie? Alors ne perdez pas votre temps. Le temps est l'essence même de la vie."

(BENJAMIN FRANKLIN)

Ce chapitre comporte une série d'idées pour vous aider à progresser dans votre programme de développement personnel.

Surveillez les résultats

Moins de quelques jours après vous être engagé dans ce programme, vous avez sans doute déjà commencé à en percevoir les résultats. Ces résultats parfois sont évidents, fantastiques même! Hélas! le plus souvent la vie se transforme tout doucement; si doucement que vous avez peine à réaliser combien ce programme que vous suivez travaille pour vous. Parfois la chance cogne fort quand elle frappe à la porte mais d'habitude elle cogne à tout petits coups. Elle s'en va son chemin tranquillement si vous n'ouvrez pas. Entraînez-vous donc à reconnaître et à saisir chaque occasion qui se présente.

Soyez prêt! Soyez attentif aux événements. Les bonnes occasions ressemblent souvent à des *faits accidentels*. Par exemple: on vous présente Monsieur X; eh bien! tâchez de mieux le connaître, il pourrait vous être très utile. La puissance de votre esprit vous a ménagé cette rencontre. Vos pensées ont façonné votre personnalité à tel point qu'un de vos amis a pensé vous présenter ce monsieur X en question. La méthode a donc jusque-là travaillé à votre place. A vous maintenant de faire votre part! N'en restez pas aux simples présentations. Sachez utiliser ce nouveau contact.

Vous entendez quelqu'un dire quelque chose qui pourrait vous servir! Pourquoi donc votre oreille retient-elle précisément dans le flot de bruits et de mots qui toute la journée l'assaille de toute part, cette phrase-là? Parce que votre pensée l'a conditionnée à retenir telle ou telle information dont vous avez besoin. Il ne dépend plus que de vous de retenir cette information et de vous en servir, ou de la laisser filer par l'autre oreille.

Vous flânez dans une librairie et sans précisément le chercher vous trouvez le livre qu'il vous faut. Pourquoi ce titre-là, parmi des centaines d'autres, a-t-il retenu votre attention? Parce que votre esprit a rendu votre oeil alerte, l'a conditionné à trouver l'information dont vous avez besoin — tout comme le bouton d'un récepteur radio: réglé sur une fréquence donnée, il élimine toutes les autres.

Entraînez-vous à ouvrir l'oeil, à tendre l'oreille. Soyez prêt lorsque certaines occasions se présentent. Si vous ne percevez pas bien au début en quoi elles peuvent vous être utiles, saisissez-les quand même!

Vous vous apercevrez vite que vous progressez vers le but que vous vous êtes fixé. Certains objectifs se réalisent rapidement, d'autres exigent plus de temps. Il est impossible en une semaine ou même en un mois de perdre cinquante livres, de posséder une chaîne de supermarchés ou de devenir un auteur à la mode. Mais il est possible, si vous êtes attentif à vos progrès de constater que *vous progressez* même si vos objectifs sont des objectifs à long terme.

EXERCICE No 28

Dressez une liste des résultats obtenus jusqu'ici. Revoyez cette liste toutes les semaines. Gardez-la à jour.

Allouez une page à chaque point de l'exercice no 2. Incluez à votre nomenclature non seulement les objectifs complètement atteints mais aussi les jalons que vous posez pour les atteindre.

Le progrès n'est pas continu

Le progrès dans la réalisation des diverses étapes de votre plan d'action n'est pas continu. Il vient par à-coups. Entre chaque progrès, il y a comme un temps d'arrêt. Les arbres croissent ainsi et c'est ainsi que l'on apprend toute technique nouvelle: le chant, la danse, la nage, le violon, etc. C'est ainsi que toute entreprise se développe. En fait cette loi d'alternance s'applique à toute croissance quelle qu'elle soit. Attendez-vous donc à retrouver le même phénomène dans le cas de votre programme de développement personnel et pour la réalisation de vos projets. Acceptez ce fait de bon coeur.

Cette loi d'alternance justifie le conseil que je vous donnais d'entreprendre dix projets à la fois. Ils ne seront jamais tous en même temps dans leur phase plus calme. Vous aurez toujours le plaisir d'en voir progresser l'un ou l'autre. Vous vous sentirez toujours encouragé.

Prenez garde cependant de ne pas trop entreprendre à la fois. Contentez-vous d'en commencer un et de tracer des plans pour les autres. Quand vous mènerez vos dix projets de front, votre vie s'améliorera si vite que vous ne saurez plus où donner de la tête. Si vous vous faites de nouveaux amis, ils prendront bien sûr un peu de votre temps si vos revenus augmentent, vous voudrez sans doute trouver une nouvelle maison; si votre état physique s'améliore, il y a des chances que vous vouliez pratiquer un nouveau sport ou un passe-temps que vous trouviez jusque-là au-dessus de vos forces; si vous commencez à vous instruire, il vous faut du temps pour étudier. Chaque changement en engendre d'autres. Ils vous tiendront occupé.

L'expérience du succès

Il est toujours encourageant de réussir quelque chose. Trop entreprendre — disperser sa pensée, éparpiller son effort et son temps

— c'est presque inviter l'échec, ou tout au moins courir le risque de se décourager.

Planifiez votre programme de développement personnel pour obtenir certains succès rapidement, même s'ils sont modestes. De nombreuses personnes trouvent utile de se fixer des échéances. Si vous le faites, soyez réaliste.

Il est bon de subdiviser un plan d'action en un certain nombre d'étapes. Faites de chaque étape un objectif en soi: vous jouirez ainsi de succès répétés. Vous vous sentirez encouragé à intervalles réguliers.

Je me suis, par exemple, fixé une échéance pour terminer mon livre. Je me suis donné trois mois. Je le terminerai sans aucun doute dans les délais prévus. Mais en attendant, cette échéance ne me stimule pas dans mon *travail quotidien.* Je me suis donc décidé en plus à écrire mille mots par jour. Parfois j'ai terminé dès midi. Je continue alors à écrire l'après-midi. J'aurais pu me fixer plus de texte à écrire chaque jour. Mais certains jours j'aurais été peut-être incapable de m'en tenir à mon programme.

Les objectifs modestes, atteints régulièrement, donnent l'expérience du succès. Le succès se répète régulièrement. En même temps, votre assurance et votre confiance en vous s'accroissent.

Triompher des doutes

A ce stade-ci, je voudrais faire une petite mise en garde. Dès que vous avez entrepris ce programme, vous avez constaté que vous deveniez notablement plus efficace, plus gai, plus sûr de vous, et que vous commenciez à acquérir les qualités positives que vous souhaitiez développer. *Il est impossible* que vous n'ayez pas éprouvé ces sentiments: vous y avez concentré votre esprit. Ce qu'on pense finit toujours par arriver. A certains moments cependant vous vous mettez à douter, à avoir peur, à être triste.

Votre ancienne personnalité, axée sur une vision pessimiste des choses, ne se laisse pas étouffer sans réagir. C'est parfois difficile et déprimant mais cela passe. Vous voilà donc prévenu: attendez-vous à vivre des périodes de découragement. Elles ne devraient pas vous troubler outre mesure: vous vous y attendez et *elles sont, vous le savez, très temporaires.*

Ce genre d'état vous tombe parfois dessus à l'improviste, sans motif apparent; ou bien c'est l'échec d'un de vos projets qui le provoque ou encore une période creuse entre deux progrès.

Quand la santé décline, il est fréquent de se sentir en même temps — ou bien juste après — extrêmement dépressif. La grippe, par exemple, s'accompagne souvent de dépression. Et cette dépression dure parfois plusieurs semaines après que la toux, la fièvre et la faiblesse physique aient disparu.

Prenez ces états d'âme pour ce qu'ils sont — des états d'âme, sans plus. Ce genre de sensation n'a aucun pouvoir réel. Votre nourriture *semble* ne goûter plus rien, la vie *semble* inutile, les gens *semblent* hostiles. Ils ne le sont pas réellement. Si vous portez des verres fumés, le ciel vous semblera noir. Mais vous savez qu'il est clair. Vous savez que vous serez capable plus tard d'enlever vos lunettes et de revoir toutes les choses dans leur lumière véritable.

Si vous vous sentez dépressif — peu en importe la raison — *ne vous découragez pas.* Poursuivez votre programme. C'est le moment de relire vos fiches et de vous répéter vos affirmations. Elles vous seront utiles. Utilisez-les souvent, régulièrement. Elles tonifieront vos pensées. N'oubliez pas qu'il existe une relation étroite entre le corps et l'esprit. Efforcez-vous de sourire, vous vous sentirez déjà beaucoup plus gai. Faites en même temps tout ce qui est en votre pouvoir pour revitaliser votre organisme: respirez profondément, faites de l'exercice, suivez un bon régime, consacrez-y le temps qu'il faut.

Vous n'êtes pas le seul à souffrir de toute manière. La plupart des gens éprouvent ces accès de tristesse. En agissant positivement, vous en réduirez la durée, vous en espacerez la fréquence et finirez par les éliminer complètement.

Sachez apprécier le résultat de vos efforts

Assurez-vous de remarquer vos progrès. Sachez les apprécier. *Exprimez* votre reconnaissance, votre gratitude pour chacun de vos petits progrès.

Si vous avez la foi, priez. Rendez grâce à Dieu. Remerciez-le. Mais que vous soyez croyant ou non, efforcez-vous de remercier sincèrement ceux qui vous ont aidé, qui vous ont fourni certaines informations utiles ou qui vous ont conseillé.

Une autre façon — la meilleure — d'exprimer votre gratitude, c'est d'*aider ces gens* à votre tour, de *les informer* vous-même chaque fois que vous le pouvez.

Johanne S. a réussi à surmonter ses problèmes émotifs personnels. Elle a décidé de participer aux activités d'un club de jeunes filles comme monitrice de façon à faire profiter les autres de la sagesse et de la stabilité qu'elle a pu acquérir.

Gérard R., un pessimiste de longue date, a réussi à se défaire de la méchante habitude de voir tout en noir. Il ne pense plus aux choses déprimantes et il n'en dit plus. Il s'est fait un point d'honneur d'écrire au moins trois lettres gaies, agréables par semaine. Il correspond avec sa famille et avec ses amis mais il écrit également de courtes lettres de félicitations ou d'encouragement à ceux dont le journal rapporte qu'ils ont posé tel ou tel geste qui semble à Gérard digne d'éloges.

Faites profiter les autres de ce que vous avez acquis. Ne l'oubliez pas. Vous trouverez de multiples occasions de le faire. Immanquablement votre gentillesse sera payée en retour. Plus vous aidez les autres, plus vous apprenez à vous aider vous-même.

Réfléchissez-y, vous comprendrez vite ce qui justifie que l'on agisse de la sorte. Aidez les autres, vous verrez que c'est utile!

Continuez de progresser

Votre programme de développement personnel comportait dix objectifs différents. Vous en avez dressé la liste lors de l'exercice no 2. Dès que vous avez atteint l'un d'eux, biffez-le et remplacez-le par un autre. Pour chaque nouveau point que vous incluez dans votre nomenclature, recommencez la démarche au complet: faites-en d'abord une description détaillée, étudiez-la, révisez-la jusqu'à ce qu'elle soit parfaite, résumez cette description en une affirmation brève et concise; utilisez la technique d'impression; rassemblez les idées qui vous arrivent sur la façon d'atteindre votre objectif; appliquez-les.

Une fois réalisés vos dix premiers objectifs, il n'est plus nécessaire de classer les autres par ordre de difficultés croissantes. Je vous avais demandé de classer les premiers simplement pour que vous ayez l'occasion de connaître le succès le plus rapidement possible. Vous savez maintenant ce que c'est: vous avez déjà réussi. Il ne vous reste plus maintenant qu'à oeuvrer avec confiance à la réalisation de n'importe lequel des projets que vous chérissez.

Consolidez vos gains

Vous avez donc atteint vos objectifs les uns après les autres. Vous les avez retirés de votre liste. D'autres ont pris la place des premiers mais vous risquez — et particulièrement au cours des premiers mois de votre programme — de perdre un peu du terrain gagné. Il y a cependant moyen d'éviter ce risque.

Si, par exemple, vous avez réussi à régler plusieurs de vos problèmes de santé, il est naturel que vous négligiez pour un temps de vous en occuper. Il pourrait même arriver que vous n'y portiez plus attention du tout. C'est à ce moment-là que réapparaissent parfois certaines idées ou habitudes anciennes, nocives et dangereuses. Il est sage de prendre ses précautions.

Inventez et utilisez une formule que l'on pourrait appeler "l'affirmation de soutien". Ce pourrait être, pour les questions de santé: "J'acquiers une bonne santé. Je m'assure de garder saines toutes les parties de mon corps". Répétez cette affirmation en plus de vos exercices quotidiens. Elle donnera plus de chances à votre esprit de rester sur la bonne voie.

En matière d'argent, une fois aplanies les difficultés premières, l'affirmation de soutien pourrait être: "Je gère mes affaires avec sagesse et confiance. Je gagne bien assez d'argent pour satisfaire à mes besoins".

Pour maintenir de bonnes relations avec les autres, répétez: "Je veux conserver les relations amicales, harmonieuses que j'ai réussi à créer avec mon entourage, ma famille, mes amis et mes compagnons de travail".

Vous comprenez le principe? Adaptez-le à votre propre situation. Le succès n'est pas un objet matériel comme un bijou par exemple. On ne peut ni le prendre ni le toucher. Le succès est *un état* qu'il faut s'efforcer d'*atteindre* et de *conserver*. La technique que j'ai exposée brièvement ci-dessus contribue à vous conserver le succès.

A vos moments perdus, répétez une ou plusieurs de ces affirmations de soutien. Elles sont utiles. Retenez-les et pensez-y souvent.

Continuez d'écrire

J'ai mentionné plus haut l'importance de l'*écriture*. Ecrivez vos idées, vos projets, vos objectifs, vos affirmations chaque jour — plus souvent même, si vous avez le temps. Copiez et recopiez vos textes si vous sentez qu'ils doivent être clarifiés. L'acte physique d'écrire dirige vos idées dans votre esprit. Ecrire est particulièrement utile dans les moments de tension et d'anxiété.

Maria Montessori s'est servi de l'écriture pour éduquer de jeunes déficients mentaux. Le mouvement de leurs mains lui a permis d'atteindre leur esprit. Elle a elle-même appliqué le principe. Elle a *recopié* à la main tous les livres d'Itard et Séguin, deux éducateurs, pour les maîtriser et mieux les comprendre.

Tâchez de rendre vos textes écrits de plus en plus clairs et de plus en plus lisibles. Ce genre d'effort, je l'ai déjà signalé, augmente votre pouvoir de concentration et transforme votre caractère.

Cela fait très longtemps que les humains connaissent le pouvoir de l'écrit. Les hommes portaient jadis en talisman un petit étui qui contenait un rouleau de parchemin sur lequel étaient écrits une phrase ou un texte sacrés. Ils pensaient que l'écriture les protégeait du malheur et chassait le mauvais oeil. Jusqu'à il y a près de deux siècles, les prêtres seuls avaient le monopole de l'écriture. Ecrire était un acte rare. En termes historiques, l'écriture est devenue un outil nouveau pour l'homme.

Réfléchissez au pouvoir de l'écriture. Votre signature voyage à travers le monde. Elle vous représente, tout comme un ambassadeur représente son pays. Elle effectue certaines transactions, elle achète, vend, échange des marchandises en votre nom.

Utilisez la faculté que vous avez d'écrire pour rendre vos idées durables et visibles. Utilisez-la en toute liberté. Allez au-delà des suggestions de ce livre. Inventez une manière personnelle de vous servir de l'écriture. Les résultats vous stupéfieront et vous enchanteront.

Un plan d'action de douze mois

Vous mettez au point en ce moment un plan pour atteindre chacun de vos buts. Vous établissez un plan d'action quotidien. Il est utile de voir à plus long terme de façon à mieux coordonner vos activités et restructurer votre vie de façon systématique.

EXERCICE No 29

Faites un plan d'action pour les 12 mois qui viennent. Donnez-vous des échéances précises pour la réalisation des diverses étapes de votre plan. Revoyez-le chaque mois. Apportez-y les aménagements nécessaires.

Vous pensez qu'il est bon, n'est-ce-pas, de préparer un tel plan? C'est la preuve que vous en avez besoin. Restez heureux pendant que vous y réfléchissez et pendant que vous l'écrivez: vous êtes en train de contrôler votre vie.

S'il n'a pas de plan, l'homme est semblable à la feuille au vent. Les feuilles mortes finissent souvent dans la rigole. Avec un plan, vous savez où vous allez et quand vous y arriverez.

Revoyez régulièrement les notes que vous avez groupées sous la rubrique "Divers" (voir chapitre 9). Elles contiennent peut-être certains éléments qu'il serait bon d'ajouter à votre plan tout de suite — ou plus tard.

Variez la forme de vos exercices

Il n'est pas nécessaire de répéter vos exercices toujours de la même manière au fil des mois. Ce programme n'est pas une religion. Il ne comporte aucun rituel réglé de droit divin. Ce programme est un plan personnel d'auto-développement. Soyez intéressé, soyez fier de l'adapter à votre tempérament et à vos besoins.

A titre d'exemple, je vous suggère quelques variantes qui complètent la technique d'impression.

1. Si vous en avez le temps, recopiez plus d'une fois par jour vos affirmations et vos autres textes. Les exercices en acquièrent une force supplémentaire.
2. A vos moments perdus, écrivez de mémoire — sans consulter votre carnet de notes — quelques-unes des affirmations que vous utilisez à ce moment-là.
3. Redites de mémoire — sans consulter votre carnet de notes — quelques-unes de ces affirmations. Dites-les à voix haute ou bien chuchotez-les.
4. Inventez des trucs qui vous feront penser à vos objectifs le plus souvent possible. Un homme qui suivait ce programme avait, par exemple, mis au point un code très simple: une lettre différente représentait chacun de ses objectifs. Il gardait une liste de

ces lettres sur son bureau. Une femme se servait, quant à elle, de ses pots d'épices dans la cuisine comme moyen mnémotechnique.

5. Ecrivez vos notes et vos affirmations en sténo ou copiez-les dans une langue étrangère si vous en connaissez une.
6. Si vous voulez insister sur certaines idées pour les retenir plus vite et les graver plus profond dans votre mémoire, faites-en des comptines ou des chansons. Arrangez-en les mots, adaptez-les à un air connu. Cette technique est particulièrement valable dans le cas des affirmations à caractère permanent.

Par exemple, "je suis heureux, je réussis car je l'ai moi-même décidé" peut s'adapter facilement à l'air de "Il était un petit navire".

Je suis heureux, je réussis
Je suis heureux, je réussis
Car je l'ai moi moi
Même décidé
Car je l'ai moi moi
Même décidé...

Supposez que votre affirmation porte sur la force physique et la santé. Prenez le refrain de "A la claire fontaine" et adaptez-y les mots.

A partir d'aujourd'hui
Je développ(e) mon corps
Et aussi mon esprit
Je rest(e) en bonne santé
Je suis solid(e) et fort
Parc(e) que j'l'ai décidé...

Adaptez cette idée à vos propres besoins. Ne vous en faites pas trop si les mots ne s'adaptent pas bien à l'air que vous avez choisi. Ne vous en faites pas non plus si les autres trouvent le résultat un peu bébête. De toute façon, ils ne l'entendront pas. Vous garderez votre refrain pour vous. Fredonnez simplement l'air et pensez aux mots dans votre tête. Chantez-le avec ses paroles quand vous êtes seul.

De quelque manière que vous utilisiez cette technique, vous la trouverez efficace. Les gens de religion, les éducateurs, les propagandistes se servent de cette combinaison paroles-musique. Ils en connaissent la puissance. Servez-vous-en pour parvenir à vos fins.

Un stimulus supplémentaire

En plus de vos exercices et de leurs variantes, il existe une autre façon puissante de vous stimuler. Faites appel à l'émulation. L'émulation est l'ambition d'égaler ou de dépasser les autres.

Procurez-vous la photo de quelqu'un dont vous admirez le caractère ou la vie: prophète, saint, savant, éducateur, athlète, homme d'état ou philosophe. Collez la photo dans votre agenda, gardez-la dans votre sac à main ou ailleurs — du moment que vous êtes sûr de la voir souvent. Ayez-la sous les yeux chaque fois que vous vous livrez aux activités de votre programme de développement personnel.

Chaque fois que vous regardez cette photo, demandez-vous: "Et lui, que pense-t-il de ma conduite aujourd'hui?" ou bien — dans certains moments difficiles: "Que ferait-il à ma place?"

De la sorte, vous vous stimulez à égaler ou à surpasser celui que vous avez choisi comme modèle.

Si vous êtes incapable d'en trouver un, c'est que vos idées sur ce que vous attendez de la vie ne sont pas encore assez claires. Reprenez l'exercice no 1 et réfléchissez-y encore. Clarifiez vos pensées et votre modèle s'imposera de lui-même.

En résumé

Guettez ce qui paraît dû au hasard; servez-vous-en.
Tenez compte des résultats que vous obtenez.
Le progrès se produit par étapes.
Atteindre régulièrement des objectifs modestes accroît la confiance en soi.

Préparez-vous à douter de vous-même: apprenez à surmonter ces périodes difficiles.

Exprimez votre gratitude par des mots et par des gestes concrets.

Répétez vos affirmations: elles consolident vos gains.

Le pouvoir du texte écrit est énorme: utilisez-le.

Dressez un plan à long terme; revoyez-le régulièrement.

Variez la forme de vos exercices.

Servez-vous d'un refrain pour graver une idée dans votre esprit.

Trouvez-vous un modèle et imitez-le.

Le Sage n'attend pas qu'on lui apporte le succès
sur un plateau d'argent;
il cherche l'occasion de se servir lui-même.

Chapitre 12
L'art de la persuasion

"Pour persuader quelqu'un, il faut d'abord lui plaire".
(LORD CHESTERFIELD)

Il est impossible d'atteindre quelque objectif que ce soit — vous le constaterez — ou même de s'en approcher sans affecter la vie d'autres personnes.

Que ce soit pour obtenir un nouvel emploi, réorganiser le budget familial, monter un commerce, contester le résultat d'une élection, se marier ou divorcer, l'intervention des autres et leur coopération sont indispensables.

Vous avez toujours besoin d'informations. Vous avez besoin qu'on vous conseille, qu'on vous aide. Vous avez besoin de sympathie et d'amour. Pour ces choses-là, il est impossible de se suffire à soi-même.

Pour apprendre le violon, il faut un professeur. Il faut faire partie d'une troupe de théâtre pour devenir comédien. Il faut un adversaire pour s'entraîner au ping-pong et un commanditaire pour lancer un nouveau produit.

Il est bien sûr possible d'améliorer sa mémoire sans autre support qu'un texte qui explique comment procéder. Il est possible aussi par soi-même de développer sa musculature, d'écrire un livre, de collectionner les timbres-poste, d'acquérir l'habitude d'agir vite et bien, etc.

Mais même pour des activités du genre, les proches et les amis doivent s'adapter et, dans une certaine mesure, faire preuve de coopération. Améliorer sa mémoire ou écrire un livre demande du temps. Lorsqu'on devient plus costaud, on a besoin de nouveaux vêtements. Pour collectionner des timbres, il faut y consacrer du temps, de l'argent et aménager l'espace nécessaire. En agissant vite, on modifie l'existence de ses proches.

On l'a vu au chapitre 3: il est impossible de progresser beaucoup sans l'aide des autres. Tous ces gens *ne vous aideront pas d'emblée.* Il faut *mériter* leur coopération.

Chaque changement, chaque progrès dans la vie est, dans une certaine mesure, le résultat d'un effort commun. Vous consentez à faire un certain effort et les autres y consentent avec vous.

A l'armée ou sous un régime dictatorial, la coopération s'obtient par la contrainte. La contrainte a cependant ses limites. Les subordonnés se révoltent quand leurs supérieurs dépassent les bornes. Vous-même pouvez rarement contraindre quelqu'un à faire quelque chose contre son gré. Il faut trouver le moyen d'amener les gens à vous aider de leur plein gré. En d'autres termes, personne n'agira pour vous parce que *vous* l'aurez voulu. Si les autres agissent pour vous, c'est qu'*ils* le veulent.

L'art de la persuasion est l'art d'obtenir la coopération des autres *de leur plein gré.* Le processus peut se subdiviser en six phases.

1. *définir son objectif;*
2. *gagner l'attention;*
3. *éveiller l'intérêt;*
4. *inspirer la confiance;*
5. *susciter le désir;*
6. *obtenir que les autres agissent.*

Il s'agit maintenant d'étudier ces diverses phases l'une après l'autre en détail.

Définir son objectif

J'ai déjà insisté sur l'importance de définir ses buts dans la vie: c'est le premier pas vers la réussite. De la même façon, avant d'essayer de persuader quelqu'un, il faut se demander: "Pourquoi rencontrer, écrire ou téléphoner à telle ou telle personne ou à tel groupe de personnes?"

Il y a peu de temps, quelqu'un m'a téléphoné. Il m'a dit: "M. Hull, vous êtes écrivain, paraît-il. Eh bien! j'aimerais vous rencontrer et vous parler!"

D'habitude quand un écrivain reçoit un appel du genre, cela signifie que son interlocuteur vient de terminer un manuscrit qu'il aimerait faire lire et corriger — sans rétribution, bien entendu! — ou bien encore qu'il a vécu quelque événement extraordinaire et qu'il aimerait que l'écrivain le raconte dans un livre — moyennant la moitié des droits d'auteur.

De toute façon, j'avais un peu de temps. J'ai donc donné rendez-vous à cet homme. Il est venu. Mais il ne m'a montré aucun manuscrit et ne m'a rien raconté de sensationnel. Il a tenu pendant près d'une heure un discours assez incohérent puis il est parti. Je n'ai jamais compris le but de sa visite. Il devait bien vouloir quelque chose mais il ne l'avait pas défini assez clairement pour pouvoir me le transmettre.

Parfois le but d'une rencontre est clairement défini. Toutes les parties en cause le connaissent. C'est le cas de leçons de musique, par exemple, ou des rendez-vous chez le dentiste, ou encore d'assemblées politiques ou de conférences sur la façon d'équilibrer le budget familial.

Parfois, tous les participants ont le même but; s'il s'agit de la répétition d'une pièce de théâtre, le directeur de la troupe et les acteurs souhaitent tous travailler ensemble en vue d'effectivement la présenter en public.

Dans certains cas, les buts sont différents. S'il s'agit d'une entrevue pour combler un poste, le candidat désire l'emploi tandis que l'employeur veut trouver le meilleur employé possible — la différence est de taille!

Dans bon nombre de situations, il est essentiel de définir son objectif personnel mais aussi d'évaluer celui de l'autre ou des parties en cause. J'y reviendrai plus tard.

Avant de vous lancer dans quelque effort de persuation que ce soit, définissez donc votre but par écrit et définissez aussi celui des autres. Quand vous aurez correctement défini ces buts, vous saurez par quoi commencer: vous saurez comment gagner et retenir l'attention de l'autre.

Gagner l'attention

J'ai vu un magicien commencer son numéro en faisant apparaître une colombe blanche. C'était une façon de capter l'attention. Chaque spectateur avait les yeux rivés sur l'oiseau et se concentrait sur ce que disait le magicien. Lui seul et ses différents tours captivaient le public.

Il est important de parvenir à retenir ainsi l'attention d'autrui. Le magicien tenait la colombe de la main droite, le bras levé très haut. Il venait juste de la faire apparaître hors d'un verre d'eau. Il la regardait, lui faisait battre des ailes et en parlait. Les yeux de l'auditoire étaient rivés sur la main droite du prestidigitateur. Personne ne remarqua sa main gauche qui sortit de sa poche l'oeuf qu'il allait mystérieusement faire apparaître un peu plus tard.

Si vous assistez à une réception, il peut arriver que trente personnes parlent en même temps, qu'un tourne-disque joue très fort et pourtant que vous parveniez à capter par-dessus le vacarme, entre toutes les autres, la voix de quelqu'un parce que vous vous efforcez d'y prêter attention.

Il suffit que je mentionne le poids de votre corps sur la chaise, le contact de votre chemise sur la peau de votre dos, la bague que vous portez au doigt, la montre à votre poignet, ou encore la pression de votre lèvre supérieure sur celle du bas pour qu'aussitôt vous y portiez attention. Il vous est impossible de vous arrêter à moins que quelque chose d'autre ne sollicite votre attention.

Je pourrais dire: "Ne pensez pas au poids de votre corps qui pèse, pèse sur votre chaise. Ignorez-le! Ne portez pas attention à cette sensation-là. Oubliez-la!" En fait, en procédant de la sorte, je ne fais qu'attirer votre attention encore plus sur la sensation en question.

J'ai fendu du bois de chauffage pendant plus de quarante ans. Il y a dix jours j'ai rencontré un bûcheron retraité qui m'a montré la bonne façon de le faire. La technique est assez peu connue même des professionnels. La méthode courante pour fendre une bûche — comme le font d'ailleurs la plupart des gens — consiste à frapper de sa hache verticalement le haut de la bûche qu'il s'agit de fendre. Cela marche en général assez bien. La hache pénètre le bloc de bois d'un pouce environ mais souvent elle reste bloquée là et la bûche ne se fend pas.

Voici donc le secret pour bien fendre le bois: au moment où la hache frappe la bûche...

Non, je ne suis pas en train d'écrire un traité sur la façon de fendre les bûches de bois. Je voulais simplement prouver au lecteur qu'en attirant son attention sur quelque chose de neuf, il cessait de sentir sa peau, ses vêtements, sa bague, sa montre et ses lèvres. Si j'en parle à nouveau, il va les sentir à nouveau.

Si l'attention parvient à ce point à contrôler les sensations physiques, il est facile d'imaginer comme elle peut aussi contrôler le processus de pensée.

Si vous désirez persuader une autre personne, il vous faut d'abord gagner son attention et la contrôler.

TECHNIQUES POUR GAGNER L'ATTENTION

1. Entraînez-vous à parler clairement et distinctement. Soyez certain que chacune de vos paroles soit bien entendue et bien comprise. Beaucoup de gens entendent mal, souvenez-vous-en. *Presque toutes les personnes de plus de 35 ans* entendent moins bien qu'avant.

Elles ont surtout du mal à percevoir les hautes fréquences — les consonnes dures.

Pour être clair, il faut s'efforcer d'articuler, de prononcer clairement les t, les d, les p, les b, et les autres consonnes — surtout à la fin des mots. Si vous avez à dire: "Monsieur Hart, vous êtes peut-être intéressé par cette carte de la compagnie de câble et de zinc de Summit Lode", il se pourrait, si vous n'articulez pas clairement que votre interlocuteur entende quelque chose comme: "M'sieur A, v'z'êt p'têt int'ssé à c'te car' d'la com'gnie d'câb et d'zin' d'Summit L'd".

Habituellement, celui à qui vous parlez *ne* vous dira *pas:* "Je ne vous entends pas, veuillez parler plus distinctement, s'il vous plaît". Votre interlocuteur va simplement rester assis et laisser votre voix bourdonner à ses oreilles. Il conservera son attention pour quelqu'un qui *prendra la peine* de lui parler clairement.

Le même principe s'applique aux discours que l'on doit prononcer en public. Il est impossible de capter l'attention d'un auditoire et de la conserver si l'assistance ne comprend pas l'orateur. Pour permettre aux autres de comprendre, il faut *articuler*.

Vous avez peut-être grandi avec l'habitude de marmotter. Votre famille et vos amis vous comprennent sans doute la plupart du temps mais cela ne signifie pas nécessairement que les autres vous comprennent.

Les premières fois que vous vous efforcerez de parler distinctement, il est possible que vous vous sentiez un peu gêné. Il peut même arriver que certaines personnes se moquent de vous. Ne vous en faites pas. Votre gêne et les railleries cesseront bien vite. Souvenez-vous: "Prendre l'habitude de parler distinctement est une étape indispensable pour atteindre tel ou tel objectif". Cette formule doit vous aider à persévérer.

Un autre facteur milite en faveur d'un discours clair. J'ai déjà parlé de l'étroite relation qui existe entre l'esprit et le corps. J'ai expliqué comment certaines modifications de l'activité physique entraînent des changements au niveau mental. Vous vous souvenez, par exemple, qu'en écrivant clairement et lisiblement, vos pensées aussi se précisent et se clarifient.

Il en va de même pour le discours. Les marmottements, les paroles incompréhensibles attestent d'une pensée brouillonne et confuse. Parlez clairement. Employez les termes précis et vous vous rendrez compte que vos pensées à leur tour se préciseront et se clarifieront.

2. Tâchez d'acquérir une voix *intéressante.* Lorsque quelqu'un parle toujours sur le même ton, à la même vitesse et que le volume de sa voix reste constant, on risque fort de la trouver ennuyeuse. Une voix aussi monotone — et je suis sûr que vous savez précisément ce dont je parle pour avoir déjà entendu en public ou en privé une voix de ce genre — ne capte pas l'intérêt de l'auditeur. Il se désintéresse de ce qui se dit et finit même parfois par s'endormir.

Pour qu'une voix soit intéressante, elle doit *varier* ses effets: varier le *débit,* le *ton,* la *puissance.*

Il n'est pas difficile d'acquérir une voix intéressante et une diction variée. Allez-y progressivement. Entraînez-vous pendant une semaine à faire varier votre débit. En règle générale, les mots moins chargés de sens, moins importants peuvent se dire relativement vite; les autres, plus lourds de sens, plus importants, les mots clefs d'une phrase en quelque sorte, doivent s'articuler plus lentement. Laissez à votre interlocuteur plus de temps pour les comprendre. Ensuite, concentrez-vous à faire varier votre ton. Les idées plus légères, plus gaies peuvent se dire d'une voix plus aiguë, tandis que les idées plus graves, plus sérieuses requièrent une voix plus grave.

Pour ce qui est du volume de votre voix, n'appuyez pas sur les choses moins importantes; les autres, dites-les plus fort.

3. Tâchez d'acquérir une voix agréable. Bien des gens ont une voix rauque, ou grinçante, ou suraiguë. Les caractéristiques de leur voix sont réellement désagréables.

Autrefois, la seule façon d'améliorer sa voix était de suivre un cours de diction. Le magnétophone offre aujourd'hui une altenative intéressante. Enregistrez votre voix pendant que vous lisez un extrait de livre ou un article de journal. Est-elle vraiment *agréable?* Votre débit est-il *clair?* Est-ce intéressant à écouter?

Le magnétophone est un critique objectif. Il vous permet de travailler et d'améliorer votre voix. Enregistrez la voix d'un comédien, d'un annonceur de radio, d'un prédicateur ou de toute autre personne dont la voix vous semble idéale. Gardez cet enregistement. Vous pouvez acquérir le genre de voix que vous souhaitez si vous continuez de lire à haute voix, de vous enregistrer, d'écouter et de comparer votre voix et celle de votre modèle.

Il n'entre pas dans mon propos de vous faire ici un cours de diction complet. J'en traite en détail dans un livre qui porte sur "comment parler en public". Je veux seulement dire qu'une voix claire et agréable est un des meilleurs atouts que l'on puisse imaginer. Elle contribue à capter et à retenir l'attention des autres, que vous parliez en public ou en privé. Une voix claire et agréable vous conduit sur le chemin du succès et vous y conduit agréablement.

4. Efforcez-vous de gagner l'attention des autres. Pensez au magicien! Il serait un bien piètre artiste s'il parlait en tournant le dos à son auditoire ou s'il effectuait son numéro sans que son public puisse le voir. Le magicien parle au public, bouge en fonction du public et laisse au public tout le loisir de bien regarder ce qu'il fait. Il s'efforce, en d'autres termes, de répondre aux exigences de son public de telle sorte qu'il puisse suivre très attentivement son numéro.

Efforcez-vous de gagner l'attention des autres. Exprimez-vous de façon agréable. Ayez l'air attentif. Regardez votre interlocuteur. Si, pendant que vous parlez à quelqu'un, vous regardez toujours ailleurs, si vous fixez ce qui se passe de l'autre côté de la fenêtre ou si vous vous attardez aux meubles ou aux peintures de la pièce où vous vous trouvez, il est fort probable que votre interlocuteur ne se sente pas trop flatté.

Un regard fixe est considéré souvent comme un indice d'attention. Rappelez-vous-en. Bien sûr ce n'est pas toujours vrai. Il se peut que vous ragardiez par la fenêtre et *portiez réellement attention* aux propos de l'autre, *mais ce dernier pensera que vous êtes distrait.*

Ne bâillez pas en parlant ou en écoutant quelqu'un. D'abord c'est impoli et ensuite c'est un bon indice pour lui montrer qu'il ne vous intéresse pas.

Votre *visage* reflète votre degré d'attention. Laissez vos émotions y apparaître au moment opportun. Pour jouer au poker, l'impassibilité est de mise. Elle est nocive si vous essayez de gagner l'attention et de vous montrer attentif aux propos des autres. Souriez, froncez les sourcils, ayez l'air intrigué, laissez paraître l'émotion qu'il faut au moment où il le faut.

Des questions ou des réponses exprimées au bon moment reflètent également votre degré d'intérêt et d'attention.

Tous ces moyens concourent au même but: prêter attention aux autres pour en retour gagner leur attention.

Eveiller l'intérêt

Pour obtenir que les autres vous aident, il ne suffit pas de capter et de garder leur attention. Il faut aussi susciter leur intérêt. On est intéressé quand *on se sent personnellement concerné* par quelque chose.

Prenons l'exemple de quatre femmes en train de regarder un coucher de soleil. Trois d'entre elles se contentent de regarder les jolies teintes du couchant. Elles n'y prêtent finalement que peu d'attention. La quatrième se dit que si le ciel est rouge, il fera beau le lendemain, assez beau pour pique-niquer comme elle l'avait prévu.

Cette dernière est vraiment *intéressée*. L'état du ciel la *concerne personnellement*.

Supposons deux hommes qui lisent un livre sur l'art de prendre la parole en public; l'un des deux peut se dire que c'est bien utile, sans plus. Celui-là porte peu d'attention au livre. Il l'oublie très vite. Si l'autre se dit qu'il *a besoin* de bien savoir parler en public, il est vraiment *intéressé*.

Si trois hommes voient une affiche qui rappelle les dangers du cancer au poumon, deux d'entre eux peuvent se dire simplement que le cancer est une bien triste maladie, tandis que le troisième peut penser qu'il a eu un méchant rhume récemment, qu'il continue d'avoir mal à la poitrine, se dire qu'il fume trop et décider de téléphoner tout de suite à un médecin. Le sujet l'intéresse. Il le concerne personnellement.

Si vous cherchez à susciter l'intérêt de quelqu'un, il faut vous imaginer que l'autre vous pose deux questions; d'abord: "De quoi s'agit-il?" et ensuite: "En quoi cela me concerne-t-il?" Expliquez aussi rapidement et clairement que possible de quoi vous voulez parler, et ensuite en quoi cela concerne votre interlocuteur.

Je me souviens d'avoir essayé d'obtenir la collaboration d'un homme d'affaires pour mener à terme l'un de mes projets. Je lui ai écrit. Ma lettre commençait ainsi:

Cher monsieur,

J'aimerais que vous me rendiez tel ou tel service. Je sais que cela n'entre pas dans votre champ d'action habituel. J'estime cependant que vous trouverez mon projet intéressant. Il représente en effet pour vous et moi l'occasion de faire une bonne affaire.

L'introduction du présent livre ne commence pas par: "Il y a quelques années, j'ai réussi à obtenir certains éléments d'information intéressants. J'y ai réfléchi. J'ai mis ces données en pratique et j'ai constaté que ma vie se transformait vite et de façon très agréable, etc."

Cette façon de débuter aurait correspondu à expliquer en quoi le sujet m'intéressait, *moi*. Cela aurait été un bien piètre moyen de gagner votre attention et de susciter votre intérêt. C'est bien pourquoi mon introduction commence par la phrase suivante: "Vous lisez ce livre parce que vous n'avez pas toujours réussi à obtenir ce que vous souhaitiez". Exprimé de la sorte, le sujet est important pour *vous*. Il a donc réussi à susciter votre intérêt et vous avez décidé de le lire.

Inspirer confiance

Bien des gens, même intéressés par une idée, par une personne ou par un objet, restent quand même sur leurs gardes. Ils se disent: "Le monde est méchant; il est rempli d'embûches pour l'imprudent. Comment savoir si celui qui parle est de bonne foi? C'est peut-être un attrape-nigaud? Comment m'en assurer?"

Ces gens-là ont peut-être eu de mauvaises expériences. Chat échaudé craint l'eau froide. Vous connaissez sans doute l'un ou l'autre de ces imposteurs fascinants qui retiennent l'attention et même suscitent l'intérêt mais ne réussissent pas à inspirer confiance.

Si vous voulez persuader les autres, agissez de manière à ce qu'ils vous fassent confiance. Vous leur demandez d'investir quelque chose, à tout le moins d'investir le temps de vous écouter et peut-être plus de temps encore, une fois qu'ils collaboreront vraiment avec vous. Vous leur demandez peut-être d'investir une certaine dose de réflexion, un effort physique, leur réputation ou leur argent. Comment s'attendre à ce qu'ils consentent à de tels investissements si vous ne leur inspirez pas confiance?

Pensez au criminel, à celui qu'on appelle "l'homme de confiance". Il réussit parce qu'il inspire confiance. C'est son seul capital. Je ne vous suggère pas de devenir criminel. Je cite seulement cet exemple pour vous montrer combien la confiance qu'on inspire peut être un moyen de persuasion. La confiance, même juste en façade, sans rien derrière, permet de réussir bien des choses. Imaginez combien la confiance des autres pourrait vous être utile si vous avez en tête certains projets bien déterminés.

DIX FAÇONS D'INSPIRER CONFIANCE

1. Votre apparence extérieure inspire — ou sape — la confiance. La première impression est importante, et le plus souvent c'est votre apparence qui la détermine.

Un politicien voulait gagner une élection dans un comté agricole. Il s'était fait photographier au volant d'un tracteur vêtu de salopettes. Malheureusement pour lui ses salopettes étaient propres et bien repassées et cela se voyait sur la photo. Les électeurs, agriculteurs pour la plupart, ne lui firent pas confiance: il ne ressemblait pas à l'un d'eux.

Il faut donc que vos vêtements *correspondent aux circonstances* si vous voulez inspirer confiance aux gens avec qui vous faites affaire.

Si vous êtes trop gros, si vous vous tenez le dos courbé, si vous avez des boutons sur le visage, des pellicules sur les épaules, si vous avez les dents cariées ou souillées par le tabac, si votre haleine sent l'alcool ou simplement sent mauvais, les gens vont se dire, parce que vous semblez vous négliger: "S'il est trop négligent pour s'occuper de lui, comment pourrait-il s'occuper bien du reste?"

"Ce n'est pas juste, pensez-vous peut-être. Il est injuste de juger quelqu'un sur les apparences."

Il ne s'agit pas de discuter de l'exactitude de ce jugement. C'est un fait. Les gens jugent sur l'apparence. Pour les persuader, gagner leur collaboration, il faut accepter qu'ils vous jugent selon leur propres normes.

Ce n'est pas de l'hypocrisie. Un homme d'affaires qui se rend à l'étranger n'est pas hypocrite s'il apprend la langue du pays. Il essaie simplement de faire ce qui est en son pouvoir pour communiquer le plus efficacement possible.

Votre apparence renseigne les autres sur votre caractère et vos connaissances avant même que vous n'ouvriez la bouche. Assurez-vous donc que votre apparence plaide *en votre faveur*.

2. Habituez-vous à vous montrer franc et ouvert. Celui qui garde les yeux baissés ou qui a le regard fuyant est en général très mal vu. On considère que c'est un signe de malhonnêteté. Apprenez à regarder votre interlocuteur en face.

Venez-en rapidement au fait. Il est bon de commencer par quelque formule de politesse mais cela ne devrait pas prendre plus d'une minute ou deux. Plus vous tournez autour du pot, plus vous blaguez quand ce n'est pas le moment, plus vos préliminaires sont longs et vos digressions nombreuses, plus vous provoquez l'embarras, la gêne et la suspicion de votre interlocuteur. Souvenez-vous de cet homme qui m'avait téléphoné et dont je n'ai jamais pu déterminer le but de la visite. Je n'avais bien sûr aucune bonne raison de lui faire confiance.

Si vous donnez une information, donnez-la facilement, de votre plein gré. Ne parlez pas comme un prisonnier pendant un interrogatoire. Ne livrez pas certains faits à votre corps défendant. Souvenez-vous toujours que vous essayez de persuader quelqu'un d'autre: vous ne pouvez donc vous attendre à ce qu'il décide quoi que ce soit avant que vous lui fournissiez la preuve qu'il est bon d'agir ainsi.

Si vous ne pouvez réellement pas parler, ne biaisez pas, ne mentez pas. Dites simplement: "Je regrette mais il m'est impossible de vous répondre". Une allure franche, ouverte contribue énormément à inspirer confiance.

3. Ne parlez pas *trop vite.* On se méfie en général de celui qui parle vite. Il est fort *possible* que votre honnêteté ou votre sincérité n'aient rien à voir avec votre débit mais votre interlocuteur aura tendance à penser: "S'il parle vite c'est qu'il veut m'emberlificoter. Il ne veut pas me laisser le temps de peser le pour et le contre."

Faites une pause à l'occasion pour laisser votre interlocuteur s'exprimer. Si nécessaire, posez une question pour déterminer ce qu'il pense de vos propos. S'arrêter pour poser une question comporte un double avantage; d'abord, cela ralentit votre débit, et ensuite cela laisse à votre interlocuteur la chance de donner son avis.

4. Répondez aux questions de façon exhaustive et honnête. Plus vous montrerez que vous connaissez le sujet, plus vous inspirerez confiance. Ne considérez pas les questions comme des interruptions: ce sont des indices. Elles vous aident à savoir ce qui intéresse particulièrement votre interlocuteur. Considérez-les également comme un moyen de vous rendre compte où vous avez été moins clair.

Si vous ne connaissez pas la réponse à une question, ne mentez pas, n'affabulez pas. Admettez simplement: "Je ne sais pas". Si parfois vous avouez votre ignorance, vous ne diminuez pas la confiance de l'autre. Au contraire, vous contribuez à l'augmenter.

5. Exprimez votre respect pour l'âge, l'expérience ou le rang. Certains refusent de témoigner ce genre de respect. Ils traitent tout le monde sur le même pied, avec une sorte de familiarité assez vulgaire. Il n'en coûte rien de témoigner du respect à quelqu'un et celui qui en reçoit les marques en général se sent honoré. Un jour, vous serez vous-même âgé, il se pourrait que vous soyez savant, que vous soyez devenu une personnalité en vue dans votre profession ou dans le monde politique. A ce moment-là, vous apprécierez que l'on

reconnaisse vos mérites. Souvenez-vous d'une chose: en témoignant à quelqu'un du respect, il vous est possible d'*apprendre certaines choses* que vous n'auriez pu connaître autrement.

6. Dites toujours la vérité. Evitez les exagérations, la vantardise. Collez aux faits. Préparez-vous des preuves irréfutables qui corroboreront vos dires. Rappelez-vous qu'à l'heure actuelle la plupart des gens sont méfiants. On entend tellement souvent vanter tel ou tel produit et tout de suite après vanter le produit concurrent! Comme moyen d'auto-défense, le public a tendance à devenir plus sceptique.

Acceptez cette donnée. Ne vous sentez pas blessé si les gens hésitent à vous croire sur parole. Donnez-leur vos preuves courtoisement et avec modestie de façon à transformer leurs doutes en certitudes.

7. Soyez ponctuel. La ponctualité de nos jours est tellement rare que vous êtes capable de vous faire remarquer et de sortir du lot juste parce que vous avez l'habitude d'arriver toujours à l'heure. Porter une montre n'est pas tellement fatigant, pas plus que de régler vos divers déplacements en fonction d'un horaire donné. Tâchez de planifier vos activités quotidiennes. Cela ne requiert pas grand effort (nous avons déjà parlé des avantages de ce genre de planning). Une montre et un plan d'action quotidien vous aideront à rester ponctuel et votre ponctualité vous gagnera la confiance des autres.

8. Montrez-vous digne de confiance. On demandait un jour à un patron qui avait près d'une centaine de personnes sous ses ordres: "Combien de vos employés sont-ils compétents?"

— Si vous voulez dire ceux qui la plupart du temps effectuent leur travail sans erreurs, je pense la moitié d'entre eux, répondit-il.

— Et combien sont dignes de confiance, absolument dignes de confiance?

— Pas plus de trois, répondit l'employeur après un moment de réflexion.

Combien de gens connaissez-*vous* qui soient dignes de confiance, absolument dignes de confiance? A combien de personnes pourriez-vous faire confiance pour des questions d'argent, pour tout ce qui touche à votre réputation et à votre vie?

Et *vous-même,* vous estimez-vous digne de confiance? Si vous promettez quelque chose, votre famille, vos amis, vos compagnons de travail ou votre employeur peuvent-ils absolument compter sur vous? Si vous dites quelque chose, peuvent-ils être certains que vous dites la vérité? Si l'on vous confie un secret, peut-on être sûr que vous ne le dévoilerez *jamais?*

J'ai mentionné plus haut combien la ponctualité était une denrée rarissime. L'honnêteté l'est tout autant.

Nous ne sommes pas tous nés beaux et intelligents. Les alouettes ne tombent pas rôties dans le bec de tout le monde. Mais tout le monde est capable de devenir *digne de confiance. Vous aussi le pouvez.* Vous pouvez acquérir une telle valeur humaine, devenir une denrée si rare que les autres se battent pour vous employer, pour travailler avec vous ou pour s'associer à vos entreprises.

Pour gagner la confiance des autres, cultivez simplement votre sens personnel de l'honneur. Appliquez-le à chaque aspect de votre vie. Dites-vous: "J'aurais honte de ne pas tenir mes engagements envers moi-même et de me leurrer; je ne puis donc pas ne pas tenir mes engagements envers les autres et les tromper".

9. Ne laissez pas les circonstances vous prendre au dépourvu. Il m'est arrivé plusieurs fois d'entendre un orateur monter à la tribune et commencer son discours par une phrase comme: "Je ne sais réellement pas quoi vous dire. Je n'avais pas prévu..."

Personne ne fait vraiment confiance à ce que l'orateur dira par la suite.

Un homme de science m'a parlé un jour d'un journaliste qui, venu l'interviewer, avait dû lui emprunter du papier et un stylo.

Combien de fois le matin, vous êtes-vous senti anxieux, confus, insatisfait parce que la veille au soir vous n'aviez pas planifié ce que vous aviez à faire?

Préparez un planning quotidien et un plan à long terme de façon à exécuter régulièrement les tâches qui vous requièrent. Celui qui est prêt à faire face aux événements se sent sûr de lui et inspire confiance.

10. Développez votre assurance par tous les moyens possibles:

a) Quoique vous ayez à faire ou à dire, encouragez-vous vous-même en vous rappelant l'objectif que vous visez.
b) Juste avant d'agir, encouragez-vous en récitant quelque prière ou en répétant une affirmation.
c) Prenez quelques profondes respirations.
d) Concentrez-vous sur ce que vous avez à dire ou à faire: les premiers mots que vous avez à prononcer, les premiers gestes que vous allez poser. Imaginez-vous en train de parler et d'agir calmement, comme il faut et avec assurance.

Les dix éléments que je viens d'énumérer vous aideront de manière infaillible à inspirer confiance. Astreignez-vous à les suivre de façon systématique. Ils contribueront à vous bâtir, au travail, auprès de vos amis, dans votre communauté, une réputation d'homme digne de confiance. Ils vous aideront efficacement à gagner la collaboration des autres.

Susciter le désir

On l'a vu plus haut, pour obtenir la collaboration d'autrui, il faut agir de telle sorte que les autres *veuillent* vous aider. En d'autres termes, il s'agit de leur suggérer qu'il y va de *leur intérêt* de faire ce que vous leur proposez. Il est donc utile d'examiner de plus près ce qui motive les gens.

1. Le profit: le désir de gagner, d'épargner de l'argent ou d'acquérir des biens.
2. La peur: le désir d'éviter le danger, la souffrance ou la mort.
3. La gloire ou le prestige: le désir d'être apprécié des autres et de s'apprécier soi-même.
4. L'affection: le désir d'exprimer et de recevoir des témoignages d'affection de ses proches et de ses amis.
5. Le bien-être: le désir d'avoir moins de travail, de gagner du temps et de profiter de la vie.

6. Le pouvoir: le désir d'exprimer sa puissance physique et mentale, le désir de dominer les autres.
7. Le plaisir: le désir d'un bénéfice sensuel ou esthétique.
8. La curiosité: le désir de connaître de nouvelles expériences, d'en savoir plus long.
9. L'ambition: le désir de se développer, de progresser dans la vie et de réussir des tâches difficiles.
10. La satisfaction sexuelle: le désir d'être séduisant, de jouir des faveurs de l'autre sexe.

Ces dix mobiles ne font pas réagir une personne donnée au même titre tout le temps. Ce serait une bien piètre tactique d'asséner à son interlocuteur toute une série d'arguments qui référeraient tour à tour à chacun de ces dix mobiles: celui à qui on s'adresserait serait tout simplement tout embrouillé.

La meilleure façon de procéder est de se demander d'abord: "Quelle est la *principale motivation* de mon interlocuteur?"

Une petite analyse de son caractère révèle parfois ses mobiles. L'avare, par exemple, se passe de luxe, de prestige, de plaisir, d'affection et de satisfactions sexuelles. Il vit pour *le profit*. Le m'as-tu-vu — celui qui effraie sa femme en conduisant sa voiture comme un fou — est prêt à tout sacrifier pour le *prestige*. Il veut être le centre d'intérêt de tous ceux qui se trouvent sur l'autoroute ou qui le voient passer. L'épicurien chérit son *bien-être* plus que tout au monde. La mère possessive sacrifie tout pour que son enfant lui témoigne de *l'affection*. Le scientifique passionné obéit essentiellement à *sa curiosité*.

Bon nombre de gens ne sont pas motivés seulement par un de ces facteurs. Ils obéissent tantôt à l'un et tantôt à l'autre. Il n'est pas difficile alors de déterminer ce qui les motive au moment où vous leur parlez.

"Si tu t'arranges pour aller au bowling de façon à ce que je puisse moi suivre ces cours du soir, l'an prochain j'obtiendrai une promotion et nous aurons les moyens de t'acheter ce manteau de vison dont tu as toujours rêvé".

"Si nous transformons une partie de la pelouse en potager, nous pourrons faire pousser nos propres légumes. Imagine tout l'argent que nous sauverons, sans compter que tu adores les légumes qui viennent directement du jardin".

"Selon les statistiques des médecins, les maigres vivent plus vieux que les gros!"

"Avec un nouveau poêle, je pourrais cuire ta viande exactement comme tu l'aimes".

Et coetera et coetera. Chacun, dans une certaine mesure, agit de cette façon. Dorénavant faites-le systématiquement.

Souvenez-vous de ce que j'ai dit plus haut à propos de l'intérêt. Il vous faut déterminer l'intérêt qu'a telle ou telle personne d'agir comme vous le lui suggérez, et ensuite simplement lui offrir le moyen de combler ses attentes.

J'ai suggéré plus haut de jouer sur les motivations des gens. Il y a moyen d'aller plus loin. Vos associés peuvent être d'eux-mêmes motivés; servez-vous de ce que vous savez pour provoquer certaines motivations *supplémentaires* — pour leur montrer qu'ils retireront de l'association *plus* que ce qu'ils n'en attendaient. Pour paraphraser Lord Chesterfield, assurez-vous que vos associés en plus de *vous aider, soient heureux de le faire.*

J'exprimais un jour ces idées devant une de mes classes d'adultes. Quelqu'un m'a fait l'objection suivante: "Mais Monsieur Hull, tout cela me semble bien peu scrupuleux! Je me demande si c'est moral de jouer ainsi sur les motivations des autres dans le but de s'assurer leur collaboration".

Je puis comprendre l'objection. Il est sûr que certaines personnes peu scrupuleuses usent de leur connaissance de l'être humain pour leur faire faire des choses douteuses.

Il faut admettre le fait néanmoins — que l'on s'en serve ou non: tout être humain agit à cause des mobiles énumérés plus haut.

Même si *vous* ne parlez pas d'argent, l'avare lui continue à y penser. Même si vous ne faites aucune allusion *au plaisir,* il n'en demeure pas moins que la plupart des gens continuent de le chercher. Il vous incombe d'utiliser vos connaissances scrupuleusement et avec honnêteté. Je l'ai déjà dit, il est possible d'atteindre ses fins sans léser les autres et sans leur faire du tort.

Persuadez les autres comme vous voudriez que l'on vous persuade. Pour citer Lord Chesterfield encore: "La méthode la plus sûre de plaire est d'agir envers les autres comme vous voudriez les voir agir envers vous". Persuader les autres, si on le considère sous cet angle-là, n'est pas jouer sur leur corde sensible pour en retirer un bénéfice personnel. Si vous agissez honnêtement, vous leur donnez la chance de *combler leurs propres désirs en même temps que vous comblez les vôtres.*

J'ai rédigé un bon nombre d'ouvrages en collaboration. Il arrive que certaines personnes possèdent certaines connaissances mais soient incapables de s'exprimer clairement par écrit. Je ne suis pas moi-même expert en toutes les matières qu'elles possèdent mais je suis capable d'expliquer clairement les choses en les écrivant. Quand je rédige un livre en collaboration, j'y trouve mon compte puisque je puis exercer mon talent et la personne avec qui je travaille est heureuse également puisqu'elle transmet ses connaissances et peut les monnayer.

Quelques pages plus haut, je citais un extrait d'une de mes lettres: "...Cela représente pour vous et moi une excellente affaire". Je veux gagner de l'argent et celui à qui je m'adresse veut en gagner aussi. Mon projet donne aux deux la chance d'en gagner.

Utilisez l'art de la persuasion avec honnêteté. Assurez-vous que celui qui collabore avec vous reçoive sa juste part — en termes monétaires et en termes de satisfaction personnelle. Vous pourrez ainsi le solliciter une autre fois s'il se présente une autre occasion de collaborer. Vous n'avez pas seulement travaillé avec un associé, vous vous en êtes fait un ami.

N'abusez pas de cet art de persuader les autres. Il peut vous arriver de réussir mais si vous abusez, ceux qui travaillent avec vous deviennent vos *victimes* et non plus vos associés. Vous vous créez des ennemis et non des amis.

Il est facile de déterminer ce qui est préférable.

Obtenir que les autres agissent

Une jeune fille, membre d'une organisation charitable, m'a rapporté un jour que son organisme avait décidé d'agir auprès des personnes âgées, solitaires et impotentes. On en avait dénombré une centaine dans les environs.

Les membres de l'organisation s'étaient réunis et avaient discuté du projet. Une travailleuse sociale invitée avait expliqué la détresse de ces personnes et combien les visites et les coups de téléphone leur feraient plaisir. Elle termina son laïus en faisant appel aux volontaires.

Tous semblaient intéressés. Pendant la période de questions, chacun s'est exprimé comme s'il voulait réellement participer au projet. Mais une fois la réunion finie, tout le monde est rentré chez soi, sans que personne ne se porte volontaire. La première phase avait été éxécutée dans les règles mais à la fin quelque chose manquait: l'effort de persuasion ne déboucha sur aucune action concrète.

Bien des gens remettent les choses à plus tard. Ils montrent de l'intérêt. Ils ont sincèrement l'intention d'agir *un moment donné*. Il s'agit de les amener à agir *tout de suite*. Et pour y arriver, il faut qu'un déclencheur transforme en action ce qui autrement resterait du domaine des intentions.

Dans mon exemple, un simple appel à la bonne volonté n'était pas un "déclencheur" suffisant. Et même s'il avait eu quelque efficacité sur le coup, pendant la pause-café et la discussion qui a suivi, son pouvoir s'est érodé.

J'ai discuté de cet exemple avec plusieurs personnes. Elles m'ont fait un certain nombre de suggestions:

1. Il aurait fallu préparer d'avance une liste avec le nom, l'adresse, le numéro de téléphone et les centres d'intérêt de chacune de ces personnes.

2. Pendant la pause-café, on aurait dû faire circuler cette liste de façon à ce que chaque membre puisse se choisir une personne à

contacter (si les membres sont nombreux, quelques-uns des membres de l'exécutif auraient pu se répartir la liste).

3. Il aurait fallu faciliter le choix. Ne pas donner la liste entière en demandant de choisir une seule personne. Il aurait fallu offrir une alternative.

Par exemple: "Préférez-vous le secteur nord ou le sud de la 10e avenue?"

"Préférez-vous rendre visite à un homme ou à une femme?"

"Préférez-vous faire les visites à domicile ou travailler avec le comité qui s'occupe des appels téléphoniques?"

"Préférez-vous aller voir les gens le soir ou en fin de semaine?"

"Cela vous plaîrait-il dans ce cas de rendre visite à Mademoiselle X. Elle habite à trois coins de rue de chez vous. De toute manière, si vous ne vous entendez pas trop bien avec elle, il vous sera toujours loisible de choisir une autre personne." (Même au moment du choix final, il faut ménager au membre une alternative.)

L'idée-maîtresse est de ne jamais se contenter d'un vague appel à la collaboration d'autrui. Il faut suggérer des *actions concrètes* et, si possible, *offrir* un choix. Si l'organisation dont faisait partie cette jeune fille avait suivi ces quelques conseils, je suis sûr que sa campagne aurait été un succès. Voyons maintenant si ces mêmes recommandations s'appliquent à d'autres situations.

SUGGÉRER CERTAINES ACTIONS CONCRÈTES

Si vous avez réussi à susciter l'intérêt et à éveiller le désir de quelqu'un, venez-en carrément au fait. Dites simplement à votre interlocuteur ce que vous attendez de lui.

Si, par exemple, vous faites un discours électoral, ne concluez pas en disant: "J'estime donc, mesdames, messieurs, que nous sommes d'accord vous et moi et que nous avons les mêmes opinions sur les graves problèmes qui affectent notre parti (notre ville, notre pays, etc.)". Dites plutôt: "Mesdames, messieurs, puisque vous connaissez maintenant mon programme, je vous demande de voter pour moi et d'appuyer ma candidature au poste de vice-président de tel ou tel organisme (ou au poste de maire, etc.)".

Ne dites pas: "Ainsi donc, chère madame, notre club compte sur vous", dites plutôt: "Ainsi donc, chère madame, accepteriez-vous d'animer la table ronde qui se tiendra lors de la prochaine réunion de notre club".

Ne dites pas: "Voici le projet dont je rêve depuis longtemps, qu'en pensez-vous?" dites plutôt: "Maintenant que vous connaissez mon projet dans ses moindres détails, vous sentez-vous prêt à y investir 500 dollars?"

Ne dites pas: "Il faudrait bien que nous nous rencontrions un moment donné", dites plutôt: "Viendriez-vous dîner avec moi samedi prochain à l'Auberge des deux cygnes?"

Il vaut mieux poser *une question directe* que de ne pas trouver de déclencheur du tout. Parfois c'est la meilleure méthode: tout ou rien, oui ou non — surtout lorsqu'on sollicite des voix en campagne électorale, lorsqu'on fait une demande en mariage, lorsqu'on postule un nouvel emploi ou lorsqu'on sollicite une lettre de références.

Bien souvent néanmoins, il est possible d'agir plus efficacement en ménageant la possibilité d'un choix à votre interlocuteur.

MÉNAGER UN CHOIX

Suggérez une seconde option; arrangez-vous pour *que la réponse de votre interlocuteur vous soit favorable peu importe ce qu'il choisit.*

"Et à propos de ce repas, préférez-vous que nous allions à l'Auberge des deux cygnes mardi ou bien mercredi prochain?"

"Donc, chère madame, vous voulez nous aider lors de notre prochaine réunion. Préférez-vous présider la séance ou vous occuper des rafraîchissements?"

"Quelle table de travail pensez-vous qu'il vaudrait mieux acheter: celle en chêne ou celle en noyer?"

"J'apprécie beaucoup votre aide. Quand préférez-vous venir: cette semaine ou la semaine prochaine?"

Bien des gens ont besoin qu'on les aide à agir et à prendre des décisions. Ces techniques le permettent. La méthode du "choix" comporte un avantage. Elle en appelle à l'orgueil de l'autre. Il ne se sent pas forcé d'agir. Il a l'impression de choisir.

La persuasion silencieuse

Il peut arriver que vous tombiez sur quelqu'un sur lequel tous vos efforts de persuasion n'ont aucune prise, soit qu'il les ignore ou qu'il vous soit hostile, ou simplement stupide, ou enfin qu'il se moque de vos efforts. S'il vous est possible d'éviter une personne du genre, faites-le. Fuyez-la par tous les moyens. Il y a sur terre une infinité d'autres gens qui *veulent* collaborer avec vous.

Parfois, vous êtes pourtant bien obligé de traiter avec eux. Une dactylo, par exemple, qui travaillait dans un bureau avec deux autres jeunes filles m'a raconté un jour que la plus vieille des deux lui était toujours hostile et refusait toute espèce de coopération. Il est possible que vous ayez à vivre semblable situation au travail ou à la maison.

Je vous propose une technique qui fait appel à la puissance du contrôle mental. Elle permet (a) de réduire et à la longue d'éliminer votre propre sentiment de frustration et l'agacement que provoque cette situation; et (b) par la transmission de pensée de faire changer les pensées et l'attitude de votre adversaire.

1. Trouvez à votre antagoniste trois qualités. Il se peut qu'il vous faille réfléchir sérieusement mais il vous est possible de les découvrir. Toute personnalité à certains côtés positifs. Ecrivez ces trois qualités.
2. Répétez-les-vous tout bas chaque fois que vous pensez à elle.
3. Valorisez cette personne quand elle n'est pas là. Citez ces trois qualités.
4. Identifiez ce dont cette personne a le plus besoin. Ecrivez une idée positive sur le sujet. Il suffit de l'observer pour savoir ce

qu'elle cherche: la paix, la confiance en soi, la santé, la détente, le courage, etc. Procédez comme pour le point 2.

5. Si vous avez la foi, priez pour que la personne obtienne ce que vous lui souhaitiez de bon au point 4.
6. Ne parlez pas de votre stratégie. Guettez les résultats. Parfois cela ne marche pas du premier coup. Continuez de faire attention. Soyez prêt à agir au premier indice qui vous montre que la personne en question est moins dure à votre égard ou qu'elle change d'attitude.

J'ai personnellement testé cette technique sur quelqu'un qui selon moi, dans une transaction commerciale, m'avait lésé. Quelques mois plus tard, ce monsieur m'a envoyé un mot pour me demander de nous réconcilier et pour m'assurer qu'il se comporterait plus loyalement désormais. Cette personne a changé sans que j'aie à dire un mot et sans que personne ne lui en parle!

La collaboration et la discrétion

J'ai signalé au chapitre 5 que la règle de discrétion comportait une exception. La voici. Il est bien sûr qu'il faut expliquer aux autres ce que vous êtes en train de faire si vous souhaitez qu'ils collaborent avec vous.

Voici ce que je vous suggère dans ce cas:

1. Ne surévaluez pas la curiosité d'autrui. Certains sans doute n'ont d'autre passe-temps que de mettre le nez dans ce qui ne les concerne pas: découragez ces gens-là. Vous allez vous rendre compte néanmoins que la plupart des êtres humains ne s'intéressent qu'à eux-mêmes: ils ne s'intéressent ni à vous ni à vos projets ni à vos gestes.

Je m'en suis rendu compte d'une façon assez amusante il y a quelques années. Je travaillais alors comme garçon dans un restaurant. Je portais la moustache depuis un bon bout de temps jusqu'au jour où je me suis dit qu'il me fallait plus de temps pour la tailler que pour me raser tout à fait. Je me suis donc coupé la moustache.

Je m'attendais à certains commentaires quand je suis allé travaillé la première fois sans ma moustache. Personne ne m'en a soufflé mot. J'ai été voir le gérant, les cuisiniers, la serveuse, le caissier. Je leur ai demandé ce qu'ils me trouvaient de changé. Eh bien, personne n'a pu me dire exactement ce que j'avais!

Il est de notoriété publique que la plupart des maris ne remarquent pas les nouvelles robes, nouveaux chapeaux ou nouvelles coiffures de leur épouse. Ainsi donc, il n'est pas trop difficile de combattre la curiosité.

2. Dites à chacun ce qui le concerne — sans plus. Si vous cherchez un nouvel emploi, par exemple, expliquez à l'employeur — en autant que cela ait quelque rapport avec le poste pour lequel vous présentez votre candidature — toutes vos qualifications et toutes vos ambitions. Il n'est pas besoin de lui parler de votre plan général de développement personnel ou des méthodes que vous employez pour y arriver. Un seul de vos projets le concerne. Ne lui soufflez mot des neuf autres.

Quand je collabore avec quelqu'un pour écrire un livre, je discute avec lui de ce livre. J'en parle le plus librement, le plus longuement possible. Mais je ne parle pas du reste de mon travail littéraire. Et, bien sûr, je ne souffle mot de mon plan de développement personnel ni des détails de mes objectifs à long terme.

Faire confiance à un associé pour tout ce qui concerne le projet commun ne comporte aucun danger: *son but est aussi le vôtre*. Il ne vous critiquera pas, ne vous mettra pas de bâtons dans les roues, ne vous troublera pas avec des idées négatives. Dans de telles circonstances, vous ne perdez rien de votre pouvoir mental à discuter du projet avec lui. Au contraire, une discussion avec *un associé qui a des idées positives* renforcera votre stimulation mutuelle. Elle produira plus d'idées utiles que chacun ne pourrait en avoir seul ou en réfléchissant chacun dans son coin.

3. Agissez dans la mesure du possible avec un certain détachement. Ne vous donnez pas un air mystérieux. Ne vous gonflez pas en faisant comprendre à l'autre que vous êtes bourré de projets et bien décidé à les mener à terme. Vous allez vraisemblablement vous rendre compte qu'il est possible de réussir certaines transactions im-

portantes sans attirer trop l'attention, dans la mesure où vous y allez calmement.

4. Souvenez-vous que vous n'aurez pas à faire vous-même tout l'effort de persuasion. Nous en avons parlé plus haut: les autres vont vous faire de nombreuses suggestions. Ils s'imagineront que les projets viennent d'eux. Ils seront enchantés de vous voir suivre leurs conseils. Ils n'attendront rien en retour qu'un simple mot de remerciement. La puissance de votre pensée vous a permis de persuader les autres de vous aider, sans avoir rien à leur dire concernant vos projets!

Le bénéfice de la collaboration.

Si vous apprenez l'art de la persuasion, si vous vous en servez pour gagner la collaboration d'autrui, vous surmontez du même coup de nombreux obstacles et supprimez de nombreux handicaps qui jadis vous empêchaient de progresser.

Si vous n'êtes pas très instruit, la collaboration d'autres personnes peut équivaloir pour vous à un diplôme universitaire; si vous êtes jeune, la collaboration des autres vous confère la maturité requise et la sagesse de l'âge; si vous êtes âgé, vous pouvez acquérir la vigueur et l'enthousiasme de la jeunesse. Si vous êtes pauvre, la collaboration d'autrui vous apportera les capitaux dont vous avez besoin ainsi que la connaissance et l'expérience requises pour les faire fructifier.

Choisissez vos associés avec discernement. Motivez-les d'une façon adéquate. En contre-partie, ils multiplieront votre puissance.

En résumé

La collaboration de ceux qui vous entourent facilite votre développement personnel.

Pour persuader les autres, commencez par vous clarifier à vous-même vos objectifs.

Captez l'attention de quelqu'un et vous contrôlez son esprit.
Votre façon de parler et vos propos peuvent bâtir ou détruire votre bonne fortune.
Prêtez attention aux autres de façon à gagner leur attention.
Si vous voulez que les autres collaborent avec vous, commencez par gagner leur confiance.
Si vous voulez susciter l'intérêt de quelqu'un, montrez-lui en quoi votre projet le concerne personnellement.
Etudiez ce qui fait agir les êtres. Utilisez ce savoir avec sagesse.
Si vous voulez que les autres agissent, proposez-leur une action précise.
Mieux encore, proposez-leur le choix entre deux actions.
La persuasion silencieuse vient souvent à bout de l'hostilité.
Révélez le moins de choses possible concernant vos objectifs.

Vous êtes capable seul de réussir beaucoup de choses.
Avec la collaboration d'autrui
Vous pouvez réussir n'importe quoi.

Chapitre 13 Questions et réponses

"Je demande seulement qu'on me donne un peu d'informations".
(CHARLES DICKENS)

Avant d'entreprendre ce livre, j'ai demandé à un certain nombre de personnes de répondre à un questionnaire. Mon objectif était de déterminer leurs espoirs, leurs craintes, ce qu'ils pensaient de l'échec et de la réussite, du bonheur et du malheur.

Comme je ne rédige pas un ouvrage de sociologie mais un manuel de croissance personnelle, je n'ai pas essayé de prendre un échantillon représentatif de l'ensemble de la population. Je me suis contenté de faire circuler mon questionnaire auprès d'un certain nombre de personnes dont *le profil correspond à celui des lecteurs de ce volume*.

Par exemple, je n'ai pas recueilli les opinions de criminels ou de fainéants notoires, ou encore de personnes qui perdent systématiquement leur temps, qui passent leur vie à dormir, drogués de télévision ou remplis d'alcool.

Les opinions dont vous allez prendre connaissance dans ce chapitre sont celles de gens qui vous ressemblent — ils sont intéressés à développer leur personnalité, ils ont senti que leur vie ne les satisfaisait pas, ils ont consenti à faire l'effort de lire, de réfléchir et d'agir de façon à changer les choses.

J'ai garanti à ceux qui ont répondu le plus complet anonymat. Certains n'ont même pas signé leurs réponses. On peut donc être sûr de la franchise de leurs opinions.

Avant de passer à l'examen des résultats de mon enquête, vous voudrez sans doute répondre vous-même au questionnaire. Remplissez-le maintenant, sans lire la suite du chapitre. Vous tirerez ainsi plus de plaisir de votre lecture et porterez plus d'intérêt à ce qui va suivre.

EXERCICE No 30

Répondez aux questions suivantes.

1. Quelles sont selon vous les composantes principales du bonheur?
   (a)
   (b)
   (c)
2. Quels sont selon vous les ambitions et les objectifs les plus courants de vos connaissances et amis?
   (a)
   (b)
   (c)
3. Quelles sont selon vous pour vos connaissances et amis les causes les plus fréquentes de soucis?
   (a)
   (b)
   (c)
4. Qu'est-ce qui vous contrarie le plus dans votre vie quotidienne?
   (a)
   (b)
   (c)
5. Décrivez brièvement la personne la plus heureuse que vous connaissez (précisez son âge, son sexe et la cause probable de son bonheur).
6. De façon similaire, décrivez la personne la plus malheureuse que vous connaissez.

Ce que pensent les autres

Les réponses aux questions 1 et 4, même formulées différemment, revenaient toujours — je l'ai vite constaté — à exprimer un très petit nombre d'idées distinctes. Dans le compte rendu de cette enquête, repris ci-dessous, je souligne pour chaque réponse ce qui me semble l'idée clef, tout en reprenant quelques-unes de ses formulations les plus significatives.

J'ai coté les réponses de 1 à 20. Cette évaluation indique la fréquence des diverses opinions. Ainsi, pour chaque question, la réponse la plus fréquente à reçu la cote 20, celle qui ne s'est retrouvée que dans la moitié des cas a reçu 10, et ainsi de suite.

Question 1: "Quelles sont selon vous les composantes principales du bonheur?"

Les réponses ont fait ressortir six idées principales qui sont revenues bien plus souvent que les autres. Cela s'est avéré clair dès la réception des premières réponses; les réponses subséquentes n'ont pas modifié les résultats de façon significative.

J'ai appelé "Composantes essentielles" les trois idées exprimées le plus souvent et qui ont donc une cote très élevée; celles qui revenaient régulièrement mais moins souvent que les premières, je les ai appelées "Composantes secondaires".

COMPOSANTES ESSENTIELLES.

1. Un caractère gentil, attachant. *cote 20*
   Cette idée a été exprimée de façon diverse. Je reprends ici quelques-unes des formulations. Je pense que vous les trouverez utiles et évocatrices.
   Eprouver de l'amour pour tous, peu importe leurs origines sociales.
   La maturité émotive.
   Rendre les autres heureux.
   Aimer et être aimé.
   Aider les autres.
   Le désir constant de rendre quelqu'un d'autre heureux.

L'abnégation.
Etre capable de payer de sa personne.
Dans la vie conjugale, la capacité de donner et de recevoir.

2. La paix de l'esprit. *cote 19*
Autres formulations:
La bonne conscience.
Avoir une conscience claire.
Etre en accord avec soi-même.
Etre en paix avec soi-même.
La paix intérieure et le respect de soi.
De bonnes valeurs morales.
La paix et la satisfaction de l'esprit.
S'être libéré de ses peurs.
Etre équilibré.
Acquérir toujours plus de maturité.
La satisfaction.

3. Une vie utile et bien remplie. *cote 17*
Autres formulations:
Faire le travail qu'on aime et être bien payé.
Eprouver de la joie au travail.
Aimer son emploi.
Avoir un travail productif et intéressant.
Travailler à l'accomplissement de ses désirs.
Eprouver un sentiment de plénitude dans les petits et les grands efforts.
Avoir un but dans la vie.
Atteindre les objectifs qu'on s'est fixés.
Un but.

COMPOSANTES SECONDAIRES.

4. Avoir des amis sincères. *cote 14*
Autres formulations:
Avoir des relations sociales satisfaisantes.
Se sentir utile à quelqu'un.
Quelques bons amis.

Des intérêts communs.
L'amitié.
Se rendre compte qu'on est utile et apprécié.
Pouvoir communiquer avec quelqu'un.

5. Avoir une bonne santé. *cote 13*
Autres formulations:
Se maintenir toujours en bonne santé.
Etre en bonne santé et que ceux qu'on aime le soient aussi.
Se sentir physiquement en forme.

6. La sécurité matérielle. *cote 12*
Autres formulations:
Avoir assez d'argent pour voyager et prendre des vacances.
Sécurité financière.
Ne pas avoir de problèmes d'argent.
Avoir assez d'argent pour vivre bien.
La sécurité.

Aucune autre qualité n'a obtenu un cote de fréquence plus élevée que 6. A titre documentaire, je cite cependant les autres qualités et leur fréquence.

N'avoir pas trop d'ambition	6
Etre apprécié d'autrui	6
L'harmonie conjugale	4
Le sens de l'humour	3
Avoir confiance en quelqu'un	3
Avoir des pensées heureuses	2

Les composantes essentielles et les composantes secondaires, citées plus haut, sont bien sûr d'une importance capitale. Dans le prochain chapitre, je ferai quelques recommandation sur la façon d'acquérir et de développer ces qualités.

Pour le moment, examinons plus en détail les réponses à la question 2.

Question 2: "Quels sont selon vous les ambitions et les objectifs les plus courants de vos connaissances et de vos amis?"

1. L'aisance matérielle. *cote 20*
   Autres formulations:
   Faire de l'argent.
   Jouer à la bourse.
   La sécurité économique.
   Gagner rapidement de l'argent.
   Un bon revenu.
   Epouser quelqu'un de riche.
   Acquérir des biens.
   Posséder une belle maison, pouvoir s'offrir du luxe.
   Réussir sur le plan matériel.

2. La reconnaissance sociale. *cote 11*
   Autres formulations:
   Le désir d'être apprécié.
   La louange et le désir d'être reconnu.
   Etre considéré meilleur que les autres.
   Posséder un certain prestige.
   La sociabilité.
   Faire comme les autres.
   Grimper dans l'échelle sociale.
   Obtenir des diplômes.
   Etre populaire
   Réussir dans le monde.

3. Une vie familiale heureuse. *cote 10*
   Autres formulations:
   Avoir une belle femme et bien marier ses enfants.
   Rencontrer quelqu'un qui soit l'épouse ou l'époux idéal.
   Avoir une famille heureuse.
   Avoir une belle maison.
   Elever ses enfants de façon à ce qu'ils soient sains et heureux.
   Avoir des enfants qui ont bon caractère.
   Avoir une épouse fidèle.
   Donner une bonne éducation à ses enfants.

4. Des passe-temps et des loisirs. *cote 5*
Autres formulations:
Voyager.
Avoir ce qu'on appelle du bon temps.
Chercher le plaisir — bridge, pêche, danse, etc.

5. Un travail satisfaisant. *cote 5*
Autres formulations:
Réussir dans son travail.
Avoir un travail agréable.
Un bon emploi, agréable et intéressant.
Parvenir au faîte de sa carrière.
Arriver au sommet de l'échelle professionnelle.

6. L'amour. *cote 2*
Autres formulations:
Connaître quelqu'un qui vous chérit.
Etre essentiel à quelqu'un.

7. La santé. *cote 2*

Comparez les réponses aux questions 1 et 2. Ceux qui ont complété le questionnaire sentent que leurs connaissances et amis ne recherchent pas ce qui va leur apporter le bonheur. Le point no 3 de la question 1 ("Une vie utile et bien remplie") et le point no 5 de la question 2 ("Un travail satisfaisant") sont les seuls points concordants dans les deux séries de réponses.

On croirait presque que les deux séries de caractéristiques correspondent à deux choses entièrement différentes!

J'ai discuté de cette divergence. On m'a suggéré qu'à la question 1 les gens ont répondu de façon à donner le change et à paraître bien tandis que les réponses à la seconde question reflétaient ce qu'ils pensaient vraiment.

Je mentionne le fait car on m'en a fait la remarque à plusieurs reprises. Je ne partage cependant pas ce point de vue. Selon moi, ceux qui ont répondu étaient sincères et honnêtes. Le résultat des réponses à la seconde question témoigne simplement d'un sens aigu de l'observation: *La plupart des gens poursuivent des objectifs qui ne mènent pas au bonheur.*

En commentant les réponses aux questions subséquentes, j'apporterai une autre preuve qui confirme l'exactitude de mon hypothèse.

(A propos, vos réponses aux deux premières questions concordent-elles? *Vos* connaissances et *vos* amis sont-ils sur la voie du bonheur?)

Question 3: "Quelles sont, selon vous, pour vos connaissances et vos amis, les causes les plus fréquentes de soucis?"

1. L'argent. *cote 20*
   Autres formulations:
   Les remboursements mensuels à la compagnie de finances.
   Les difficultés financières à cause de l'inflation.
   Comment rester financièrement à flot sans trop de problèmes.
   Le manque d'argent.
   Le coût de la vie qui ne cesse de grimper.
   Le manque de biens matériels.
   La difficulté d'arriver à une certaine sécurité financière.
   L'insécurité financière.

2. Les problèmes familiaux. *cote 12*
   Autres formulations:
   Enfants désobéissants.
   Enfants qui abandonnent leurs études.
   Querelles familiales.
   Mauvaises relations avec la famille.
   Insécurité au foyer.
   Avenir des enfants.
   Problème d'adolescence des enfants.
   Vie dissolue des enfants malgré les efforts des parents.
   Le problème du mariage ou du célibat des enfants.
   Différence entre les caractères des conjoints.

3. La solitude. *cote 7*
Autres formulations:
La peur de perdre ses amis.
Est-ce qu'il sera capable de se faire apprécier?
Les relations insatisfaisantes avec les amis.
Ne pas être aimé.
Le manque de constance dans les relations.

4. La santé. *cote 7*
Autres formulations:
Devenir malade.
Etre malade ou que les enfants le soient.
La douleur, la souffrance et l'âge.
Vieillir (peu importe l'âge).

5. Le statut social. *cote 7*
Autres formulations:
Craindre de perdre son statut social.
A leur mort, auront-ils un bel enterrement?
Se préoccupent de ce que les autres pensent d'eux — allure extérieure, relations, aptitudes intellectuelles, etc.
Comment faire un voyage à Hawaii?
Incapable d'agir selon les normes.
Les pressions sociales.
Etre conforme aux autres.

6. Les problèmes professionnels. *cote 6*
Autres formulations:
Insécurité d'emploi.
Les grèves ou la perte de son emploi.
Le peu de bonheur à faire ce qu'il fait.
La perte de revenus dans les affaires.

7. L'indécision. *cote 5*
Autres formulations:
Ne savent pas profiter de la vie.
Ne savent pas bien utiliser leur temps.

Ignorent ce qu'ils attendent de la vie.
Perdent leur temps.
Remettent les choses à plus tard.
Prendre des décisions importantes — personnelles ou professionnelles.
Ne réalisent pas leurs objectifs immédiats.
Doutent d'eux-mêmes.

8. L'actualité. *cote 2*
Autre formulation:
La peur d'un conflit nucléaire.

Le fait que l'élément "santé" occupe une place importante dans les réponses à la question 3 — alors qu'elle ne revenait pas souvent dans les réponses à la seconde question — m'a frappé. C'est l'indice, d'après moi, que les gens s'inquiètent beaucoup de leur santé mais *font* très peu de choses pour la conserver.

Il faut également noter combien "l'actualité" intéresse peu. Les gens s'habituent aisément, dirait-on, à vivre sur les pentes d'un volcan!

Question 4: "Qu'est-ce qui vous contrarie le plus dans votre vie quotidienne?"

1. Les travers des autres. *cote 20*
Autres formulations:
Ceux qui essaient de paraître autre chose qu'ils ne sont.
Les imbéciles et ceux qui ne s'occupent pas des autres.
Le caractère individualiste de certaines personnes et leurs petites manies.
L'hypocrisie.
Le snobisme.
L'étroitesse d'esprit.
Le peu de confiance qu'on peut avoir pour les soi-disant "spécialistes".
L'indifférence politique de l'homme de la rue.
L'arrogance.
L'agressivité.

L'avidité de pouvoir et le goût de posséder des biens matériels.
Un égoïste qui n'est pas capable de se taire.
Un travail mal fait et une attitude de fausse humilité.
Les gens trop pressés pour s'arrêter et tenir une conversation utile et agréable.
Les manies religieuses et la bigoterie.
La cruauté, consciente ou non.
Les appels téléphoniques et les visiteurs importuns.
Les interruptions pendant une émission de télévision intéressante.
Des réactions malsaines ou la pudibonderie à l'égard du sexe.
Le manque de sincérité.
La sale manie de certaines femmes de se mêler de ce qui ne les regarde pas.
L'apparente indifférence.
Ma mère.
Les raseurs.
La mesquinerie.
Des manières grossières.
Les gens qui s'expriment par clichés.
Ceux qui font du bruit.
Les ragots.
Un comportement bourru.
Quelqu'un qui dans un groupe reste toujours silencieux.
Ceux qui profitent des autres.
Ceux qui sont toujours énervés.
Le vandalisme.
Ceux qui font tout à la dernière minute.
L'indifférence envers les êtres humains et la nature.
L'attitude "pousse-toi que je m'y mette".
Les gens qui font tout pour attirer l'attention.
Les gens qui font chaque chose en son temps.
Les gens mesquins.

2. Ses propres défauts. *cote 2*
Autres formulations:
Mon manque d'enthousiasme.
Mes erreurs stupides.

Mon mauvais caractère.
Oublier de payer mes comptes.
Le fait de toujours tout remettre à plus tard.
Mon incapacité à m'entendre avec les autres.
La mauvaise organisation de mon temps.
La perte de temps.

3. Le gouvernement. *cote 2*
Autres formulations:
L'écoute électronique.
La politique étrangère.
L'acceptation cynique de la corruption.
Tout l'argent gaspillé pour les armes atomiques.
Le peu de coopération entre les nations.
La corruption.
Le manque d'enthousiasme des dirigeants politiques.

4. Le travail. *cote 2*
Autres formulations:
Bien des aspects du travail que je suis obligé de faire pour gagner ma vie.
Ne pas être financièrement indépendant.
La vaisselle après les repas.
Le travail inutile.
Se faire éconduire quand on pose sa candidature à un poste donné.
Les tâches ennuyeuses, pénibles et répétitives.

5. Les attentes inutiles. *cote 1*
Autres formulations:
Attendre l'autobus.
Attendre l'ascenseur.
Attendre une personne en retard.
Un service trop lent.

6. Les affaires. *cote 1*
Autres formulations:
Les colporteurs importuns.

Les circulaires commerciales.
La publicité.
Les annonces publicitaires répétées à l'infini à la radio ou à la télévision.

7. La vie urbaine. *cote 1*
Autres formulations:
Etre obligé de vivre en ville plutôt qu'à la campagne.
Trop de bruit.
Faire du bruit pour le plaisir d'en faire.

Certaines personnes ont mentionné d'autres contrariétés encore. Cependant, elles reviennent trop peu souvent pour être reprises sur mon échelle de 1 à 20. Ce qui frappe dans ces réponses, c'est que la contrariété principale pour la plupart des gens semble provenir du contact avec les autres. C'est attristant, n'est-ce-pas? J'y reviendrai au chapitre 14 quand je traiterai de l'amitié et de l'amour.

> *Question 5: "Décrivez brièvement la personne la plus heureuse que vous connaissez (précisez son âge, son sexe et la cause probable de son bonheur)."*

Je reprends ci-dessous dix réponses assez caractéristiques.

1. Une femme de 21 ans. Elle sait que sa mère et sa famille l'aiment. Elle est heureuse de maigrir, de fréquenter un gentil garçon et de sortir avec lui. Peu de choses la contrarient; sauf quand son ami ne lui téléphone pas comme prévu. Cela se produit rarement. Elle reste presque toujours calme et sereine même quand elle doit faire face à certaines situations qui inquiéteraient, contrarieraient ou énerveraient à peu près n'importe qui.

2. Un homme de 20 ans. Il a belle allure. Il est apprécié de tous. Il possède un emploi qui lui garantit la sécurité. Il a beaucoup d'amis. C'est un bon vivant.

3. Un homme d'âge moyen. Cause de son bonheur: son travail qu'il adore l'absorbe entièrement. Il n'a pas le temps de se tracasser pour lui-même.

4. Un homme près de la cinquantaine. Professionnel, célibataire. Il fait du ski nautique, de l'équitation et voyage beaucoup. Il aime la vie, les gens, les animaux, la nature plus qu'il ne s'aime lui-même.

5. Une dame de 83 ans qui est restée très jeune. Elle a surmonté des choses qui en aurait fait pleurer bien d'autres. Elle a beaucoup d'humour. Elle est très bonne et ne connaît ni l'amertume ni la méchanceté.

6. Une femme de 46 ans. Elle n'est pas heureuse à la folie mais elle est perpétuellement contente et satisfaite. Elle est mariée depuis 23 ans. Son mariage marche très bien. Elle travaille à ce qu'elle voulait et à ce qu'elle aime. Elle est épanouie dans sa vie de femme, d'épouse et dans sa vie professionnelle. Elle n'a pas d'enfants.

7. Une demoiselle de 80 ans. Ses rhumatismes l'handicapent beaucoup. Elle a passé toute sa vie à travailler pour les autres. Elle n'est pas du tout bigote. La politique ne l'intéresse pas. Elle éprouve un amour naïf pour toute une série de gens qui ne le méritent pas. Elle jouit intensément de la vie.

8. Une femme de 30 ans. Elle souffre de dystrophie musculaire. Elle s'est mariée envers et contre tous. Elle a donné naissance à un petit garçon en parfaite santé — ce qui a provoqué tout un émoi dans le monde médical. Elle attribue le fait à sa confiance aveugle en la vie.

9. Un homme de 78 ans. Il est professeur à la retraite. Il se sent profondément sûr de lui. Il adore les gens. Il a vécu des moments très durs. Sa gaieté naturelle et sa sagesse ont eu raison des graves blessures qu'il a subies lors de la première guerre mondiale. Chaque jour est pour lui une véritable aventure.

10. Un homme de 27 ans. Il souffre de diabète. Il perd la vue et sait qu'il va mourir jeune. Mais il est un havre de bonheur pour toute sa famille; il est loyal dans sa vie professionnelle, fidèle à ses amis et content de vivre.

Ces exemples de gens heureux montrent que certains ont toutes les bonnes raisons de l'être: la jeunesse, l'amour, la fortune, la santé, des amis, la foi, un travail agréable. Par contre, on peut voir dans quelques exemples qu'il y a moyen d'être heureux sans posséder tout cela. Certaines personnes sont heureuses en dépit de leur maladie, de leur vieillesse et de leur solitude.

Question 6: "De façon similaire, décrivez la personne la plus malheureuse que vous connaissez".

Ici encore, je veux citer dix cas qui me semblent représentatifs.

1. Une femme de 25 ans. A fait une dépression nerveuse quand celui qu'elle aime l'a abandonnée. Il s'est montré cruel à son égard.

2. Une femme de 22 ans. Rêve de se marier. Les hommes ne se sentent pas du tout attirés par cette personne. En fait, elle les fait fuir parce qu'elle les pourchasse trop. Elle est très frustrée. Elle a mauvais caractère. Elle est ennuyeuse et renfermée.

3. Un homme de 29 ans. Il n'est pas sûr de lui. Il doute profondément de ses talents. Sa vie personnelle et sa vie familiale sont détraquées. Son emploi n'est pas satisfaisant, pas plus que son revenu. Ses perspectives d'avenir sont sombres.

4. Un homme d'âge moyen. Célibataire. Anormalement sensible aux aléas de la vie. Ne prend jamais d'initiative. Se sent vite découragé. Evite les invitations et ensuite se plaint de l'indifférence des autres.

5. Un homme de 46 ans. Il ne se sent pas sûr de lui ni dans sa vie privée ni au travail ni dans ses relations avec les autres — y compris sa femme. Elle est beaucoup trop indépendante pour lui. Elle représente en fait une source constante de frustrations. Il n'est pas très intelligent.

6. Une dame de 79 ans. Sécurité financière, mari dévoué. Attitude négative. S'exprime juste en faisant des critiques insignifiantes. Ne parle que de problèmes de santé. La réussite des autres la rend extrêmement jalouse.

7. Un homme de 35 ans. Ivrogne. Ne vit que pour boire et fuir la réalité.

8. Une femme de 40 ans. Snob, riche, jalouse, incapable de dire du bien des autres. Essaie d'impressionner en offrant des cadeaux somptueux et en donnant de multiples réceptions. Tente de fréquenter des gens qui proviennent d'un milieu plus aisé que le sien. In-

consciemment regarde son mari de très haut. Ce dernier est asocial mais très riche.

9. Un homme dans la soixantaine. Retraité. Santé mauvaise. S'ennuie de son travail et de ses anciens collègues. Eprouve le besoin de compétition (il était arrivé aux postes les plus élevés). Sent qu'il n'a plus le pouvoir de vaincre. Eprouve ce sentiment même si sa femme et lui sont à l'abri des problèmes matériels. Incapable également de conduire lui-même son véhicule — ce qui lui manque beaucoup.

10. Une femme de 42 ans. Elle a la sécurité matérielle. Elle possède une belle maison. Son mari est un homme arrivé. Elle est méchante. Elle envie tous ses amis. Elle n'aime personne sauf son fils adolescent qu'elle gâte beaucoup.

Ces quelques exemples permettent de constater que la gamme des gens malheureux part de ceux qui ont toutes les bonnes raisons de l'être et va jusqu'à ceux qui ont apparemment toutes les raisons du monde d'être heureux.

Il est assez intéressant de comparer l'âge, la situation familiale et la situation financière des personnes heureuses et des personnes malheureuses.

A présent, comparons

Vous avez lu les réponses des autres. Comparez-les maintenant avec les vôtres. Je suis sûr que vous trouverez la comparaison intéressante.

Il est possible que vous souhaitiez procéder à votre enquête personnelle: faites des copies de ce questionnaire et demandez à vos connaissances de le remplir. Comparez, sur ces sujets vitaux, vos opinions avec celles de vos amis et de vos proches. (Les termes "sujets vitaux" ne sont pas hors propos: le malheur en effet peut raccourcir la vie et le bonheur la prolonger).

En résumé

Les composantes du bonheur:
- un caractère gentil, attachant
- la paix de l'esprit
- une vie utile et bien remplie
- des amis sincères
- une bonne santé
- la sécurité financière

Les objectifs des gens:
- l'aisance matérielle
- la reconnaissance sociale
- une vie familiale heureuse
- des passe-temps et des loisirs
- un travail satisfaisant
- l'amour
- la santé

Les causes les plus fréquentes de soucis:
- l'argent
- les problèmes familiaux
- la solitude
- la santé
- le statut social
- les problèmes professionnels
- l'indécision
- l'actualité

Les ennuis quotidiens:
- les travers des autres
- ses propres défauts
- le gouvernement
- le travail
- les attentes inutiles
- la vie urbaine

Des circonstances propices ne garantissent pas le bonheur.
Des événements malheureux ne produisent pas nécessairement le malheur.

On a plus de chances d'être heureux
en compagnie de ceux qui partagent
le même idéal de bonheur
que soi.

Chapitre 14 L'amour et l'amitié

"Le bonheur est un parfum impossible à offrir sans en recevoir soi-même".

(RALPH WALDO EMERSON)

Au chapitre 13, on a vu combien les défauts des autres ennuient la plupart des êtres humains: instabilité, indifférence, agressivité, cupidité, hypocrisie, égoïsme, grossièreté, fanatisme, cruauté, snobisme, mesquinerie, immoralité, intolérance, etc.

L'homme est un animal social. Faut-il vraiment que ses contacts avec les autres soient pour lui une source constante d'irritation? Si ses rapports avec autrui l'irritent à ce point, y a-t-il moyen de se faire des amis? d'espérer recevoir ou donner son amour à quelqu'un? Bien sûr! parce qu'il y a moyen de se défaire de cette irritation. Voyons comment!

Changez-vous vous-même

Madame L. prétend que l'espèce humaine est pourrie et méprisable. Plus vite on la détruira, mieux ce sera. Elle s'est mariée trois fois. Ses trois maris lui ont été infidèles. Elle a depuis longtemps cessé de compter le nombre d'entreprises différentes pour lesquelles elle a travaillé. De toute manière, dit-elle, ses employeurs étaient des voleurs et tous ses collègues de travail des paresseux, des malhonnêtes, des mouchards et des incompétents. Sa fille aînée a quitté la maison. Tous les commis de magasin sont toujours grossiers avec elle. Tous ses amis sont déloyaux. Son propriétaire est un exploiteur. Les autres locataires de son immeuble sont tous ivrognes, voleurs ou dépravés; et ses voisines sont des prostituées. Aussi loin qu'elle se souvienne, elle n'a jamais connu ni l'amitié ni l'amour. Pas un seul être au monde n'est capable de devenir son ami et aucun ne vaut la peine qu'elle lui donne son amour.

Mme L. m'a tenu ces propos. Je n'ose imaginer ce qu'elle raconte sur mon compte dès que j'ai le dos tourné!

On se rend vite compte bien sûr que lorsque Mme L. ou d'autres personnes du genre tiennent ce type de discours, ce n'est pas tant l'espèce humaine qu'elles décrivent mais bien leurs propres défauts.

Mme L. est sans doute un cas extrême. J'en connais peu comme elle — et vous aussi sans doute! Mais des millions de gens malheureux, solitaires tiennent les mêmes propos — avec peut-être un peu moins d'outrance!

Lisez la rubrique du coeur dans votre journal habituel. Vous constaterez vous-même qu'un grand nombre de personnes se plaignent de leur sort alors qu'en fait elles sont victimes de leur propre malveillance, de leur jalousie, de leur envie ou de leur mauvais caractère. On retrouve en abondance dans ces colonnes des exemples de disputes aussi stupides que les suivantes: une femme se brouille avec sa soeur parce qu'elles ne sont pas d'accord sur les mérites comparés des boucles d'oreilles ordinaires et des boucles qui nécessitent de percer l'oreille. Un homme se dispute avec sa femme juste à cause de la couleur de ses cravates!

Regardez autour de vous. Pensez à vos amis et à vos voisins. N'arrive-t-il pas souvent que deux voisins se disputent parce que les branches du pommier de l'un dépassent par-dessus la clôture de l'autre? Ou bien que des amies de toujours se querellent pour avoir le privilège de servir le thé lors d'une réunion de leur club social?

De telles mesquineries ruinent l'amitié et l'amour.

Quand on change son caractère — et c'est en grande partie ce dont traite ce livre — on se rend vite compte que de telles mesquineries n'ont plus leur place. Quand on atteint la sérénité du coeur, quand on réussit à s'estimer assez soi-même, on se rend compte que cela ne vaut pas la peine de *s'abaisser* à s'irriter pour de telles broutilles. Occupez-vous de poursuivre vos objectifs et de les atteindre. Vous serez *trop occupé* pour perdre votre temps et chercher noise à qui que ce soit. Quand votre façon de parler et de penser s'amélioreront, quand vous perdrez l'habitude de vous quereller, de critiquer les autres, quand vous développerez *vos talents de persuasion* et *votre pouvoir de séduction,* vous vous rendrez compte que les autres vous apprécieront.

Examinons maintenant plus en détail trois qualités qui contribuent fortement à se gagner et à conserver l'amour et l'amitié des autres.

UNE FAÇON DE S'EXPRIMER OPTIMISTE ET CONSTRUCTIVE

Vous connaissez le pessimiste typique: il cherche les problèmes, se réjouit des problèmes et parle de problèmes.

Je me souviens d'une femme qui disait, lorsque la température était vraiment idéale et qu'elle ne pouvait rien y trouver à redire: "C'est trop beau pour durer. D'ici peu, il va falloir payer ce beau temps-là!"

Vous connaissez sans doute ce genre de personne qui vous trouve toujours l'air fatigué, qui décèle immanquablement dans votre mine, votre teint ou votre façon de respirer de sérieux symptômes de maladie. Ensuite, elle passe à la description détaillée de ses propres maladies (les pessimistes ont toujours mal quelque part); elle insiste en outre sur les crimes, les guerres, les désastres et la mort.

Vous savez ce que vous éprouvez pour ces oiseaux de malheur. Ils diffusent la tristesse et le découragement. La plupart des gens les évitent. Seuls les autres pessimistes les tolèrent. Ils se livrent entre eux de macabres tournois pour déterminer lequel est le plus misérable.

Vous ne parlez pas ainsi, bien sûr! Du moins, pas toujours? Un peu parfois? Juste un tout petit peu?

De toute façon, peu importe votre degré de négativisme! Quand vous parlez de façon négative, vous déprimez les autres et vous vous aliénez ceux que vous connaissez ou que vous rencontrez. Au chapitre 7, j'avais déjà donné quelques conseils pour acquérir l'habitude de parler de façon positive. Ce facteur contribue beaucoup à faciliter vos rapports avec les autres et à les rendre chaleureux.

EXERCICE No 31

Ecrivez le nom de quelqu'un qu'il vous faut bientôt rencontrer. Préparez-vous à cette rencontre: notez trois remarques gentilles, constructives que vous allez faire à votre interlocuteur (non des généralités mais des choses qui le concernent directement). Au moment de la rencontre, placez ces trois remarques dans la conversation.

Répétez l'exercice aussi souvent qu'il le faut — jusqu'à ce que cette nouvelle habitude soit solidement acquise.

UN COMPORTEMENT GAI

Soyez optimiste et positif non seulement en paroles mais aussi dans vos actes et votre façon de penser. Acquérez un tempérament calme, gai, confiant. Au début, s'il le faut, *jouez la comédie.* Peu importe ce que vous ressentez dans le fond de votre coeur. Mettez au point un rôle de personnage calme, sûr de lui et de bonne humeur. Incarnez ce personnage dans votre vie quotidienne. "Faites semblant d'avoir une qualité si elle vous manque", disait Shakespeare. *Soyez celui que vous souhaitez être.* Vous en tirerez un double profit:

a) Vous susciterez chez les autres des *réactions* de confiance et de bonne humeur. Bien des gens ressemblent à des caméléons. Ils entrent facilement dans le jeu de quelqu'un qui possède un tempérament plus fort que le leur. Montrez-leur que vous éprouvez de la colère, de la peur ou de la tristesse et ils se sentiront eux-mêmes irrités, effrayés ou mélancoliques. Soyez gai et positif, ils agiront comme vous. Leurs réactions vont en retour vous renforcer dans le rôle que vous jouez.

b) Un rôle régulièrement assumé devient une habitude. Toute nouvelle habitude fait partie du caractère de quelqu'un et le modifie. Et, un jour, vous vous rendrez compte — à votre grande surprise — que vous ne jouez plus, que vous êtes devenu celui que vous rêviez d'être depuis si longtemps: *vous êtes* calme, sûr de vous et positif.

EXERCICE No 32

Décrivez par écrit une situation dans laquelle vous aimeriez faire preuve d'assurance et de bonne humeur (par exemple, parler avec votre patron; rencontrer vos beaux-parents; affronter certains clients, etc.). Préparez-vous à vivre cette situation: écrivez trois choses que vous ferez alors que vous assumerez votre rôle de personnage calme, sûr de lui et de bonne humeur. Réfléchissez longuement à la manière dont vous allez poser ces gestes. Imaginez que vous êtes en train de le faire. Quand la situation se présente, trouvez l'occasion d'agir comme vous l'aviez prévu.

Répétez cet exercice aussi souvent qu'il le faut dans diverses situations jusqu'à ce que cette nouvelle habitude devienne partie intégrante de votre comportement quotidien.

UNE ATTITUDE GÉNÉREUSE ET TOLÉRANTE

Les critiques perpétuelles, le persiflage, les sarcasmes, les remarques désobligeantes et la dépréciation constante des actions d'autrui ne contribuent pas à renforcer l'amitié ni l'amour. Il y a moyen de se défaire de cette mauvaise habitude en deux temps:

a) Cessez de critiquer, de persifler, de déprécier les autres, etc. S'il vous est impossible de dire quelque chose d'agréable de quelqu'un, taisez-vous tout simplement.

b) Remplacez cette mauvaise habitude par une habitude positive. Habituez-vous à dire du bien d'autrui. *Trouvez* les bons côtés des autres: pensez-y et parlez-en. Si vous ne leur en trouvez pas, *inventez-les*.

"Au moins, le vieux Scrooge est gentil avec son chat!" Cela fait du bien de se répéter ce genre de choses, même quand vous ignorez si le vieux Scrooge possède ou non un chat. L'assertion est peut-être fausse mais elle est *gentille* et *utile* à votre bien-être autant qu'à celui de Scrooge.

Justifiez votre petit mensonge en vous rappelant que *chacun* — même l'être le plus pourri — a quand même ses bons côtés. De toute manière, même si Scrooge n'est pas gentil avec son chat, il doit bien exister un autre aspect de son caractère qui est digne d'être aimé.

Lorsque vous avez réussi à vous défaire de l'habitude de dire du mal des autres, habituez-vous à en dire du bien. Soyez prodigues de remerciements, de félicitations et d'encouragements. Ces choses gentilles, constructives, vous occupent l'esprit, envahissent votre façon de vous exprimer et remplissent votre temps. Vous risquez donc moins de retomber dans les anciennes ornières.

Il existe un autre moyen de développer la générosité du coeur et de l'esprit. Ecrivez des lettres de félicitations, d'éloge et d'encouragement à ceux qui d'après vous le méritent.

Si le fils d'un de vos amis vient d'obtenir un diplôme, écrivez-lui un mot. Félicitez par écrit la dame qui a présidé une réunion particulièrement délicate de votre club social. Ecrivez une lettre au maire de votre ville si vous estimez qu'il vient de prendre une décision sage. Si vous allez au théâtre et remarquez le jeu particulièrement réussi d'une comédienne, écrivez-lui. Ecrivez à votre journal pour souligner les bonnes réalisations, les actions courageuses, les prises de position humaines de certains membres de votre communauté.

L'habitude d'écrire de telles lettres va vous changer le caractère.

a) Ces lettres vous obligent à chercher les gens dont les actions méritent d'être louées. Elles vous changent de votre vieille habitude de toujours dénigrer les autres derrière leur dos.
b) Ces lettres vous entraînent à formuler des pensées utiles et gentilles et à les exprimer par écrit. Bien des gens au début trouvent d'ailleurs bien plus facile d'*écrire* des gentillesses que de

les *dire*. L'écriture est une sorte de tremplin qui permet par la suite de dire les choses gentilles avec infiniment de naturel.

De toute façon, ces lettres font plaisir à ceux qui les reçoivent. Une telle technique agrandit votre cercle de connaissances et d'amis. Je fais ce long plaidoyer pour la tolérance et la générosité mais je ne suis pas irréaliste. Je n'affirme pas que tous les hommes sont des saints. Les gens ont leurs défauts. J'ai les miens et *vous* avez les vôtres.

Mais on trouve toujours d'excellentes justifications à ses *propres* défauts. Lorsqu'on est maussade ou colérique, on se justifie en disant qu'on est un peu fatigué. Lorsqu'on querelle sa femme sans raison, c'est parce qu'on a mal à la tête. Lorsqu'on ne porte pas attention aux autres, lorsqu'on est ingrat ou méchant, on se justifie en se disant qu'on a un ulcère à l'estomac ou des problèmes familiaux, ou encore des ennuis d'argent! On aime toujours, par contre, que nos amis nous comprennent, excusent toutes nos erreurs et apprécient nos qualités envers et contre tout. On veut qu'ils les remarquent, qu'ils en parlent et qu'ils passent tous nos défauts sous silence. Mon analyse est assez juste, n'est-ce-pas?

Pour que la gentillesse, le bonheur, l'amitié, l'amour finissent par triompher, traitons donc les autres comme nous aimerions qu'ils nous traitent: soyons compréhensifs, tolérants, généreux. Il s'agit simplement de ne pas remarquer les mauvais côtés des gens et d'insister sur ce qu'ils ont de meilleur.

EXERCICE No 33

Notez le nom d'une personne avec qui vous estimez devoir améliorer vos relations. Ensuite, écrivez trois traits positifs de son caractère. Dès que l'occasion se présente, introduisez ces qualités dans votre conversation. Reprenez l'exercice aussi souvent qu'il le faut, jusqu'au jour où vous éprouverez des sentiments généreux et ferez preuve de tolérance envers tous ceux que vous connaissez.

Changer comme je vous le suggère — parler de façon positive et optimiste, être gai, généreux, tolérant — vous rendra vous-même aimable, amical et gentil. Vous vous sentirez plus content de vous et les autres vous apprécieront plus.

Utilisez l'art de la persuasion

En amour et en amitié, il faut constamment se servir de la persuasion. Que l'on me permette de reprendre le point central de ma thèse: il ne s'agit pas de rabâcher toujours ce qu'on veut *soi-même* faire, il s'agit de trouver *l'argument* qui amènera l'ami (ou l'amant) à agir dans le sens où on le veut. Il faut montrer en quoi l'action qu'on lui propose *lui plaira* en même temps qu'elle profite à celui qui la propose.

Un seul exemple: comportez-vous avec ceux que vous aimez de la façon la plus agréable possible. Cela témoignera à leurs yeux de l'importance qu'ils ont pour vous. Ils en seront *flattés*. Vous leur faites plaisir et vous agissez de façon à ce qu'ils aient envie de vous plaire en retour. S'il s'agit d'étrangers ou de personnes que vous rencontrez fortuitement, ne vous efforcez pas de leur montrer que *vous* voulez obtenir leur affection ou leur amour. Trouvez-leur de bons *motifs* de devenir votre ami ou de vous aimer; et le reste ira de soi.

En d'autres termes, si vous cherchez l'amour ou l'amitié, ne vous préoccupez pas de ce que vous allez en retirer. Tâchez de trouver *ce que vous avez à offrir*.

La sympathie attire la sympathie

Emerson a écrit: "Avant de prétendre appartenir à quelqu'un, il faut se posséder soi-même".

Comment espérer vous attirer des amis avant d'être devenu celui que vous voulez être?

Une simple comparaison va servir à illustrer mon propos. Vous pouvez bien acheter une robe ou un costume qui vous va parfaitement mais si votre physique ne vous satisfait pas — parce que vous êtes trop gros, trop maigre, ou trop voûté — il y a de fortes chances que votre nouveau vêtement ne vous satisfasse pas non plus. La façon d'y remédier? Améliorez votre allure d'abord, et vos vêtements ne manqueront pas de vous plaire!

Mlle B., une comédienne débutante et assez inexpérimentée, maugréait toujours parce qu'on ne lui donnait que de très petits rôles. On lui conseilla de suivre quelques cours d'art dramatique. Elle devint meilleure et depuis lors, ses rôles sont intéressants et importants.

La sympathie attire la sympathie. Si vos amis vous ennuient, si ceux qui cherchent votre amour vous embêtent, il serait temps de vous demander: "Pourquoi donc, est-ce que j'attire ces gens-là?"

Si ce petit examen de conscience vous révèle qu'il faut changer, mon livre et les techniques que j'y expose, vous en rendront capables.

Sachez ce que vous voulez

Une femme mariée à un ivrogne extrêmement violent — il lui a déjà cassé trois côtes et, une autre fois, lui a donné un terrible coup de poing dans l'oeil — m'a avoué un jour qu'elle ne savait vraiment pas pourquoi elle avait épousé son mari.

On entend régulièrement des plaintes du genre: "Je me demande bien ce que je lui trouve!"

Le nombre élevé de divorces montre qu'à l'heure actuelle les Nord-américains font preuve de très peu de discernement dans le choix de leur conjoint.

Il n'est pas tellement difficile de trouver des amis. Il est difficile d'en trouver de *bons*. Les manchettes des journaux le prouvent à satiété: UN HOMME TUÉ PAR SON MEILLEUR AMI — SON MEILLEUR AMI A VOLÉ SON MARI, etc.

Ici, comme ailleurs, il faut revenir au principe de base: "Définissez comme il faut votre objectif".

Quel genre de mari ou quel genre d'épouse désirez-vous? Quelle sorte d'amis voulez-vous? Il importe d'y réfléchir longuement et soigneusement. Les réponses à ces questions peuvent soit détruire votre vie ou encore la rendre pleine et épanouie.

Le perfectionnisme

Une dernière remarque concernant l'amitié et l'amour: il ne faut pas chercher la perfection — elle n'existe pas!

"Elle vise si haut qu'elle reste seule à la maison et qu'elle deviendra vieille fille", m'a dit quelqu'un à propos d'une de ses amies.

Mais en même temps, il ne faut pas viser trop bas non plus. Pourquoi ne pas chercher simplement l'amant ou l'ami qui corresponde au degré de perfection qu'on estime avoir soi-même atteint?

En résumé

Un caractère bien trempé s'élève au-dessus des petits ennuis.

L'habitude de tenir des propos positifs améliore les relations personnelles.

Une attitude gaie attire les amis et garde toute sa chaleur à l'amour.

Les gens tolérants et généreux sont aussi des gens amicaux et aimables.

En amitié comme en amour, la sympathie attire la sympathie.

Décidez-vous: quel genre d'amis voulez-vous?

Ne perdez pas votre temps à chercher la perfection.

Devenez celui que vous voulez être
et vous attirerez
le genre d'amis que vous voulez avoir.

Chapitre 15
La paix de l'esprit

> "L'esprit joue un rôle déterminant. Il peut à lui seul transformer le ciel en enfer, et l'enfer en paradis."
>
> (JOHN MILTON)

Il est possible d'être en bonne santé, d'être riche et pourtant de n'être pas heureux parce qu'on n'a pas acquis la paix de l'esprit. Dans ce chapitre, je veux examiner les principales barrières qui empêchent d'atteindre cette paix et voir les moyens de les surmonter

Les soucis

Les soucis ressemblent à un voleur. Ils sont comme un assassin. Il vous volent votre sommeil, dérangent votre digestion, vous aigrissent; empoisonnent vos plaisirs et abrègent votre vie.

Les soucis sont un cercle vicieux. On rabâche son anxiété, ses idées noires.

Celui qui se tracasse rumine sans cesse ses problèmes et ses difficultés sans jamais les résoudre. Il a toujours peur d'avance. Il a peur de vivre des situations pénibles et, par là même les provoque.

Celui qui veut penser de façon positive pourrait prendre exemple sur le processus mental du pessimiste. Ce dernier imagine clairement les catastrophes à venir. Il s'y intéresse. Il voit, entend, goûte et ressent les désastres comme s'il était en train de les vivre; les images désagréables s'impriment dans son cerveau pour toujours comme des peintures sur une toile. Le pessimiste *vit* réellement l'expérience douloureuse dont il a peur avant même qu'elle se produise.

Celui qui se tracasse éprouve un grand *intérêt:* il se sent personnellement intensément concerné par ses malheurs hypothétiques. Il réagit de façon émotive aux désordres de son esprit. Il n'oublie jamais ses idées noires. Il y pense heure après heure, jour après jour, semaine après semaine.

Rappelez-vous ma formule: l'impression = la pensée X le temps X l'intérêt. Une personne anxieuse agit de telle sorte que ses pensées négatives s'impriment au maximum dans son esprit, dans son corps et qu'elles influencent le plus possible son destin. Elle utilise en fait sa puissance créatrice pour se nuire et se détruire.

Mon enquête a montré que les causes de souci les plus fréquentes étaient les problèmes d'argent, les problèmes familiaux, la mésentente conjugale, la solitude, la maladie, les problèmes relatifs au statut social, les problèmes professionnels, l'indécision et, enfin, les problèmes liés à l'actualité politique. Mais cela ne suffit pas encore aux personnes anxieuses: elles se tracassent à propos de tout.

Les soucis naissent de l'oisiveté. L'indécision les aggrave. On se tracasse pour quelque chose (1) quand on ne sait comment en venir à bout; (2) quand on ne parvient pas à agir comme on sent profondément qu'il faudrait agir; (3) quand pour l'un ou l'autre motif, on doit reporter à plus tard ce qu'il faudrait faire tout de suite.

Il s'agit maintenant d'examiner comment réagir à ces trois situations.

1. Si vous ne savez pas quoi faire, ce n'est certainement pas en vous faisant du souci que vous réglerez votre problème. L'inspiration va venir si vous savez comment vous y prendre. Définissez votre objectif par écrit et en détail. Appliquez-y la technique d'impression. Formulez une affirmation appropriée. N'abandonnez pas la technique d'impression. Les idées qui vous permettront d'agir vont vous arriver très vite.

Vous allez vous rendre compte que vos soucis disparaissent dès que vous prenez votre stylo. Vous cessez de vous tracasser parce que vous vous engagez dans une action *positive,* vous commencez à penser au problème de façon *constructive.* Les pensées positives tuent les soucis. L'action les tue. Lorsque la bataille commence, le soldat cesse de se tourmenter. Il continue peut-être d'avoir peur mais il ne se tracasse plus. De la même manière, le comédien cesse de se faire du souci dès qu'il a commencé à jouer.

2. Il faut vaincre la mauvaise habitude de tout remettre à plus tard, se délivrer du souci qui en général accompagne cette mauvaise habitude. Souvenez-vous des conseils du chapitre 9. Ils vous expliquent comment prendre vos décisions. Je vous les rappelle rapidement:

a) Prenez l'habitude d'agir vite quand il s'agit de petites choses. Cette habitude influencera votre comportement lorsqu'il s'agira de prendre des décisions plus graves.
b) Une fois que vous avez décidé quelque chose, ne changez pas constamment d'avis.
c) Renforcez vos raisons d'agir. Notez et pensez souvent au profit que vous retirerez de l'action que vous avez envisagée.
d) Encouragez-vous avant d'agir. Priez ou répétez-vous votre affirmation.
e) Assignez-vous des échéances et respectez-les.
f) Récompensez-vous quand vous avez mené à terme ce que vous aviez prévu.
g) Persévérez dans l'habitude de prendre rapidement vos décisions: chaque succès augmente vos chances de réussir autre chose par la suite.

3. Quand les circonstances vous obligent à remettre quelque chose à plus tard, chassez ce problème de votre esprit. Si, par exemple, vous avez à participer à une importante réunion, à prononcer un discours, à passer un examen, à subir un procès ou à vous faire opérer, les soucis que vous vous faites à ce propos n'augmentent pas vos chances. En fait, vous vous nuisez: vous dormez mal et vous êtes trop tendu. Si l'un de vos proches ou de vos amis tombe malade ou éprouve des problèmes graves, les soucis que vous vous faites à son sujet ne l'aident pas. Ils lui nuisent même parfois. Lorsque vous vous tracassez vous émettez des ondes troubles, dangereuses qui diminuent ses chances et accroissent sa propre anxiété.

Pensez donc à autre chose; et voici comment:

a) Vérifiez *par écrit* si vous avez fait tout ce que vous pouviez pour vous préparer aux circonstances et pour aider l'autre personne. Vous allez vous rendre compte que vos soucis s'atténueront dès que vous commencerez à écrire. Complétez *la nomenclature* des actions positives que vous comptez entreprendre et vérifiez-la régulièrement.
b) Si cette vérification vous révèle que vous avez oublié ou négligé quelque chose, dépêchez-vous de vous y attaquer. L'action tue le souci.
c) Si vous avez fait tout ce qui était en votre pouvoir, préparez-vous à chasser le sujet de votre esprit. Notez la liste des vérifications à faire. Précisez l'heure et la date à laquelle vous y repenserez. Pour conclure, écrivez une phrase comme: "Je me suis bien préparé à telle ou telle situation (ou encore: "J'ai fait tout en mon pouvoir pour réussir telle ou telle chose"). A présent, je concentre mon esprit avec calme et confiance sur un autre sujet".

Mettez votre liste de côté. Si vous avez un travail à faire, faites-le. Sinon, distrayez-vous: lisez, regardez la télévision, écoutez la radio, rencontrez des amis, jouez aux échecs, tricotez, faites de la couture, promenez-vous, faites n'importe quoi qui soit facile et qui vous occupe l'esprit et, si possible, aussi le corps de façon agréable et active.

Si les soucis vous reviennent, chassez-les en vous répétant l'affirmation: "Je suis tout à fait prêt, etc."

Certains pensent qu'il est idiot de se parler comme ça à soi-même. D'après moi, il est bien plus bête encore de s'en faire avec des riens!

L'INSOMNIE ET LES SOUCIS

C'est souvent pendant la nuit qu'on se tracasse le plus. Pourtant, ce n'est pas parce que le soleil est couché qu'il faut se laisser aller aux idées noires. Voici quelques conseils qui vous aideront à les chasser:

1. Souvenez-vous: il vaut mieux se coucher et lire que d'être dans son lit et se faire du souci. Préparez-vous en gardant à votre chevet un livre intéressant et en ménageant un éclairage approprié. Juste le fait de lire pendant une heure contribue souvent à chasser les tracas et vous permet de vous endormir tranquillement.
2. Si la lecture ne vous aide pas, souvenez-vous qu'il vaut mieux faire *n'importe* quoi plutôt que de vous tracasser. *Levez-vous.* Appliquez les techniques décrites plus haut. Cela vous fatiguera sans doute assez pour que vous vous endormiez. Rester couché dans le lit à *se tracasser* ne repose jamais; au contraire, vos soucis vous fatiguent plus encore, accroissent vos problèmes et diminuent votre habileté à les résoudre. Passer quelques heures debout ne peut faire de tort. Au contraire, si vous employez ce temps-là à essayer de surmonter vos problèmes, votre insomnie vous fera le plus grand bien.

Si vous les utilisez régulièrement, ces techniques vous feront perdre l'habitude de vous en faire à tout propos. Comme pour le reste, entraînez-vous à résoudre les problèmes mineurs et vous serez prêt à surmonter les problèmes plus graves.

EXERCICE No 34

Choisissez un des sujets qui vous tracasse. Appliquez-y la technique décrite plus haut. Continuez jusqu'à ce que ce problème ne vous préoccupe plus. Agissez de la même façon avec tout ce qui vous cause du souci jusqu'à ce que vous ayez perdu l'habitude de vous tracasser pour tout.

Les idées noires

Au chapitre 7, nous avons vu l'inutilité de parler sans cesse de choses désagréables. Il est bon de pousser cette attitude plus loin encore: évitez *les mauvaises nouvelles* qui ne vous concernent pas.

Entraînez-vous à ne tenir aucun compte de la plupart des nouvelles que diffusent la télévision, la radio, les journaux et les revues. Les organes de presse choisissent: il leur est impossible de rapporter tout ce qui se passe dans le monde. Ils s'efforcent donc de rendre compte des événements les plus marquants; malheureusement ce sont aussi souvent les plus tragiques et les plus sordides.

Beaucoup de programmes télévisés strictement récréatifs, beaucoup de pièces de théâtre ou de feuilletons tombent dans le même panneau: ils présentent de la vie et de la société une image amère, violente et négative.

Pour acquérir la paix de l'esprit et pour la conserver, évitez de telles distractions. Ne les lisez pas, ne les regardez pas, ne les écoutez pas, n'en parlez pas. S'ils retiennent votre attention, oubliez-les aussi vite que vous le pouvez.

Je ne vous encourage pas à perdre toute sensibilité ou tout réalisme. Je dis simplement: "Gardez votre énergie mentale, votre temps, vos émotions pour ce qui vous concerne".

Et qu'est-ce qui vous concerne?

1. Tout d'abord, *vous-même*. Faites tout ce qui est *en votre pouvoir* pour rendre votre vie conforme à ce que vous voulez qu'elle soit. C'est votre premier devoir. "Médecin, commence par te guérir toi-même!"
   Soyez un exemple de bonheur, de justice, de gentillesse et de tolérance pour vos amis, votre famille et votre entourage. Il vaut souvent mieux se contenter de donner le bon exemple que d'intervenir.
   A cause de votre négligence ou de vos erreurs, représentez-vous pour les autres *une source de problèmes?*
   On peut se poser une infinité de questions à ce sujet. Si chaque individu se comportait bien, la société entière serait bonne également. Commencez donc à agir sur ce que vous êtes.
2. Ensuite, vous avez certaines responsabilités vis-à-vis de votre famille et vis-à-vis de vos amis. Dans ce domaine, vos devoirs et vos responsabilités sont plus limités. Si, par exemple, votre frère décide de se marier et que ce mariage vous semble voué à l'échec, vous pouvez toujours exprimer votre opinion s'il vous la

demande. Mais il y a toutes les chances du monde qu'il ne vous écoute pas. Et vous ne l'aiderez pas — ni ne vous aiderez vous-même — en ressassant perpétuellement l'échec que vous prévoyez.

Si l'un de vos amis se lance dans une entreprise commerciale qui n'a pas beaucoup de sens, le mieux que vous ayez à faire, c'est de lui donner votre opinion. S'il n'en tient pas compte, vous ne lui êtes pas d'un très grand secours. Mais si vous continuez à vous en faire, vous finirez même par vous faire du tort à vous-même.

Si votre mère ne prend pas soin de sa santé, si l'un de vos amis se ruine au jeu, il vous est possible d'agir en utilisant l'art de la persuasion. Mais il ne sert à rien de vous laisser abattre vous-même.

Votre comportement influence énormément celui de vos enfants: vos paroles, vos gestes, vos opinions et vos pensées les façonnent. A quoi bon leur ressasser des histoires horribles?

Il est impossible de faire la loi pour vos proches et vos amis. Au mieux, vous pouvez les conseiller, essayer de les persuader. Là, s'arrête votre devoir. S'il se présente un problème grave qui requiert que vous agissiez effectivement, vous en serez incapable si vous avez la tête pleine d'idées noires, si vous êtes pessimiste, indécis ou craintif. En cas d'urgence, la personne qui est du plus grand secours est toujours celle qui reste gaie, confiante et courageuse.

3. Vous avez une certaine responsabilité à l'égard de la communauté dans laquelle vous vivez. Mais là encore votre devoir a des limites: il vous suffit de vous tenir au courant des affaires publiques, de voter, d'écrire à votre député quand c'est nécessaire et, le cas échéant, de posséder les qualifications requises pour remplir la fonction qui vous a été assignée. Vous n'aiderez aucun de vos concitoyens en broyant du noir, en colportant des ragots sur tel ou tel homme public ou en ressassant l'idée que votre ville est pourrie et ses habitants dégénérés.
4. Votre situation délimite également votre responsabilité envers le grand public. S'il vous est possible de soulager les souffrances d'autrui, de corriger certaines injustices, faites-le. Agissez personnellement, faites la charité, soyez bon. Mais surtout ne vous

faites pas de souci pour les choses qui échappent à votre compétence.

Ne vous laissez jamais abattre par *l'inévitable*. La température, par exemple affecte bien du monde. A entendre parler certaines personnes, on croirait que les météorologues comptent parmi leurs ennemis personnels. Cette attitude n'aide personne. Si le climat dans lequel vous vivez fait réellement du tort à votre santé ou nuit à votre commerce, déménagez! Sinon, cessez de vous lamenter.

Bien des gens passent une bonne partie de leur existence à redouter la mort et à s'en effrayer. Pourquoi craindre l'inévitable? En règle générale, ceux qui ont peur de mourir, *ne vivent pas réellement*. Arrangez-vous pour que votre vie soit épanouie, heureuse, constructive: la peur de mourir disparaîtra d'elle-même.

La maladie physique est à l'origine de bon nombre de dépressions nerveuses. Le remède semble évident: concentrez vos efforts pour vous maintenir en bonne santé. L'*inactivité physique* provoque un nombre de dépressions nerveuses plus élevé encore. Faites des exercices qui vous fatiguent physiquement. De la sorte, vous vous rétablirez très vite!

Vous n'avez pas le droit de vous remplir l'esprit d'idées moroses. Dans la mesure du possible, chassez-les dès qu'elles se présentent. Si elles reviennent malgré tout, débarrassez-vous-en. Servez-vous des techniques décrites au chapitre 6. Agissez de force sur votre inconscient, insistez, réécrivez l'une ou l'autre de vos fiches, répétez les affirmations qui s'imposent — ou n'importe quelle autre pensée positive et gaie. Vos idées dépressives s'en iront d'elles-mêmes. Vous redeviendrez rapidement de bonne humeur et sûr de vous. Ce n'est pas difficile: il vous est possible de vous entraîner à chasser les pensées indésirables aussi facilement que si vous enleviez un caillou de votre soulier.

EXERCICE No 35

Prenez du papier et un stylo. Dressez la liste de tout ce qui vous déprime. Etudiez vos sujets de dépression les uns après les autres et trouvez le moyen de vous en débarrasser. Si vos idées dépressives reviennent, chassez-les selon la méthode décrite plus haut. Continuez jusqu'à perdre complètement l'habitude d'avoir des idées noires.

Ne vous fâchez pas pour des balivernes

Les petits travers des autres, l'actualité, laver la vaisselle, attendre l'autobus, la publicité, la vie urbaine: autant de sujets d'énervement fréquemment mentionnés dans les réponses à mon enquête. J'ai déjà vu un homme se fâcher parce qu'au restaurant le verre d'eau qu'on lui servait était trop froid. J'ai vu des gens contrariés parce que lors d'un mariage ils étaient assis dans le fond de l'église; et d'autres, parce que quelqu'un s'était contenté de leur envoyer une simple carte de bonne année plutôt que de leur écrire une lettre. Balivernes! balivernes!

Si l'on s'irrite pour de telles broutilles, c'est sans doute qu'on manque de sujets de préoccupation plus essentiels! Quand on *s'intéresse à quelque chose* — quand on se sent personnellement concerné par cette chose — on n'a pas le temps d'attacher tant d'importance aux contretemps ou aux inconvénients mineurs.

Si vous devez vous enfuir à toute allure devant un taureau furieux, je suis sûr que vous ne vous préoccuperez pas de salir vos souliers neufs! Si vous mourez de soif, vous ne serez pas de mauvaise humeur parce que le verre d'eau qu'on vous offre est à une température de 5°C. plutôt que 0°C.

Lorsque vous vous engagez dans un programme de croissance personnelle comme celui-ci, lorsque vous occupez votre temps et votre esprit à planifier certaines actions concrètes et à les concrétiser, lorsque vous vous sentez heureux d'approcher de vos objectifs, vous vous rendez compte aussi que les ennuis mineurs cessent de vous tracasser.

Malgré tout, si vous tardez à ressentir ce que je viens de décrire, si vous êtes anormalement porté à vous quereller ou si la moindre chose continue de blesser votre susceptibilité, pratiquez l'exercice no 36.

EXERCICE No 36

Fixez-vous comme objectif l'habitude de rester calme et d'humeur égale. Appliquez les techniques habituelles pour atteindre cet objectif.

L'envie

L'envie est le péché caractéristique du XXe siècle. J'ai bien l'impression que l'envie gagne du terrain, plus que tous les autres péchés capitaux: orgueil, colère, luxure, gourmandise, avarice ou paresse.

Il est essentiel de ne pas confondre envie et ambition. L'ambition — le désir de devenir quelqu'un, de faire ou d'obtenir quelque chose — quand elle ne nuit pas aux autres, n'est pas nocive, au contraire. L'ambition mène à la croissance personnelle. L'ambition fait travailler dur et fort pour atteindre l'objectif qu'on s'est fixé.

L'envie, c'est se comparer avec les autres. C'est une comparaison pleine d'amertume et de ressentiment. L'envie est un sentiment négatif. Si, par exemple, A ne peut atteindre le niveau de B et qu'il l'envie, il va tenter de rabaisser B au niveau où il se trouve lui-même.

Bien des gens ont tout ce qu'il faut pour mener une existence confortable. Pourtant, l'envie les dévore. Ils se tracassent de n'avoir pas assez d'argent, de vêtements, de prestige, etc. *mais uniquement parce qu'ils pensent que les autres en ont plus qu'eux.*

L'envie ne sert à rien. Elle détruit le plaisir de posséder ce qu'on a. Elle mine la santé. Elle empoisonne toute la vie. Le temps et l'énergie qu'on gaspille à envier les autres serait bien mieux utilisé à améliorer son propre caractère et à acquérir une meilleure position sociale.

L'envie, quand elle devient une habitude, requiert toujours de plus en plus d'énergie. Il y a toujours quelqu'un de plus riche que soi, quelqu'un dont la femme est plus jolie, le mari plus dévoué, l'enfant plus intelligent, la maison plus luxueuse, la voiture plus neuve, etc.

Il n'existe qu'un remède à l'envie: s'en défaire, l'extirper de son coeur et de son esprit. Voici quelques bonnes façons de procéder:

1. Ne laissez pas l'envie vous occuper l'esprit. Pensez plutôt à ce que vous avez. Soyez heureux de posséder ce que vous possédez. C'est utile non seulement pour combattre l'envie mais aussi pour apprécier vos biens et vous rendre heureux. Si vous êtes croyant, récitez souvent des actions de grâce pour les avantages et les bénéfices que vous retirez de l'existence. Si vous ne l'êtes pas, inventez les affirmations appropriées. Par exemple: "Je suis heureux de posséder ceci ou cela. Je promets de l'utiliser avec sagesse et mesure et d'en jouir pleinement". Cette technique peut s'appliquer à chacune de vos possessions, à chacune de vos qualités ou de vos réalisations.
2. Prenez l'habitude de louer les autres et de les féliciter de leurs succès et de leur prospérité (par exemple: "Il a travaillé dur pour obtenir la promotion qu'il voulait. Je lui souhaite bien du bonheur").
3. Prenez l'habitude d'aider ceux qui sont plus démunis que vous — ceux qui ont moins d'argent, moins d'expérience de la vie, moins de volonté, moins de relations, etc. Cette habitude est un des meilleurs remèdes contre l'envie.

EXERCICE No 37

Dressez une liste de ceux que vous enviez. Appliquez les techniques décrites ci-dessus. Quand vous cessez d'envier quelqu'un, rayez son nom de votre liste. Poursuivez votre effort jusqu'à ce qu'il ne reste plus personne sur cette liste.

La haine et la vengeance

Existe-t-il quelqu'un que vous considérez vraiment comme un ennemi personnel? Si oui, ne perdez ni votre temps ni votre énergie à le haïr. Préparer des plans de vengeance ne sert à rien. Vous ne faites que vous empoisonner la vie. Vous donnez à votre ennemi du pouvoir sur votre vie privée. Vous lui donnez l'exquise sensation de vous voir le haïr, de sentir que vous n'êtes préoccupé que par lui et par ses gestes.

La seule façon de punir votre ennemi, c'est de vous montrer libre, détaché, heureux; c'est de lui montrer qu'il n'a pas le pouvoir de troubler votre sérénité. Si de surcroît, vous parvenez à poser un geste en sa faveur, vous pouvez être assuré de votre triomphe: vous vous prouvez à vous-même que vous valez mieux que lui et que vous êtes plus fort que lui.

C'est ce que prétendait Salomon: "Si votre ennemi a faim, nourrissez-le; s'il a soif, abreuvez-le; vous le ferez crever de rage!"

Pour éliminer la haine et le désir de vengeance:

1. Ne laissez jamais pénétrer l'amertume ni la vengeance dans votre esprit. Pensez très vite à des choses agréables, constructives — comme je le suggère au chapitre 6.

2. Tâchez de comprendre celui que vous haïssez. Cherchez et transcrivez au moins trois bonnes raisons qu'il a d'agir avec vous de la manière dont il agit.

3. Changez d'idée à son sujet. Cherchez et transcrivez au moins trois de ses qualités. Souvenez-vous-en chaque fois que vous pensez à lui. Parlez de ces qualités quand l'occasion se présente.

4. Trouvez le moyen de lui rendre service.

EXERCICE No 38

Dressez une liste des gens envers qui vous éprouvez de la haine ou un sentiment de vengeance. Appliquez les techniques mentionnées ci-dessus pour chacune de ces personnes. Rayez leur nom au fur et à mesure que vous cessez d'éprouver de la haine pour l'une d'entre elles.

Le remords

Le remords, c'est l'ennui qu'on éprouve pour les choses du passé. Craindre le passé plutôt que le futur est un sentiment inutile. Il ne sert à rien de se sentir coupable, amer, de se déprécier soi-même à cause d'erreurs ou de fautes anciennes.

Le remords empoisonne tous les aspects de la vie: c'est une structure ancienne qui gâche l'existence présente. Le remords donne l'impression de n'avoir rien de bon à attendre de l'avenir. Souvent, la culpabilité n'a aucune raison d'être.

Monsieur C., un homme extrêmement croyant, a vécu jusque vers trente ans une existence plutôt dissolue. Après, il s'est rangé. Il s'est marié, a été très heureux et a eu une fille. Sa fille s'est mariée à son tour et a donné naissance à un enfant mentalement arriéré. Monsieur C. a été rongé par le remords: il s'est imaginé que sa vie antérieure dissolue était la cause de la déficience mentale du bébé. Il s'est torturé pendant deux ans jusqu'au jour où son médecin et son pasteur lui ont fait comprendre qu'il n'y était strictement pour rien.

Mademoiselle W. a fait la connaissance d'un jeune homme célibataire, capricieux mais séduisant. Ils se sont rencontrés à plusieurs reprises sans que la jeune fille ne prenne leurs rapports trop au sérieux. Vers 21h.00, un soir, ce jeune homme est venu la voir et lui a demandé sa main. Il avait bu. Elle refusa. Il partit en pleurant et eut un accident d'automobile qui lui coûta la vie. Mlle W. en éprouva longtemps du remords. Elle se trompait. Une jeune fille n'est pas obligée de répondre "oui" au premier venu — ni à n'importe quel homme d'ailleurs. Si son refus a découragé ce garçon au point de lui faire perdre tout contrôle de lui-même, ce n'est certainement pas la faute de la jeune fille.

On plaide parfois "coupable" quand en fait on est innocent!

De toute manière, même quand un plaidoyer de culpabilité se justifie, il n'existe aucune bonne raison d'éprouver du remords. Bien souvent, il est impossible d'aider ceux à qui on a fait du tort. Le remords ne contribue qu'à garder vivace le souvenir des mauvaises actions; de la même façon, ce n'est pas en la grattant toujours qu'on guérit une blessure — au contraire!

Il y a trois ans, Mme H. avait calomnié une autre dame et lui avait fait beaucoup de tort. Elles habitaient le même village. Cette dame a déménagé depuis. Mme H. ne peut donc réparer le tort qu'elle a causé. Elle est *capable* par contre de décider une fois pour toutes de ne plus jamais calomnier autrui.

Quand vous étiez enfant, vous avez peut-être été cruel envers les animaux. Il n'y a plus moyen maintenant de réparer cela. Par contre, vous *pouvez* vous efforcer d'aimer les animaux et maintenant d'être gentil avec eux.

Vous avez peut-être négligé de vous occuper de vos parents dans le temps. Vous leur avez peut-être fait du chagrin — c'est une cause de remords très courante! Mais ils sont morts. Vos regrets ne leur sont plus d'aucune utilité! Ce que vous pouvez faire de positif, c'est d'aider les vieilles personnes et de leur témoigner de la courtoisie.

Voici quelques moyens d'éliminer le remords:

1. Etudiez soigneusement l'incident qui vous tracasse. Déterminez si c'est réellement vous qui êtes à blâmer. Au besoin, trouvez-vous un conseiller spirituel, un directeur de conscience, un médecin, un avocat ou un travailleur social. Cela seul parfois soulage déjà le coeur.
2. S'il est évident que vous étiez coupable, voyez comment vous pouvez réparer vos torts. Si c'est possible, faites-le tout de suite. Avouez vos erreurs. Excusez-vous. Remboursez, s'il s'agit d'argent. Faites tout ce qui est en votre pouvoir.
3. S'il n'existe aucun moyen de réparation, *repensez* à l'incident. Tâchez d'en tirer une leçon. *Ecrivez* la façon dont vous comptez agir désormais. Si nécessaire, faites-en un des projets de votre programme de développement personnel.
4. Chassez le souvenir de certaines actions pénibles dès qu'elles vous reviennent en mémoire. Servez-vous des techniques décrites au chapitre 6.

EXERCICE No 39

Ecrivez sur une feuille différente chacune des actions pour lesquelles vous éprouvez du remords. Consacrez vos efforts à vous débarrasser d'un remords par semaine. Appliquez les techniques décrites ci-dessus. Brûlez chaque fois la feuille correspondant au remords dont vous avez réussi à vous défaire. Continuez jusqu'à ce que toutes vos feuilles soient brûlées.

Les relations désagréables

Les techniques que je viens de décrire soulageront votre vie de nombreuses sources d'ennuis; peut-être ne les élimineront-elles pas toutes. Il vous faudra peut-être cesser de rencontrer certaines personnes de vos connaissances. Si elles vous ennuient ou vous irritent, ne les fréquentez plus. Il vous est possible, jusqu'à ce que vous vous soyez trouvé de nouveaux amis, d'occuper agréablement votre temps — à lire, par exemple! Cela vaut mieux que d'endurer des gens insupportables. Si votre travail ou vos collègues vous ennuient, changez d'emploi.

Il convient même de mettre un terme aux rapports familiaux qui vous procurent plus de déplaisir que de bonheur. Vos frères, soeurs, beaux-parents, beaux-frères ou belles-soeurs n'ont absolument aucun droit sur vous. Si vous ne vous entendez pas avec eux, ne les fréquentez pas. Vos parents ne vous ont jamais demandé la permission de vous mettre au monde: ils l'ont fait pour leur propre plaisir. La relation parents-enfants devrait être agréable pour les uns et pour les autres. Si ce n'est pas le cas, les enfants devraient fuir aussi vite que possible. Aucun parent n'a le droit d'empoisonner la vie d'aucun de ses enfants.

En général, les liens se distendent de façon presqu'automatique. Quand le caractère de quelqu'un change, il est normal que certains de ses anciens amis s'éloignent de lui. Peut-être parce qu'il ne participe plus aux ragots qui jadis étaient le sujet de conversation courant; peut-être parce que celui qui a changé ne veut plus perdre son temps ni son argent, ni se livrer à des distractions malsaines. Peut-être aussi parce qu'il est devenu plus prospère. Quelle qu'en soit la raison, quand quelqu'un change, il perd beaucoup de ses anciennes relations. Il ne faut pas s'en faire ni se sentir coupable: vous remettez de l'ordre dans votre existence, vous devenez plus avisé, plus heureux. Vous vivez mieux. Il vous est impossible de forcer personne à agir comme vous. Contentez-vous de donner le bon exemple.

Quelques relations inutiles se briseront d'elles-mêmes, mourront comme des branches sèches. Dans d'autres cas, il faut parfois mettre soi-même un terme à d'anciennes amitiés. Souvent quelques mots suffisent. Dites-les avec délicatesse. Par exemple: "Je crains de n'être pas très libre cet hiver, etc." ou bien: "Je suis tellement occupé pour le moment que..."

Si vous ne parvenez pas à vous faire comprendre en usant de tact, alors soyez direct. Il n'existe aucune bonne raison de subir la présence de quelqu'un que vous ne voulez pas voir. Samuel Butler a dit: "Celui qui se laisse importuner est souvent plus méprisable que l'importun lui-même".

Dans certains cas extrêmes — par exemple, pour briser certaines relations familiales — il est parfois nécessaire de déménager très loin. De tels déménagements sont coûteux et causent bien des ennuis. Mais cela ne compte pas en regard de la paix mentale que vous en retirerez.

En résumé

L'anxiété ne sert qu'à faire arriver ce qu'on craignait qui arrive.

Une pensée positive tue les soucis.

Prenez l'habitude d'agir vite et de façon décisive.

Contrôlez vos pensées. Orientez-les vers des sujets agréables.

Eliminez les soucis les uns après les autres.

Autant que possible, évitez de vous déprimer.

Acceptez vos responsabilités avec confiance et bonne humeur.

Ne vous préoccupez jamais de ce qui ne vous concerne pas.

La maladie et l'oisiveté sont les causes principales de dépression.

Trouvez-vous des centres d'intérêt; évitez de vous fâcher pour rien.

Surmontez l'envie: éprouvez de la gratitude d'avoir ce que vous avez et soyez généreux.

La haine fait plus de tort à celui qui hait qu'à celui qui est haï.

Le remords vous cause du tort et n'aide personne.

Evitez les relations sociales déplaisantes ou nocives; mettez-y un terme.

Penser toujours au passé, c'est perdre son temps.
Cela détourne du présent
et empêche de bâtir l'avenir.

Ne vous tracassez jamais
pour ce que vous avez oublié de faire la veille.
Agissez aujourd'hui.

Chapitre 16
La santé et la longévité

"Un coeur joyeux équivaut à un bon médicament tandis que l'amertume pourrit les os".

(PROVERBES 17, 22)

Certaines personnes se font consciemment du tort parce qu'elles veulent tomber malades (j'en ai même connu qui se mutilaient pour bénéficier d'une pension ou de compensations financières). Des milliers de gens ressassent *l'idée* de la maladie. Ils se voient en train de souffrir et d'agoniser. Ils guettent constamment les signes et les symptômes de la maladie. Ils en prévoient l'évolution. Ils l'attendent. La maladie quand elle arrive ne les surprend donc pas.

Une des grandes erreurs de notre siècle, c'est d'imaginer que la maladie est inévitable. Quelques gouvernements se servent de ce genre d'argument pour implanter des programmes d'assurance-santé: il est sûr que chacun sera malade plusieurs fois dans sa vie, autant régler les honoraires médicaux et les services hospitaliers d'avance! Cette façon d'envisager les choses amène naturellement les gens à être régulièrement malades: la prophétie se justifie d'elle-même.

Le public habituellement ne pense pas à sa *santé*. Il ne vient à la pensée de personne que la santé est *un droit*. Dans le meilleur des cas, tout ce qu'on attend du médecin ou du gouvernement, c'est qu'il *soulage* la douleur, qu'il répare ce qui ne marche pas et qu'il aide à surmonter les dépressions nerveuses. Tout ce qu'on espère, c'est de ne plus — pendant un laps de temps plus ou moins long — ressentir aucun symptôme de malaise.

Mais il ne faut pas penser que la santé soit simplement l'absence de malaise: la santé est un sentiment de puissance et de vigueur. C'est la capacité de jouir de son corps, du fonctionnement de son organisme, de la force et du bonheur de l'esprit. Il s'agit d'examiner comment acquérir et conserver une bonne santé.

Les rapports entre le corps et l'esprit

Nous avons tendance à considérer que le corps et l'esprit sont deux entités distinctes mais inséparables, un peu comme un cheval et son cavalier. Cette confusion est due en partie à notre façon de nous exprimer. Je parle de "mon corps" et de "votre esprit" — un peu comme si je disais "mon pardessus" et "votre automobile". Ces choses nous appartiennent mais de la façon dont on en parle elles semblent extérieures à nous.

Certaines doctrines religieuses depuis longtemps répandues contribuent à renforcer cette distinction entre l'esprit et le corps.

Les gens sont tellement habitués à se dire que leur corps et leur esprit sont deux entités distinctes qu'ils en viennent à oublier que la santé du corps est directement liée à la santé de l'esprit. Quelqu'un, par exemple, consulte un médecin parce qu'il souffre d'un ulcère à l'estomac. Il s'attend que la médecine et les médicaments le soulagent. Ensuite il confie ses problèmes et ses ennuis à un psychiatre, et enfin, il va soulager sa conscience coupable auprès d'un prêtre.

Mais le corps et l'esprit sont inséparables: c'est l'élément humain associé à l'élément cheval du centaure; c'est le système d'allumage et le moteur de l'automobile; c'est l'amplificateur et la table tournante d'un système de son.

Si l'on veut qu'une automobile fonctionne, le moteur et le système d'allumage doivent être réglés tous les deux; s'il s'agit d'écouter de la musique, aucun maillon de la chaîne ne doit faire défaut. De façon similaire, pour jouir d'une bonne santé, il faut que le corps, autant que l'esprit, soit sain.

L'élément spirituel et l'élément physique de l'organisme humain sont en interaction constante. Il vous sera plus facile, si vous gardez ce fait en mémoire et si vous vous en servez, d'acquérir une bonne santé et de vous maintenir en forme.

Prenons un autre cas: le système digestif échappe au contrôle conscient. Il m'est possible d'ordonner à mon bras droit de se lever — et il va m'obéir immédiatement. Il m'est possible de penser à certains mots, de les dactylographier, de transformer ma pensée immatérielle en un message écrit. Les muscles de mes bras et de mes mains répondent à ma volonté. Par contre, si j'ordonne à mon estomac de digérer ou d'arrêter de digérer, je n'ai aucun pouvoir sur lui.

Pourtant je puis parvenir quand même à l'influencer: quand je me fâche, mon système digestif s'arrête. Le même phénomène se produit quand j'ai peur. Donc, si j'arrive à table mal disposé, si je commence à penser ou à parler de choses qui m'énervent, je nuis par le fait même à tout mon processus de digestion. Si je prends l'habitude le matin, le midi et le soir de me faire du souci ou de me mettre en colère, je serai toujours incapable de bien digérer.

Bien des expressions soulignent cette étroite relation entre un malaise donné et une quelconque émotion.

"Tu me rends malade!"

"Qu'est-ce qui te ronge?"

"Cela m'aigrit!"

"Il me donne la nausée."

"Tu me brises le coeur!"

"La peur me paralyse."

Ces expressions ne sont pas métaphoriques. Elles constituent de simples constats. Le corps et l'esprit sont les deux éléments d'un tout; ils s'influencent réciproquement.

L'esprit affecte le corps

Un infirmier, rencontré voici quelques années, avec qui j'avais parlé travail, m'a fait une remarque qui m'a fort frappé. A partir de ce moment-là, j'ai révisé toutes mes conceptions sur la maladie et sur la santé.

"C'est drôle, m'avait-il dit, à l'hôpital c'est presque toujours les mêmes personnes qu'on voit revenir sans cesse et sans cesse!"

Pourquoi? Je pensais que la maladie frappait au hasard — un peu comme la foudre. Ceux qui n'ont pas de chance tombent malades et les autres restent sains. Je me suis mis ensuite à examiner de plus près les causes de maladies. Il me faudrait tout un chapitre pour en traiter en détail. Cela fera peut-être l'objet d'un de mes prochains livres. A titre d'exemple, je me contenterai de citer ici l'exemple du cancer du poumon.

Tout adulte, un peu cultivé, connaît maintenant le danger que représente le tabac. Il sait que fumer accroît le risque de cancer — cette maladie mortelle et particulièrement terrible. Pourtant, le public continue de fumer. La majorité des victimes du cancer du poumon s'apitoient sur leur sort. En fait, ce sont les non-fumeurs qui les aident à régler leur frais d'hospitalisation!

J'ai noté d'autres exemples de cette relation entre l'esprit et la maladie. Mme M., par exemple, a fait de l'arthrite pendant des années. Elle était devenue presque complètement impotente. Son mari devait l'habiller, la laver, la nourrir, la promener dans une chaise roulante. Ses mains toutes tordues ressemblaient à des serres d'oiseau. Mais un jour, M. M. a fait une crise cardiaque. Il a fallu qu'il reste très longtemps alité. Eh bien! son épouse s'est alors levée de sa chaise roulante, a entretenu la maison, s'est occupée de son mari — et même du magasin qui représentait leur gagne-pain. Les mains de Mme M. ne sont pas bien sûr redevenues normales, mais elle a réappris à s'en servir presque totalement.

Certains incidents du même genre me sont personnellement arrivés. En voici trois exemples:

1. Un jour, un de mes amis, a manqué à l'un de nos accords. Cela

m'a énormément troublé. Deux jours après, j'ai attrapé une grosse grippe qui m'a laissé sur le flanc pendant tout un mois!

2. Une autre dispute semblable m'a fort aigri. 24 heures plus tard j'ai attrapé des aphtes dans la bouche. Cela a duré plus de sept semaines. D'habitude, ce genre d'éruption disparaît en moins de sept jours.
3. Une fois, j'ai raté une importante transaction dans laquelle je m'étais émotivement fort impliqué. Tout de suite après, j'ai de nouveau attrapé un gros rhume qui a duré plusieurs semaines.

Je suis tombé sur une phrase de Nietzsche qui disait: "Quand on est heureux, on n'attrape pas de rhume"!

J'ai lu de nombreux livres et de nombreux articles médicaux. J'ai constaté que la tuberculose dépend beaucoup de la sérénité du malade, qu'un accès de colère peut provoquer une crise cardiaque fatale, que de violents traumatismes émotifs mènent au diabète et que souvent certaines des causes de l'arthrite et du rhumatisme sont d'ordre psychosomatiques.

J'ai remarqué que le concept de stress prenait une place de plus en plus importante dans le monde médical: le stress réduit la résistance à toutes sortes d'infections et prédispose aux maladies évolutives.

Je ne prétends pas qu'il y a moyen d'éviter toute forme de stress. Si votre enfant se fait écraser par une automobile, si un incendie dévaste votre demeure ou si vous perdez subitement une grosse somme d'argent, il ne fait aucun doute que vous subirez un très gros stress. Je veux simplement dire qu'en général les gens se laissent aller au stress plus qu'il n'est nécessaire. Il y a moyen de le ramener à un niveau tolérable de façon à ce qu'il ne nuise pas à l'organisme, et de façon à acquérir et à conserver sa bonne santé.

Il y a moyen de se chasser de la tête tout ce qui a rapport avec la maladie — en réalité, penser toujours à la maladie, finit par provoquer la maladie. Mon livre contient un certain nombre de recettes pour penser plus sainement. Il est peut-être bon de les reprendre ici et d'y ajouter quelques techniques nouvelles:

1. Une vie bien organisée est douce, satisfaisante et calme. Une vie

de barreau de chaise, vouée aux erreurs et au hasard, provoque le stress.

2. Pour obtenir la paix de l'esprit, il faut apprendre à contrôler sa façon de parler, il faut acquérir l'habitude des pensées positives. Cessez de penser aux maladies. Cessez d'en parler. Ce dont vous parlez, c'est aussi ce à quoi vous pensez. Ce à quoi vous pensez, finit toujours par arriver. Ne parlez ni de vos maladies ni de celles des autres. Fuyez ceux qui parlent de maladies — que ce soient vos amis, ou que ce soit à la télévision: les programmes de ce genre vous rendent trop réceptif et, finalement, trop vulnérable. Ne vous plaignez pas constamment de vos petits "bobos". Sinon, ils prennent trop de place dans votre esprit conscient, vous les renforcez et les prolongez. Pensez à la *santé.* Parlez-en. Efforcez-vous de l'acquérir.

3. Les soucis constituent l'une des plus grandes causes de stress. Nous avons vu comment les éliminer.

4. La haine, la colère, le remords qui résultent des disputes avec ses amis, ou avec les gens qu'on aime, provoquent le stress et prédisposent à la maladie. Il y a moyen, cependant, nous l'avons vu, d'en atténuer les effets.

5. Il y a moyen de chasser les soucis.

6. Les désirs inassouvis provoquent l'irritation. Il est possible également de s'en défaire en réalisant ses objectifs les uns après les autres.

7. Tout le monde est mortel mais par contre tout le monde ne doit pas nécessairement tomber malade. La maladie n'est pas la cause obligatoire du décès. Certains meurent de mort naturelle, sainement. Ils meurent en pleine possession de leurs facultés et en pleine forme physique. Un de mes amis, âgé de 82 ans est mort de la sorte. Il tondait sa pelouse. Quand on l'a retrouvé, il avait le sourire aux lèvres. Il y a d'autres façons de mourir que personnellement je trouve plus faciles: passer du sommeil à la mort ou faire une chute en montagne, par exemple.

8. La mort n'est pas épouvantable. Ceux qui ont l'habitude de voir agoniser les gens, savent que cela ressemble à s'endormir. Ce qui est terrible, c'est la maladie. Or, la plupart des maladies ne

sont pas inévitables. Peut-être même, si nos connaissances médicales progressaient assez, constaterions-nous qu'il y a moyen de guérir toutes les maladies.

9. Entraînez-vous à acquérir un esprit calme, confiant, gai. Apprenez à rester toujours serein. Constatez l'effet merveilleux qu'a votre calme sur votre corps.

Le corps affecte l'esprit

Je voudrais maintenant passer en revue quelques façons de vous servir de votre corps pour intervenir de façon bénéfique sur votre état mental.

LA RESPIRATION

Une expérience très simple peut vous prouver qu'en moins de trente secondes votre respiration affecte profondément votre esprit. Expirez, fermez la bouche, bouchez-vous les narines. Vous verrez comme vous allez paniquer vite. Vous serez obligé d'enlever les doigts qui vous couvraient le nez et de vous remettre à inspirer très fort. Si vous privez votre corps d'oxygène, votre cerveau panique.

Ceci me mène à une autre remarque: bon nombre de gens respirent mal. Ils n'inspirent pas profondément. Ils privent leur organisme de la quantité d'oxygène dont il a besoin. Quand un organisme manque d'oxygène, il a tendance a devenir nerveux, anxieux, susceptible pour un rien.

L'habitude, par contre, de respirer profondément, d'oxygéner parfaitement son sang, chasse l'anxiété, régularise les pensées et provoque une sensation de joie et de contentement.

Habituez-vous donc à respirer profondément. N'en faites pas un "exercice" auquel vous vous livrez quelques minutes par jour. Entraînez-vous à respirer profondément, lentement, régulièrement à toute heure du jour et tout le temps.

Si vous vous sentez nerveux ou anxieux — peu importe en quelle circonstance — prenez quelques respirations profondes, vous vous apercevrez qu'immédiatement vous redevenez plus calme et plus sûr de vous.

La respiration est un des moyens qu'a le corps d'agir sur votre esprit.

LA FAÇON DE SE TENIR

Un de vos amis a peut-être échoué lors d'un concours important, ou perdu un gros pari, ou s'est peut-être fait licencier de son emploi. Il a le dos courbé, les épaules basses, la tête pointée vers le sol, les yeux baissés, et les plis de ses lèvres rejoignent presque le menton. L'émotion qu'il a ressentie du malheur qui vient de le frapper lui confère une façon de se tenir caractéristique — “il est l'image même du désespoir”.

Tentez une autre expérience.

1. Adoptez cette façon de vous tenir. Jouez le découragement du mieux que vous pouvez. N'oubliez pas de soigner la position de votre dos, de vos épaules, de votre tête, de vos yeux et de votre bouche — exactement comme je l'ai décrit au paragraphe précédent. De plus, gardez les genoux serrés. Contentez-vous de quelques brèves respirations par minute. Restez ainsi pendant quelques instants. Vous allez vous rendre compte, non seulement que vous *paraissez* découragé, mais en plus que vous commencez à vous *décourager pour de bon.*

   NOTE: cette expérience est à faire quand vous êtes seul. Sinon, quelqu'un risque de gâcher tous vos effets en se moquant de vous. Eh oui! les autres vont probablement rire! Souvenez-vous de ce qu'on a dit plus haut: personne ne s'intéresse aux problèmes d'autrui. Celui qui a l'habitude d'être souvent découragé devient très vite un sujet de risée générale. Si ses compagnons sont trop polis pour rire de lui en pleine face, ils ne s'en priveront pas dès qu'il a le dos tourné!
2. Maintenant changez d'attitude. Tenez-vous le dos droit, les jambes fermes, les épaules bien rejetées en arrière, tenez la tête

haute, regardez droit devant vous. Inspirez trois fois profondément et souriez. Ainsi, vous *paraissez* gai. Immédiatement, vous allez vous en rendre compte: *vous commencez à vous sentir vraiment gai.*

Au travail, si vous vous tenez les épaules basses et l'air épuisé, vous serez fatigué presqu'automatiquement. Au contraire, si vous vous tenez ou vous asseyez droit sur votre chaise, si vous marchez d'un pas énergique, vous vous *sentirez énergique et dispos* et votre travail vous paraîtra plus facile et plus agréable.

Une fois, pendant la période des fêtes, j'ai travaillé aux Postes comme surnuméraire. Nous étions des centaines devant d'immenses classeurs pour trier le courrier destiné aux diverses régions du pays. C'est au moment du repas que je pouvais le mieux déterminer comment chacun travaillait. Ceux qui avaient l'air effondrés, qui se tenaient comme de véritables loques et qui travaillaient le plus lentement possible, se lamentaient de la monotonie de l'emploi et du fait que les heures de travail n'en finissaient plus; ceux qui se tenaient bien droits, travaillaient vite et bien et paraissaient intéressés et satisfaits de faire ce qu'ils faisaient.

Pourquoi, avant même que l'entraînement strictement militaire ne commence, les soldats doivent-ils apprendre à se tenir droits et à marcher au pas? Parce qu'une attitude qui exprime la détermination de même que les mouvements rythmés tendent à produire le courage et le raffermissement de l'esprit. Pourquoi tous les moralistes et tous les religieux de tous les temps ont-ils essayé de mettre un terme à certains jeux et à certaines danses? Parce que des postures érotiques et des mouvements lascifs provoquent des émotions érotiques.

Appliquez ces principes. Entraînez-vous à acquérir un caractère calme, gai, confiant. Votre attitude et votre maintien vous y aideront. De plus, vous en retirerez une autre gratification. Votre entourage va tout de suite se dire que vous avez l'air plus jeune, plus sain, plus séduisant. Les compliments dont vous serez l'objet vous combleront de joie.

VOTRE EXPRESSION

L'expression de votre visage fait partie de votre allure générale. Mais elle est tellement importante qu'il convient d'y consacrer une section particulière.

Votre visage reflète votre tristesse, votre colère, votre haine, vos chagrins et toutes les autres émotions négatives et nocives.

Votre visage traduit également la gaieté, le calme, l'amour, la bonté et toutes les autres émotions positives et utiles.

L'esprit influence le corps et le corps influence l'esprit. Cette règle vaut également pour les traits de votre visage. Si vous froncez toujours les sourcils ou gardez toujours les lèvres serrées, vous *paraissez* soucieux et vous avez tendance à *devenir effectivement* soucieux. Si vous avez l'habitude de paraître cordial et content, vous avez tendance à le devenir.

Contrôlez donc vos émotions en contrôlant l'expression de votre visage. Si vous sentez monter la colère en vous, efforcez-vous de sourire et bientôt vous vous sentirez content. Si vous avez tendance à vous faire du mauvais sang, chassez les rides de votre front. Paraissez calme et vous le deviendrez. Il existe une sorte de tic très courant: on se passe la main sur le front quand on éprouve un tracas soudain. C'est un geste inconscient pour effacer les rides, justement. Utilisez-le consciemment si cela peut vous être utile.

Améliorez la gamme de vos mimiques, vous vous sentirez plus gai — ou vous éprouverez n'importe quelle autre sensation plaisante qui vous manque plus encore — et, en outre, vous modifierez l'opinion que les autres ont de vous. Ce qu'ils disent de vous — même quand vous n'y êtes pas — ("avez-vous remarqué comme un tel ou un tel a l'air épanoui!"), ce qu'ils pensent en bien de vous, vous aidera vous-même et contribuera à ancrer dans votre caractère les changements de comportement auxquels vous travaillez.

L'EXERCICE PHYSIQUE

Même un corps de grand flandrin maigre et rachitique ou un corps d'obèse, mou et flasque, ont un rôle à jouer dans cette relation corps-esprit. Vous vous préoccupez de votre santé — puisque vous lisez ce chapitre. Dans le fond de vous-même vous savez si votre organisme est en bon état et correspond à ce qu'il devrait être vu votre âge, votre sexe et votre occupation. J'insiste sur le verbe "correspond". Une ménagère serait bien mal lotie si elle avait un corps de lutteuse. Un écrivain ne saurait que faire des talents d'un acrobate.

Répondez honnêtement aux questions suivantes, et vous saurez si votre corps est dans l'état où il devrait se trouver:

1. Etes-vous capable de faire votre travail sans vous sentir anormalement fatigué?
2. Vous reste-t-il assez d'énergie pour jouir de vos loisirs et vous adonner à vos passe-temps préférés?
3. Estimez-vous posséder une réserve d'énergie suffisante pour affronter l'un ou l'autre événement qui sort de l'ordinaire: courir après l'autobus, intervenir lors d'un sinistre ou secourir un accidenté, grimper les escaliers si l'ascenseur est en panne, marcher jusqu'à l'épicerie si votre voiture est bloquée dans un banc de neige, vous maintenir à flot pendant une heure si votre embarcation chavire, etc.
4. Dormez-vous profondément?
5. Vous réveillez-vous en pleine forme et content d'avoir à vivre une nouvelle journée?
6. Votre poids correspond-il à votre taille, à votre âge et à votre sexe?

Vous avez besoin d'exercice si vous avez dû répondre non à l'une de ces questions. Il existe de bons livres sur le sujet. De nombreux clubs sportifs, centres de loisirs et organisations similaires ont inscrit à leur programme d'activités des séances de conditionnement physique. Ne vous lancez pas tête baissée dans le premier plan venu. Trouvez-en un qui corresponde à vos goûts et à vos besoins. Il vous sera d'autant plus utile que vous le trouverez agréable. Si vous voulez entreprendre un programme d'exercices violents, il est préférable de consulter d'abord un médecin.

L'exercice tonifie le corps mais il revigore aussi l'esprit. L'exercice physique bien planifié accroît la volonté, l'assurance, la gaieté et la joie de vivre. Il suffit d'en faire l'expérience pour s'en convaincre.

Une vie saine

Les médicaments atténuent parfois les souffrances physiques et peuvent temporairement calmer l'esprit. Mais une vie basée sur l'absorption de pilules n'est pas saine. Les quelques conseils que je vous ai donnés dans ce chapitre vous aideront à rester en bonne santé sans recourir aux médicaments.

Je n'affirme pas qu'il faille toujours se passer des services d'un professionnel de la santé pour rester sain. Se maintenir en bonne santé est un art; et comme tous les autres arts, on ne le maîtrise pas du jour au lendemain. Les échecs sont toujours possibles mais — nous l'avons vu au chapitre 10 — tout échec présente un aspect positif *quand on est capable d'en tirer la leçon.*

Pour surmonter ces échecs, on peut recourir aux moyens médicaux traditionnels, à la chirurgie, à la chiropractie, à la naturopathie, à l'acupuncture, à la médecine par les herbes, à la guérison par la prière même, ou à n'importe quelle autre méthode. Si le praticien connaît son métier, si vous avez confiance en lui et si vous suivez ses conseils, vous allez probablement vous sentir mieux.

Mais il est possible de réduire au maximum cette dépendance vis-à-vis d'un agent extérieur. Il y a moyen de devenir son propre guérisseur. Appelez à votre secours les forces naturelles. Elles sont puissantes et elles guérissent. Apprenez à votre corps à aider votre esprit et enseignez à votre esprit à aider votre corps. Ils s'aideront mutuellement comme deux jambes s'aident pour grimper dans une échelle. Vous atteindrez ainsi une forme physique que vous n'auriez jamais crue possible auparavant.

Et combien de temps cela peut-il durer? Je connais des gens — et vous devez en connaître aussi — qui n'ont même pas 70 ans et pour qui il est égal de vivre ou de mourir. Ils n'ont plus aucun but. Leur agonie sera terrible et tragique car ils prendront conscience d'un coup d'avoir perdu de précieuses années, de n'avoir rien réussi et de n'être arrivés nulle part.

Je connais par contre — et vous devez en connaître aussi — d'autres personnes qui ont dépassé 70 ans depuis bien longtemps et qui continuent de mener une existence active, heureuse, et de jouir de chaque instant (repensez aux exemples cités au chapitre 13).

Il est possible de ressembler à ces dernières personnes. La vie vous passionne — vous voulez vous développer et atteindre vos objectifs.

Quand vous serez arrivé à un âge respectable, quand vous serez devenu celui que vous vouliez être et que vous aurez fait ce que vous aviez décidé de faire, comme beaucoup d'autres avant vous, vous vous sentirez prêt à rencontrer la mort et elle ne vous effraiera pas. Vous serez content et conscient d'avoir bien rempli votre vie.

En résumé

Il est possible d'éviter la maladie.
L'esprit et le corps sont deux entités inséparables,
La santé du corps et celle de l'esprit sont indissociablement liées.
Il existe une corrélation étroite entre l'émotion et la santé.
Les émotions malsaines prédisposent à la maladie.
Les émotions saines prédisposent à la santé.
Organisez votre vie: diminuez le stress et jouissez d'une santé meilleure.
Eliminez vos soucis et prolongez votre vie.
Une vie harmonieuse, intéressante, satisfaisante est toujours saine.
Il n'y a rien d'effrayant à mourir.
Un esprit calme, gai, confiant rend l'organisme sain.
Une respiration profonde, régulière induit au calme.
Tenez-vous droit et vous vous sentirez gai et en forme.
Contrôlez l'expression de votre visage et vos émotions.

L'exercice physique renforce le corps et l'esprit.
Pour vivre longtemps et heureux, il faut être sain, satisfait et réaliser ses objectifs.

La vie est douce.
Pourquoi la remplir d'amertume
en négligeant de s'occuper de sa santé?

Payer son plaisir en gaspillant sa santé
c'est se tendre un piège
dont on est soi-même l'appât.

Chapitre 17
La richesse

"Prenez tout ce que vous pouvez, gardez tout ce que vous pouvez et donnez tout ce que vous pouvez".

(JOHN WESLEY)

Ce chapitre traite de la richesse. Le bien-être, ou la richesse, ne se mesure pas en termes de gains hebdomadaires ou mensuels, ni en fonction des dimensions de sa demeure ou de la valeur marchande de son automobile. La richesse est subjective.

Celui que ni l'argent ni les biens matériels ne préoccupent, celui-là est vraiment riche. La richesse ne dépend pas du revenu. Certains pauvres n'ont pas un sou vaillant et ne s'en tracassent pas. Les millionnaires non plus n'ont pas de problèmes d'argent; et certaines personnes de la classe moyenne s'en moquent également éperdument.

A l'inverse, la pauvreté ne signifie pas nécessairement qu'on ait un revenu modeste. Le pauvre, c'est celui que l'argent tracasse. Certains millionnaires se sont suicidés parce qu'ils estimaient qu'*un* million ne leur était pas suffisant pour mener une vie heureuse.

Un de mes vieux amis a tout ce dont il rêve: une maison, un jardin, un bateau, un matériel pour aller à la pêche, de quoi manger, boire et s'habiller. Cela lui coûte 50 dollars par mois. Je connais des gens qui gagnent 10,000 dollars par an et qui sont pauvres. Ils sont pauvres parce que l'argent et les biens matériels les rendent littéralement malades.

Il y a deux étapes pour atteindre le bien-être:

1. *Acquérir le revenu et les biens dont on rêve.*

2. *Apprendre à en profiter.* Cela signifie qu'on ne peut se permettre de se tracasser si on perd son argent et que l'on ne peut pas non plus se permettre d'envier ceux qui en ont plus que soi.

Au chapitre 15, nous avons vu comment vaincre le souci, l'envie et les autres manies désagréables. Nous n'y reviendrons donc pas. Mais n'oubliez pas: si vous voulez être bien, il faut d'abord apprendre à surmonter ces mauvaises pensées. Sinon, vous pourrez bien gagner tout l'or du monde et continuer de rester triste, et donc finalement misérable.

Ce chapitre traite d'un point essentiel: acquérir les biens et l'argent que vous souhaitez acquérir. C'est faisable. Vous pouvez y arriver *si* vous le souhaitez vraiment.

Mais voilà! *C'est là où le bât blesse!* Beaucoup de gens prétendent vouloir devenir riches mais en réalité préfèrent leur bien-être: ils préfèrent dormir ou flâner plutôt que s'organiser et travailler dur. D'autres préfèrent l'amour: ils préfèrent rester pauvres et courir les filles. D'autres préfèrent le plaisir: ils se ruinent à jouer et à boire. D'autres encore sont motivés par la peur: ils craignent tellement de commettre la plus petite erreur qu'ils remettent toujours tout à plus tard. Ces personnes *rêvent* sans doute de richesse, mais elles *ne la veulent pas* vraiment!

"Bon sang! que j'aimerais avoir un oncle riche qui me lèguerait un million de dollars!"

"Si je gagnais au "Sweepstake" irlandais, ce que j'en ferais des choses!"

Cela, c'est rêver à la richesse. Je présume que vous *désirez* devenir riche puisque vous lisez ce chapitre. Alors, voyons comment le devenir!

Il n'y a plus d'excuses!

Si vous voulez ériger une maison neuve sur un terrain sur lequel s'en trouvait une vieille, il faut d'abord le déblayer! Agissez de même avec votre esprit. Remplacez vos schémas de pensée de pauvre par des schémas de pensée de riche.

Et pour commencer, chassez toutes les excuses que vous vous êtes toujours trouvé pour rester pauvre. Si vous vous trouvez des *excuses,* si vous vous les répétez, vos excuses deviennent de bonnes *raisons* de rester pauvre. Elles constituent une sorte de chaîne qui vous lie à la pauvreté.

"Je n'ai jamais eu de chance!"
"Je ne suis pas assez instruit!"
"Je suis dans le trou et je ne puis m'en sortir".
"Je ne suis pas assez intelligent!"
"Ma famille me nuit".
"Je n'ai pas le temps".
"Je viens d'un milieu pauvre".
"Je suis trop vieux".
"Je suis trop malade".

Pas besoin d'allonger la liste! Vous vous en êtes trouvé des excuses (et moi aussi, dans le temps). Et vous en avez entendues en quantité! Le pauvre n'est riche que d'une seule chose: sa facilité à se trouver des excuses!

L'habitude de se trouver et de se chercher des excuses est une preuve et une *cause* d'échec. Je ne connais personne qui ait réussi avant de s'être d'abord débarrassé de cette manie de se trouver des excuses! Pourquoi? Simplement parce que celui qui se trouve des excuses, s'invente des raisons d'échouer. Plus on se trouve d'excuses, plus on se les répète, et plus on finit par se persuader que l'objectif qu'on s'était fixé est effectivement hors d'atteinte! Souvenez-vous: si vous répétez constamment une idée, vous finissez par y croire.

Lisez les biographies de ceux qui ont réussi. La plupart d'entre eux avaient toutes les bonnes raisons du monde d'échouer, *s'ils l'avaient voulu.*

Démosthène était bègue; il devint le plus grand orateur grec.

Epictète était esclave: il fonda une école de philosophie.

Robert Burns, ivrogne et rustre, devint un poète immortel.

Napoléon Bonaparte était considéré comme un crétin à l'école militaire.

Andrew Carnegie a commencé comme manoeuvre.

John D. Rockefeller était valet de ferme.

Abraham Lincoln était un administrateur lamentable; il était d'ailleurs criblé de dettes.

Franklin D. Roosevelt était infirme.

Joseph Conrad, un des plus purs écrivains anglais, était polonais.

O. Henry était un forçat.

Einstein était juif.

Irving Berlin n'avait pas plus d'une deuxième année primaire.

Booker T. Washington était noir.

Thomas Edison était sourd.

Grandma Moses était inconnue avant ses 70 ans.

Tous ces gens auraient pu se trouver d'excellentes raisons pour justifier un éventuel échec. *Tous ceux* qui ont réussi avaient de bonnes raisons d'échouer. Ils n'ont pas cherché de vaines excuses, il ont trouvé le moyen de réussir!

EXERCICE No 40

Si jusqu'ici vous avez trouvé des excuses à votre pauvreté, écrivez-les. Numérotez-les. Prenez le temps qu'il faut: revérifiez la liste pendant une semaine s'il le faut, jusqu'à ce que vous soyez sûr d'avoir tout noté. Alors, au bas de votre liste, écrivez: "A partir d'aujourd'hui et pour toujours, je me débarrasse de ces excuses. Je ne veux plus m'en servir pour me justifier moi-même ni pour justifier les autres". Répétez cette phrase à haute voix et ensuite brûlez cette feuille de papier.

Triomphez de vos habitudes de pauvre

Vous n'avez *plus d'excuses* maintenant pour rester pauvre. Si vous ne devenez pas riche, c'est *votre faute* et vous le savez. Passons donc à l'étape suivante: éliminez les habitudes qui produisent et perpétuent la pauvreté. La pauvreté, chez un très grand nombre de personnes, n'est qu'*une habitude* ou une série d'habitudes. Il leur suffirait pour devenir riches de se défaire de ces habitudes.

PREMIÈRE HABITUDE DE PAUVRE: LA MALADIE

La maladie vous empêche de travailler. Elle vous fait échouer. Elle nuit à tout votre programme de développement personnel. La maladie vous fait gaspiller votre argent en honoraires médicaux, en frais pharmaceutiques, en factures d'ambulance ou d'hôpital. La maladie vous fait perdre votre temps et abrège votre vie.

Le chapitre 16 vous conseille comment rester en bonne santé. Appliquez ces conseils et vous progresserez sur le chemin de la richesse. Comme le dit Emerson: "La santé est la première de toutes les richesses".

SECONDE HABITUDE DE PAUVRE: LA NÉGLIGENCE

"Je ne sais pas où file mon argent!"

Vous avez souvent entendu cette phrase, n'est-ce-pas? C'est un signe infaillible de pauvreté.

Celui qui ne sait pas où file son argent ressemble à un homme en train de saigner et qui ne veut pas se préoccuper de trouver sa blessure ni de la panser.

Les conséquences de la négligence, en matière économique, souvent sont humiliantes. Le négligent manque d'argent entre deux paies. Il n'a pas prévu les échéances de la semaine. Il a oublié comment s'est dépensé l'argent de la semaine dernière. Le négligent est un perpétuel emprunteur. Un vieux surveillant de terrain de stationnement m'a dit qu'il devait souvent prêter de petites sommes d'argent à des clients qui possèdent de luxueuses limousines car ils n'ont plus un sou pour régler les frais de parking.

Le négligent emprunte de plus en plus. Au début, c'est assez facile. Il emprunte auprès d'amis ou dans certaines entreprises bancaires. Mais il faut se souvenir que chaque fois qu'on emprunte, on perd une partie du contrôle qu'on a sur sa vie.

De plus le créancier méprise toujours l'emprunteur. L'ami, le collègue ou le surveillant du terrain de stationnement peuvent sourire et blaguer, mais dans le fond de leur coeur, ils méprisent celui qui emprunte. Le prêteur commercial sourit également bien sûr — après tout, le prêt qu'il consent l'enrichit — mais il méprise l'emprunteur parce qu'il le sait négligent et que lui, par contre, ne l'est pas.

NOTE: je ne parle pas ici des emprunts pour fins d'investissement. Lorsqu'on emprunte pour faire fructifier ses affaires ou pour poursuivre des études on en retire souvent d'importants bénéfices. Je parle d'emprunts qu'on est obligé de faire pour consolider ses dettes, par exemple.

Les résultats de la négligence sont dangereux: les chèques sans provision vous mènent droit en prison.

Guérir le désordre, quand il s'agit d'argent, est relativement simple. Benjamin Franklin a trouvé la prescription idéale: "Acquérir des rudiments d'arithmétique et de comptabilité". Franklin savait ce dont il parlait. Il est parti de rien et, à 40 ans, est devenu tellement riche qu'il n'a plus jamais eu besoin de travailler.

Point n'est besoin de devenir expert-comptable. Tout ce qu'il faut savoir, c'est additionner, soustraire, multiplier, diviser et avoir une idée claire de la notion d'*intérêt*.

Ignorer ce que signifie l'intérêt, se désintéresser de ce que peut rapporter un investissement, voilà quelques-unes des causes principales de désordre, de tracas et de pauvreté. Dans certaines communautés, le législateur a pris soin de légiférer clairement sur toutes les matières touchant au taux d'intérêt permis sur les prêts, sur les ventes, etc. La plupart des gens ne s'en préoccupent même pas. Tout ce dont ils se tracassent, c'est le montant de leurs mensualités! Les prêteurs doivent bien rire de ce genre de clients!

L'intérêt n'est pas une notion mystérieuse ou difficile. Un livre scolaire d'arithmétique élémentaire, même acheté d'occasion, vous explique pour quelques sous ce dont il s'agit. La tenue de livre n'est pas plus compliquée. Il faut connaître son revenu total. Quand on a plus d'une source de revenu, il faut savoir combien rapporte chacune. Il faut connaître ses principales dépenses. En tout temps, il faut savoir combien on possède et quelles sont les échéances à rencontrer dans les mois qui viennent. Un livre de comptabilité élémentaire vous en apprendra assez long pour vous débrouiller.

Je le répète, cela ne coûte pas grand-chose et ne demande pas grand effort. Personnellement, mon livre de comptes m'a coûté 49 sous. Pour accélérer le calcul de la taxe et la partie strictement arithmétique de mon travail, j'utilise également une petite calculatrice de poche. Elle additionne et soustrait rapidement.

Ceci devrait mettre fin à votre désordre financier. Si vous voulez devenir riche, il faut prendre ce genre de mesures.

EXERCICE No 41

Si vous avez toujours été financièrement négligent, procurez-vous un cahier de comptabilité bon marché. Faites vos comptes pendant un mois. Vérifiez vos dépenses et vos revenus courants. Ensuite, établissez un budget équilibré pour le mois suivant. Faites de ce budget l'un de vos objectifs prioritaires. Révisez-le tous les mois.

EXERCICE No 42

Comparez sur une feuille votre avoir et vos dettes. Remettez ces comptes à jour quatre fois par an.

La négligence ne touche pas seulement aux aspects monétaires de la vie. Elle joue également pour les biens matériels. Si vous avez besoin de quelque chose et que vous ne le trouvez pas — à toutes fins pratiques, c'est comme si vous ne le possédiez pas. Vous vous tracassez. Vous vous demandez où cela a bien pu disparaître. *Vous êtes pauvre.*

L'homme qui a besoin d'une chemise propre et qui a dix chemises sales et dix autres chemises chez le nettoyeur, *est un homme sans chemise.* Ses chemises lui procurent du souci. Il s'en tracasse. *Il est pauvre.*

Oublier d'entretenir sa voiture au point qu'elle tombe en panne, négliger d'entretenir sa maison au point qu'elle tombe en ruine et se déprécie, négliger de lire et de suivre les instructions des divers appareils qu'on achète, voilà des exemples typiques de négligence! La négligence provoque l'anxiété, le désappointement, la colère et la crainte de perdre ce qu'on possède. La négligence mène droit à la pauvreté.

Il est facile de jouir de ce que l'on a. Etre ordonné ne requiert pas de temps supplémentaire. Le négligent vit 24 heures par jour dans la négligence. Il pourrait passer le même nombre d'heures à être ordonné et à devenir prospère.

TROISIÈME HABITUDE DE PAUVRE: LE GASPILLAGE

Certains pauvres gaspillent pour se faire remarquer ou pour paraître riches. L'homme riche *sait* qu'il est riche. Il jouit de sa richesse. Il est sûr de lui. Il est content. Il ne ressent pas le besoin d'impressionner. Il ne gaspille donc pas.

Le gaspillage est une dépense d'argent *inutile*. Acheter une encyclopédie de 300 dollars n'est pas du gaspillage, si on en retire pour 300 dollars de plaisir et d'instruction. Mais acheter un journal à 10 sous qu'on ne lit pas, ça c'est du gaspillage.

D'accord! dix sous de plus ou de moins ne suffisent pas pour ruiner un homme; mais *l'habitude du gaspillage appauvrit*. De nombreux gagnants de loteries et de nombreux bénéficiaires d'héritages importants s'appauvrissent très vite parce qu'ils gaspillent tout de suite ce qu'ils viennent d'acquérir. Le gaspillage ressemble au cancer. Il commence de façon très modeste mais si on ne l'extirpe pas très vite, il finit par détruire tout l'organisme.

Je ne recommande pas de vivre de façon sinistre, maussade, sans joie. L'économie n'est pas la misère. Edmund Burke a dit: "L'économie ne consiste pas à épargner mais à *choisir*. L'avarice n'est pas l'économie. Une dépense — et dans certains cas, une dépense considérable — constitue parfois une bonne économie".

Gaspiller, ce n'est pas seulement acheter toutes sortes de biens inutiles; c'est aussi garder de grosses sommes sans les faire fructifier. Cela m'intrigue toujours quand j'entends parler de quelqu'un qui s'est fait voler les 1,800 dollars qu'il portait sur lui ou bien les 6,000 dollars cachés dans un pot de sa cuisine! Pourquoi donc certaines gens gardent-elles tant d'argent liquide sur elles ou dans leur maison?

J'ai connu des gens *qui n'avaient plus aucune famille* et qui se sont privés pendant des années pour conserver leur police d'assurance-vie. C'est du pur gaspillage! Une de ces personnes m'a répondu: "D'accord! mais pensez à toute la protection dont j'ai joui pendant des années!" Pensait-elle réellement que son assurance-vie la protégeait de la mort? Des idées confuses conduisent au gaspillage.

Le gaspillage le plus manifeste est bien *le gaspillage de temps*. L'argent perdu se regagne toujours, mais le temps perdu, jamais!

Il n'est pas nécessaire de se mettre à travailler dès qu'on a le moindre loisir. Il faut aussi savoir se détendre et s'amuser. Mais il y a moyen de choisir ses distractions avec perspicacité! Quelques loisirs — la télévision, les promenades en voiture sans but déterminé — sont de simples narcotiques. Ils font passer le temps. En fait, il font perdre le temps!

D'autres distractions par contre aident à maintenir ceux qui s'y adonnent en bonne santé. Elles contribuent donc à la richesse! De nombreux passe-temps sont instructifs et profitables. Certains permettent de rencontrer des gens susceptibles de vous aider à atteindre vos objectifs.

Il existe tant de façons positives d'utiliser son temps! Pourquoi donc laisser se gaspiller une seule minute?

Atteindre la richesse

La richesse dont vous rêvez, existe. La richesse, c'est comme l'air: cela vous entoure. La vie que les habitudes de pauvreté polluent, ressemble à une maison remplie de fumée, malsaine et nauséabonde. Ouvrez les fenêtres. Faites sortir l'air malsain de la pauvreté. Le bon air frais, revigorant de la richesse va rentrer de lui-même.

Voici quelques idées pour vous aider à procéder à ces transformations plus rapidement et plus facilement:

1. Procédez, pour devenir riche, comme pour n'importe quel de vos autres objectifs. Décidez ce que vous voulez (argent ou biens matériels). Définissez votre objectif précisément, minutieusement. Il faut toujours donner avant de recevoir! Décidez donc ce que vous êtes prêt à donner: réflexion, effort, temps, travail, activités. Faites travailler les pouvoirs infinis de votre esprit. Servez-vous des méthodes déjà décrites pour transformer votre désir en réalité.

   Cherchez les gens susceptibles de vous aider. Aidez-les en retour. Guettez les résultats. Accueillez vos succès avec enthousiasme et gratitude. Continuez à dresser des plans, à réfléchir, à travailler. La richesse n'est pas un objet dont on s'empare et que l'on conserve pour toujours. La richesse est *un état* qu'il faut atteindre, dont on peut jouir mais qu'il faut apprendre à conserver.

2. Donnez plus, pour recevoir plus en retour. Ne donnez pas seulement à ceux qui peuvent vous aider — mais ceux-là, tâchez de les soigner particulièrement! Donnez aussi aux autres, même si vous pensez qu'ils ne pourront jamais rien vous rendre en retour. Quelques organisations religieuses recommandent la dîme. J'ignore la valeur magique de ce pourcentage. Pourquoi 10 pour cent? Je suis persuadé qu'il n'est pas nécessaire de donner seulement aux fonds d'églises ou aux grosses oeuvres charitables déjà bien établies. Bien sûr, c'est bon! Cependant, personnellement je préfère les dons directs. Je crois en une règle occulte: celui qui donne généreusement, reçoit beaucoup plus en retour. Il y a bien d'autres choses à donner que de l'argent! Donnez votre temps, vos talents, votre force intellectuelle. Ecrivez à celui qui a besoin d'encouragements ou d'informations. Parlez à celui qui est seul. Conseillez celui qui se fourvoie ou qui est ignorant. Ceux qui le veulent trouvent d'innombrables façons de donner et de donner abondamment. Ceux qui donnent sont toujours surpris et heureux des résultats de leurs dons.

   Ne me croyez pas sur parole. Essayez, vous verrez bien vous-même.

3. Rompez avec le passé. L'habitude de conserver et d'accumuler des choses qui ne servent plus mène à la pauvreté. Vous vous mettez des entraves dans votre course à la richesse si vous accumulez vos vieux vêtements, vos vieux meubles, vos vieux disques, vos vieux livres, vos vieux journaux personnels et votre ancienne correspondance. Voici pourquoi:

a) Accumuler ces choses signifie que vous vous cramponnez au passé. Vous vivez dans le passé. Vous vous attardez "au bon vieux temps". Vous pensez vaguement qu'il valait mieux que l'époque actuelle. Chaque fois que vous revoyez ces vieilleries, le passé revit en vous. Il existe une situation cocasse fort courante: celle de l'homme qui monte au grenier chercher sa scie et son marteau, qui tombe sur une pile de vieilles choses, les examine, passe toute sa journée perdu dans ses rêveries et ne fait rien de ce qu'il avait l'intention de faire. Le passé mort resurgit pour détruire une partie du présent.

b) Accumuler est parfois le signe qu'on a peur de devenir un jour tellement démuni qu'on sera de nouveau obligé de porter ces vieux vêtements et d'utiliser ces vieux meubles...

c) Les vieilleries prennent beaucoup de place. Il existe une autre situation cocasse fort courante. La voiture neuve d'une famille reste dehors, beau temps mauvais temps, à s'abîmer parce que le garage est plein à craquer de choses inutiles. Les choses dont vous ne vous servez plus empiètent sur celles que vous voulez acquérir. Ces vieilles choses sont comme des idées: elles occupent de la place dans votre esprit et dans votre vie autant que dans votre maison. Débarrassez-vous des vieilleries. Ensevelissez les vieilles idées. Faites de la place pour des idées neuves et de nouvelles possessions.

d) Ce qui vous est inutile peut servir à quelqu'un d'autre. Essayez de le donner à quelqu'un qui peut en avoir besoin et qui en sera heureux. Plus vous donnez, plus vous recevrez en retour.

e) Garder ce dont on n'a pas besoin est un gaspillage. Si vous ne pouvez le donner, vendez-le. Faites un peu d'argent. Il contribuera à votre plan d'enrichissement.

Motivez-vous. Il est bien difficile pour certains d'en finir avec la pauvreté et de s'orienter vers la richesse. Les pensées de pauvre et les habitudes de pauvreté sont tenaces. Plus vous voudrez devenir riche, plus cela vous sera facile et agréable de le devenir. Vous savez maintenant comment persuader les autres. Persuadez-vous donc vous-même de la même façon!

EXERCICE No 43

Préparez une liste qui fasse ressortir la concordance entre votre désir de richesse et vos dix objectifs principaux (chapitre 12). Revoyez cette liste chaque jour jusqu'à ce que vous soyez sûr qu'elle soit complète. Ensuite, relisez-la et pensez-y au moins une fois par semaine.

En résumé

Eliminez les soucis d'argent et jouissez de la richesse.
Oubliez les excuses que vous avez d'échouer; trouvez le moyen de réussir.
La richesse, comme la pauvreté, est en grande partie une question d'habitude.
Prenez l'habitude de la santé.
Apprenez des rudiments d'arithmétique et de comptabilité; servez-vous-en.
Ne gaspillez plus ni votre temps ni votre argent.
La santé, l'ordre, l'économie sont les piliers de la richesse.
Vous n'avez rien pour rien: donnez pour recevoir.
Plus vous donnez, plus vous recevrez.
Oubliez le passé, vivez dans le présent et préparez l'avenir.
Conditionnez-vous à acquérir l'habitude de la richesse.

L'économie, c'est l'habitude de dominer l'argent
et non de se laisser dominer par lui.

Perdre son temps,
c'est se suicider petit à petit.

Chapitre 18
Rendre la vie intéressante

"La vie est cent fois trop courte pour qu'on se permette de s'ennuyer".
(FRIEDRICH WILHELM NIETZSCHE)

Quand vous avez atteint tous vos objectifs matériels, acquis la santé, la richesse, quand vous vous êtes libéré de toutes les causes de souci, alors il vous reste à affronter le dernier, le plus sournois, le plus subtil ennemi du bonheur: l'ennui.

L'ennui est vieux comme le monde. Il suffit de se souvenir des paroles de Qohélet, dans l'Ecclésiaste:

Vanité des vanités, et tout est vanité...

J'ai regardé tout ce qui se fait sous le soleil: voici, tout est vanité et poursuite de vent!

J'ai livré mon coeur à la sagesse,... j'ai une somme considérable de sagesse et de savoir... et je comprends que cela même est poursuite de vent.

Je me suis dit: je vais m'essayer au plaisir, regarde le bonheur: et c'est vanité...

J'ai fait grand. Je me suis bâti des palais, je me suis planté des vignes.

Je me suis fait des jardins et des vergers...

Je me suis amassé de l'argent et de l'or... je me suis procuré chanteurs et chanteuses, et tout le luxe des hommes, coffret par coffret... tout est vanité et poursuite de vent.

On entend de nos jours la même plainte exprimée moins poétiquement: "Je m'ennuie à mort!"

L'ennui frappe les gens quel que soit leur âge. J'ai lu récemment un article sur les adolescents de ma région. Ils ont la radio, la télévision, les journaux, des revues. Plusieurs ont une voiture. Ils habitent une belle ville remplie de parcs agréables, avec des plages, des courts de tennis, des terrains de golf, des terrains de jeu, des pentes de ski facilement accessibles, des bibliothèques, des musées, des centres communautaires, des galeries, des cinémas, des troupes de théâtre, toutes les équipes sportives possibles et impossibles... et pourtant, la rengaine principale de ces jeunes est qu'ils s'ennuient profondément.

Un garçon a suggéré que la seule chose qui parviendrait à le désennuyer serait une piste d'accélération construite en plein coeur de la ville; une jeune fille, quant à elle, aimerait que la municipalité ouvre un club de nuit réservé aux moins de 15 ans.

Je connais un professeur qui donne souvent à ses élèves le sujet de dissertation suivant: "Que feriez-vous si vous deviez passer une fin de semaine seul, sans télévision, sans radio ni tourne-disque?" La plupart des étudiants sont perdus. Ils ne savent que répondre. Certains disent qu'ils dormiraient tout le temps.

Les adultes ne valent guère mieux. Des gens sains, vigoureux restent affalés devant la télévision pendant des heures en se lamentant que les programmes les ennuient. Cependant, ils sont incapables d'imaginer quelque chose de plus intéressant.

D'autres s'ennuient trop pour rester à la maison. Ils montent dans leur voiture, roulent sans destination précise, mettent la radio au plus fort pour empêcher toute conversation et pour ne pas avoir à prêter attention à ce qui se passe dehors. Ils passent leur temps à pester contre le trafic trop lent qui les empêche de conduire plus vite et de revenir plus rapidement à cette maison qu'ils viennent justement de fuir!

L'âge ne libère pas de l'ennui. Un de mes vieux amis m'a fait la remarque suivante sur les gens de son âge, tous à leur pension: "Ils restent assis, le visage vide! Ils ont abandonné!"

Examinons quelques causes courantes d'ennui et voyons comment s'en débarrasser.

La vie facile

Le Qohélet de l'Ecclésiaste était un roi. Il éprouvait des ennuis de riche. Le pauvre a des soucis tandis que le riche s'ennuie. La plupart des gens, dans notre société, vivent une existence relativement aisée.

L'enfant né avec une cuillère d'argent dans la bouche ne s'étonne pas de manger dans des plats d'argent. Celui qui vit dans l'abondance finit par ne plus la remarquer. Même elle l'ennuie, tout comme sa richesse finit par ennuyer le prophète de l'Ecclésiaste.

C'est le *contraste* qui rend la vie agréable et qui fait que l'on se souvient de certains moments privilégiés. Vous vivez sans doute dans une maison dotée d'un système de chauffage central. Votre voiture est chauffée l'hiver. Vous travaillez dans un immeuble chauffé lui aussi. Quand on n'a jamais eu froid — vraiment froid —, quand on n'a jamais eu froid au point où les mains ont commencé à s'engourdir, où l'on a tremblé de tous ses membres et claqué des dents, il est impossible d'apprécier à sa juste valeur un poêle qui ronronne et une chambre chaude.

Quand on n'est jamais tombé de fatigue — au point de sombrer immédiatement dans le sommeil, même couché sur un sol de ciment — il n'y a pas moyen d'apprécier vraiment ce qu'est un lit douillet.

Quand on n'a jamais eu faim — assez faim pour ramasser un quignon de pain sur le sol, sale et souillé, et le dévorer à belles dents — comment savourer un copieux petit déjeuner d'oeufs et de lard?

Il est impossible d'apprécier la sécurité quand on n'est jamais en danger, pas plus qu'il n'est possible d'apprécier la compagnie, quand on n'est jamais solitaire.

Une vie facile est une vie sans contrastes: toutes les aspérités sont aplanies, tout est doux, confortable, aseptisé. A la longue, une vie de ce genre devient vite ennuyeuse. Le confort ne manque jamais. On ne le remarque donc plus. On ne l'apprécie plus — et on aspire à trouver d'autres satisfactions.

Cet appétit de sensations nouvelles est insatiable. Tous les besoins sont comblés. Alors on veut du neuf. L'adolescent réclame une piste d'accélération à cor et à cri; une fois qu'il l'aura, il voudra qu'on lui construise un héliport; et après l'héliport, une piste de lancement de fusées interplanétaires! Quand tous les besoins vitaux sont comblés — qu'on a toute la nourriture et toute la boisson dont on a besoin — on se crée des besoins artificiels; on se cherche des paradis artificiels: l'alcool ou la drogue.

Il n'y a qu'un moyen de se guérir de l'ennui: introduire dans sa vie des contrastes et de la variété. Il faut faire des choses qui fatiguent physiquement — et je ne parle pas ici des tours en voiture électrique sur les terrains de golf!

Il faut mener une vie rude — je ne parle pas non plus du camping qui se pratique maintenant dans les roulottes climatisées, avec poêle, frigidaire, eau courante chaude et froide. Faites une excursion, ayez réellement froid. Vous allez peut-être grelotter, vos mains vont peut-être bleuir, vous vous sentirez peut-être malheureux pour un petit bout de temps, mais je vous garantis que *vous ne vous ennuierez pas!*

Passez-vous de manger de temps en temps. Jeûnez toute une journée, si vous le pouvez (et pour moi, jeûner, ne signifie pas s'abstenir de viande pour engloutir d'énormes steaks de saumon à la place!). Passez-vous de toute nourriture. Vous verrez combien vous apprécierez votre premier repas! Comme vous allez l'attendre! Comme vous allez le sentir pendant qu'il cuit! Vous allez sans doute saliver, votre ventre va peut-être crier famine, mais *vous ne vous ennuierez pas.*

Le corps et l'esprit humains ont besoin d'une certaine dose de stress — pas trop élevée — pour fonctionner efficacement et agréablement. Inventez-vous du stress: brisez la monotonie de votre vie quotidienne trop facile; soumettez-vous à certaines épreuves. Vous vous rendrez compte que votre existence deviendra plus agréable et plus intéressante.

Le travail

Le travail est une des principales causes d'ennui, surtout s'il est monotone et absolument sécuritaire. De bonnes conditions économiques règnent depuis près de 30 ans. Elles provoquent l'ennui. Un employé de la Régie des alcools m'a dit un jour: "Pendant la crise, les gens étaient tellement contents de travailler que leur travail ne les ennuyait jamais".

Le travail pourtant, même pendant les périodes de prospérité économique, ne devrait jamais être ennuyeux. Plus vous le maîtrisez, et plus il doit devenir intéressant. Essayez de découvrir *tout* ce que vous pouvez sur le travail que vous faites. L'histoire de votre entreprise est sans doute intéressante. La connaissez-vous? Et l'histoire de l'industrie elle-même? Connaissez-vous l'histoire du produit que vous manufacturez, que vous utilisez ou vendez? Qui l'a inventé? Qui l'a découvert ou perfectionné? Quels sont ceux qui l'utilisent ou le consomment? De quoi ce produit est-il fait? D'où viennent les matières premières? Vous pouvez vous poser des questions à l'infini. Il y a tant d'informations intéressantes à recueillir au sujet de votre travail si vous prenez la peine de vous y arrêter et de l'étudier. J'ai déjà été concierge. Je sais comme il est intéressant de connaître les divers ingrédients des détergents et autres savons, de trouver la meilleure façon de nettoyer, balayer ou cirer un plancher, de laver les murs ou de déblayer la neige.

N'importe quel travail devient ennuyeux si vous le faites à contre coeur et si vous y consacrez le minimum d'effort et de temps.

Quand ils rencontrent un écrivain, la plupart des gens lui disent: "Comme votre travail doit être passionnant!" C'est vrai! Mon travail me passionne. Je m'y intéresse et m'y consacre à fond. Mais beaucoup de personnes qui ont assez de talent pour écrire, abandonnent. Ils trouvent que c'est un métier sinistre. Ils ne peuvent supporter les longues heures de solitude, le combat perpétuel à mener avec soi-même pour trouver l'expression juste, les relectures et réécritures fastidieuses. Beaucoup d'écrivains quittent la littérature. Ils se dirigent vers la publicité, les relations publiques, l'enseignement, et même l'immobilier.

Un travail n'est jamais intéressant en soi. Il est intéressant dans la mesure où l'on s'y intéresse.

Certains politiciens de gauche prônent la lutte des classes. Cela ne contribue pas à faire aimer le travail qu'on fait. Le travailleur s'entend dire qu'il doit haïr ses patrons et travailler le moins possible.

Je trouve regrettable de tenir de tels propos. J'ai occupé plus d'emplois différents que la moyenne des gens. J'ai même cessé de les compter. J'ai toujours trouvé que la plupart de mes patrons étaient des personnes très convenables. Bien sûr, ils avaient leurs défauts et commettaient des erreurs. Moi aussi, j'en commets. Et tous les employés en commettent. Quelques-uns de mes patrons ont été des types extraordinaires. Je n'ai jamais éprouvé le besoin de les haïr. Chacun de mes emplois m'a apporté quelque chose.

Si vraiment votre patron, votre travail ou vos collègues vous sont intolérables, alors n'hésitez pas: *changez d'emploi.* Un homme marié qui avait occupé plusieurs emplois différents m'a dit un jour: "Notre société d'abondance est une vraie vache à lait. On peut y faire tout ce qu'on veut!".

Je connais quelqu'un qui gagnait 14,000 dollars par an et qui a quitté son emploi simplement parce qu'il s'y ennuyait. Sa femme est allée travailler, l'a fait vivre et a fait vivre leurs quatre enfants, jusqu'à ce qu'il se perfectionne assez pour décrocher un emploi plus intéressant.

Il n'est jamais trop tard pour apprendre. Je connais une femme de 45 ans qui vient de s'inscrire à l'université pour devenir enseignante.

Il existe maintenant des cours du soir, des cours d'été, des cours par correspondance. Jamais, les gens qui veulent s'instruire ou se recycler, n'ont eu autant d'occasions de le faire qu'aujourd'hui.

Parlant travail, il ne faut pas oublier les tâches domestiques qui ennuient un certain nombre de femmes. Ici encore, ce n'est pas le travail en soi qui est inintéressant; c'est que beaucoup d'entre elles ne s'y intéressent pas. Il en est d'autres qui aiment cuisiner, entretenir leur foyer et élever leurs enfants. Certaines de ces besognes sont peut-être répétitives mais justement elles n'exigent aucun effort mental et permettent à l'esprit de se concentrer sur des sujets plus intéressants.

Bien des femmes éviteraient de s'ennuyer si elles travaillaient plus efficacement. Demandez-le à n'importe quelle femme de ménage compétente, à n'importe quelle serveuse ou cuisinière: le travail ménager n'occupe pas quelqu'un toute la journée. Des millions de femmes travaillent à l'extérieur et trouvent quand même le temps d'entretenir leur maison. Marie Curie a découvert le radium, a obtenu le Prix Nobel et malgré tout a eu le temps de prendre soin de son mari, d'entretenir sa maison et d'élever son enfant.

La plupart des femmes qui restent au foyer n'ont pas trop de travail! Elles n'en ont pas assez et c'est pourquoi elles se lamentent! A la section suivante, j'explique comment y remédier.

Les loisirs

La semaine de travail raccourcit: trente heures par semaine devient la norme. Le temps de travail s'abrège. De nombreuses entreprises conseillent à leurs employés de prendre leur pension à 60 ans. On présente souvent cela comme un progrès considérable. Mais ceux qui s'ennuient déjà, en ayant peu de loisirs, que vont-ils faire quand ils en auront davantage?

L'oisiveté complète — le loisir absolu — est délicieuse et bénéfique, mais à petites doses; à condition de la considérer comme un moyen de récupérer après un violent effort physique ou mental. L'oisiveté prise à larges doses est un véritable supplice. Certains prisonniers, condamnés à ne rien faire, se sont suicidés pour y échapper. De nombreux pensionnés ne peuvent la supporter longtemps non plus: ils meurent très vite de dégoût et d'ennui. Des millions de personnes s'ennuient et, par désoeuvrement, se suicident à petit feu, de façon respectable, en mangeant trop, en buvant ou en fumant trop, ou encore en se bourrant de médicaments.

Gaspiller ses loisirs à ne rien faire ne conduit qu'à l'ennui. Des loisirs heureux sont des loisirs bien remplis. C'est du temps que l'on se donne pour faire ce qu'on aime — peu importe ce dont il s'agit!

Bien des gens — les oiseaux de nuit — occupent leurs loisirs en se dénichant un second emploi (c'est bizarre quand même d'entendre tellement parler de chômage et de voir tant de gens se trouver si facilement deux emplois différents! Le chômage ne naît pas du système économique mais du goût qu'ont les chômeurs de rester chômeurs!).

Des pensionnés, obligés de prendre leur retraite prématurément, se trouvent très rapidement un nouvel emploi. J'ai rencontré un pensionné — dont les rentes étaient plus que confortables; en fait, cet homme était riche — qui travaillait comme garçon d'ascenseur, juste parce qu'il avait envie de faire quelque chose. Il semblait très heureux de son travail qui n'était pas physiquement trop dur pour lui.

Certaines personnes donc remplissent leurs loisirs en se trouvant un second emploi rémunéré. D'autres s'adonnent à un passe-temps. D'autres encore, travaillent dans certaines organisations charitables, religieuses ou d'utilité publique. Un juge à la retraite s'est créé un emploi de six heures par jour. Il s'est mis bénévolement au service de son église: il répond au téléphone, s'occupe des lettres-circulaires, fait de la dactylographie, etc.

Il existe une organisation de cadres et de professionnels à la retraite (avocats, comptables, gérants de vente, etc.) qui s'occupe de donner gratuitement des expertises aux propriétaires de petites entreprises en difficulté.

Personne n'est trop *occupé* pour inventer des activités intéressantes pendant ses heures de loisir. Je lisais hier dans le journal l'histoire d'une jeune femme, mère de plusieurs enfants, qui entretient sa maison et, à temps perdu, dirige le Comité de parents de la Commission scolaire locale. Elle aide en plus d'autres comités du même genre. (Quelques-unes de ses meilleures idées lui viennent pendant qu'elle lave la vaisselle; *elle s'empresse de les noter* — Voilà un bel exemple d'inspiration qui arrive en travaillant!)

Personne n'est trop âgé pour s'engager dans quelque chose de neuf et d'intéressant. J'ai connu un pensionné de 65 ans qui s'est mis à apprendre le piano. C'était un de ses très vieux rêves. Il n'avait jamais eu le temps. Bien sûr, cet homme ne se produira jamais en concert. Mais après deux ans de leçons, quand je l'ai rencontré, il jouait déjà assez bien pour en tirer plaisir et en faire profiter ses amis. Un de mes voisins, âgé de 72 ans, a étudié la peinture et le dessin par correspondance. Il vient de gagner 150 dollars. Un de ses dessins a été retenu dans un concours d'illustrations pour calendriers.

Vous êtes capable de rendre vos loisirs intéressants où que vous soyez et quelles que soient les circonstances dans lesquelles vous vivez. Robert Stroud a dû vivre très longtemps solitaire. Il ne s'est pas suicidé. Au contraire, il est devenu un spécialiste de réputation internationale pour tout ce qui a trait aux maladies des oiseaux.

Il n'existe aucune *excuse:* on n'a pas le droit de s'ennuyer pendant ses loisirs. Transformez vos loisirs en moments passionnants, vous deviendrez plus gai, plus vif, et chaque partie de votre vie s'enrichira et s'épanouira.

Qu'allez-vous faire? Je pourrais bien remplir tout le reste de mon livre d'exemples de passe-temps et d'occupations intéressantes, sans parvenir à les noter tous.

1. Il existe des occupations actives — elles n'exigent pas nécessairement d'effort physique mais demandent de fabriquer, de faire des choses, d'en collectionner, d'apprendre, etc. Ces occupations-là sont plus satisfaisantes que les loisirs passifs.
2. Les passe-temps créatifs: vous produisez quelque chose d'utile et de précieux — confection de robes, travail du bois, jardinage, cuisine. Ces passe-temps sont plus valorisants que les distractions qui ne font pas appel au talent créateur (golf, cinéma, jeux de cartes, mots croisés, etc.)
3. Les passe-temps qui vous changent de votre routine quotidienne vous procurent également beaucoup de satisfactions supplémentaires: celui qui travaille toujours assis devrait apprécier d'avantage les loisirs où il peut rester debout: le jardinage, la danse, etc. Au contraire, l'homme qui travaille debout toute la journée, retirera plus d'agrément de pouvoir s'asseoir devant une collection de timbres, ou discuter avec des amis...
4. Il est souvent très agréable d'occuper ses loisirs en compagnie d'autres personnes gaies et enthousiastes (devenez membre d'un

club sportif, d'une organisation charitable, d'un parti politique, etc.)

5. Evitez par-dessus tout les loisirs obligatoires et fixés une fois pour toutes. Si vous en êtes arrivé au point de *devoir* jouer au golf tous les samedis matins que vous en ayez envie ou non, le golf n'est plus un plaisir; c'est devenu un travail! La variété est le sel de la vie. Un travail agréable est toujours varié. Il faut tâcher de ménager la même variété dans ses loisirs!

La religion

La religion est-elle pour vous une source d'intérêt réel? (Souvenez-vous de notre définition de l'intérêt: être intéressé, c'est se sentir personnellement concerné.)

La religion, hélas! ennuie bien des gens, y compris ceux qui se prétendent pratiquants. Ils l'ont sans doute hérité de leurs parents. Ils respectent certains rites de façon plus ou moins mécanique. Ils continuent de verser des fonds pour la construction de nouvelles églises ou pour les missions, mais ils ne réfléchissent pas réellement à ce que tout cela signifie.

Pourtant, que peut-il y avoir de plus important que le salut de son âme? A moins de ne pas croire un traître mot de ce que raconte le prédicateur!

Si votre religion vous ennuie, *étudiez-la plus en détail.* Informez-vous le *plus complètement possible.* Quand a-t-elle été fondée? Pourquoi? Qu'est-ce qui l'a modifiée? Quels en ont été les schismes? Quelles sectes dissidentes ont été rejetées? Quelle est son organisation actuelle? Quel est son mode de financement? Quels en sont vraiment les *dogmes?* Les acceptez-vous? Sinon, pourquoi? Et que comptez-vous faire? Lisez, réfléchissez, posez des questions, discutez. Il en va de la religion comme du travail. Plus on s'y intéresse, et plus elle devient intéressante.

Et les autres religions? Connaissez-vous les origines et les doctrines des autres grandes religions du monde? Si ce n'est pas le cas, comment faites-vous pour apprécier réellement la vôtre?

Si vous êtes agnostique, il est quand même infiniment intéressant de lire, de discuter, de réfléchir aux croyances des autres. Lorsqu'on comprend la religion, on comprend mieux l'histoire et la politique. Et qui sait? Vos recherches vous mèneront peut-être à découvrir et à pratiquer un culte qui vous convient vraiment.

La recherche en vaut la peine. Plus je progresse dans mes travaux, plus je me rends compte que les gens les plus heureux sont ceux qui *croient* en quelque chose. La vie, l'univers les intéressent. Car, pour eux, la vie et l'univers ont un sens.

L'excitation

A doses modérées, l'excitation est également un excellent antidote à l'ennui. Mais trop d'excitation tend à assoupir la sensibilité et mène également à l'ennui — tout comme le frottement d'un manche de pioche dans la paume de la main produit des ampoules et finit par rendre la peau tout à fait insensible.

L'invention du tourne-disque automatique, équipé de telle sorte que toute une série de disques tombent d'eux-mêmes sur la platine, a beaucoup contribué à accroître l'ennui des être humains. J'ai observé une fois une femme en train de repasser et de discuter avec d'autres personnes pendant que des symphonies de Beethoven passaient sur un puissant tourne-disque. Aussitôt la pile de disques terminée, cette femme se levait et la remettait sans même changer les disques de face. Elle m'a avoué que c'était sa seule musique. Elle l'écoutait tous les jours de sa vie, chaque fois qu'elle avait un travail à faire.

La vraie musique — celle qui donne des émotions et modifie le rythme des pulsions cardiaques — devrait être appréciée comme un don du ciel. Il faudrait l'écouter assis, vêtu de ses plus beaux vêtements et au milieu d'un vaste public. Mais quand on écoute toujours la même chose, plusieurs heures par jour et 365 jours par an, on finit par ne plus rien entendre. La musique n'existe plus. Elle sert de bruit de fond pour effectuer les besognes domestiques ou pour discuter dans un salon. Considérer la musique de cette façon, c'est supprimer une source importante d'intérêt et de plaisir.

De nombreux jeunes passent plusieurs heures par jour à écouter une musique extrêmement excitante — une musique qui pourrait servir à rythmer les cinq minutes les plus intenses de quelque rite de fertilité. Tout ce qu'ils en retirent c'est un regard vide, le désir névotrique de voir bâtir une piste d'accélération, et d'autres folies du genre...

J'ai cité la musique mais le principe reste valable pour bien d'autres sources d'excitation: danse, jeux de hasard, surprise-parties, relations sexuelles, lecture, etc. En abuser, conduit à la saturation, à l'apathie et à l'ennui.

L'auto-discipline est un remède à point. Pendant un certain temps, ne vous exposez pas à ces sources d'excitation. Ensuite, établissez des périodes relativement courtes, où vous vous laisserez aller à vous exciter. Alternez ces périodes avec d'autres occupations plus calmes et plus tranquilles. En contre-partie, vous jouirez plus de la vie et la trouverez plus intéressante.

EXERCICE No 44

Si vous trouvez qu'une de vos anciennes sources de plaisir commence à vous ennuyer, faites-vous un plan étalé sur trois mois — tel que suggéré ci-dessus, de façon à raviver votre intérêt.

La lecture

Il est surprenant dans une société qui ne compte presqu'aucun analphabète de constater que des millions de gens n'ouvrent jamais un livre. Peut-être ne leur a-t-on pas bien enseigné à lire? Peut-être ont-ils eu la malchance d'avoir eu des professeurs qui leur ont présenté la lecture et les livres comme quelque chose d'ennuyeux?

Vous ne faites pas partie du lot commun: vous lisez ce livre. Mais êtes-vous vraiment conscient du pouvoir de la lecture comme remède à l'ennui? Quand tout le reste ennuie, les livres continuent d'intéresser. Le livre s'ajuste à ce que vous ressentez. Le livre est un ami fidèle. Celui qui est capable de lire ne s'ennuie jamais.

EXERCICE No 45

Si vous estimez que la lecture ne vous apporte pas autant qu'elle le devrait, préparez-vous un plan de lecture. Transcrivez les titres de dix livres que vous avez déjà eu l'intention de lire mais que vous n'avez jamais lus. Chaque fois que vous venez de finir un livre, rayez-le de votre liste et rajoutez-en un nouveau (un titre suggéré dans l'ouvrage que vous venez d'achever ou un autre volume du même auteur, ou encore un livre qui traite du même sujet ou d'un sujet connexe, etc.) Un tel plan de lecture vous aidera à lire des livres intéressants et agréables pendant toute votre vie.

En résumé

Pour être sûr d'être heureux, combattez l'ennui.
Pour rendre la vie intéressante, il lui faut une certaine dose de stress.
Un emploi est intéressant dans la mesure où l'on s'y intéresse.
Les loisirs devraient être créateurs.
La religion peut représenter une source d'intérêt pendant toute la vie.
Trop d'excitations débouche sur l'ennui; dosez les périodes pendant lesquelles vous vous livrez à des activités excitantes.
La lecture est le meilleur remède à l'ennui.

Un esprit obtus s'ennuie même s'il visite une exposition mondiale.
Un esprit actif s'intéresse au plus minuscule grain de sable.

Chapitre 19
Rester heureux

"Pour être vraiment heureux, il faut être enthousiaste".

(CHARLES KINGSLEY)

La signification première du mot "enthousiasme" est "extase produite par possession divine". Il n'est donc pas surprenant que l'enthousiasme soit garant du bonheur!

Comment provoquer l'enthousiasme? Simplement, en vous servant des principes exposés dans mon livre. J'ai parlé de la puissance des mots pour contrôler l'esprit, de la puissance de l'esprit pour façonner la personnalité et du pouvoir qu'a toute personnalité d'influencer le cours des événements.

Il n'est pas nécessaire de revenir en détail sur ces notions. Vous allez vous en rappeler, les souligner, les mémoriser et les assimiler quand vous relirez mon livre.

Appelez ces notions des "règles universelles", si vous voulez; ou, si vous le préférez, appelez-les "lois divines". (Il est écrit dans la Bible: "Au commencement était le Verbe.")

Utilisez ces lois. Laissez-les façonner votre vie. Vous acquerrez — si l'on peut dire — "un pouvoir divin". Vous connaîtrez l'enthousiasme. Tout est en votre pouvoir. Il n'en tient qu'à vous de commencer.

Le processus qui engendre l'enthousiasme comprend cinq étapes distinctes:

L'attention
L'intérêt
Le désir
L'action
L'enthousiasme

Mon livre traite de chacune de ces étapes et explique les techniques qui permettent de les réaliser.

Mais il *vous* appartient de vous intéresser à ce programme. Votre croissance personnelle vous concerne, vous seul. La décision vous revient: "Je ne veux pas rester passif plus longtemps devant la vie ni continuer de me laisser porter par les circonstances. Je veux agir. Je veux atteindre mes fins."

Vous seul pouvez déterminer vos objectifs. Moi, je les ignore. *Vous* seul pouvez transformer vos désirs un peu vagues en réalités concrètes.

Vous seul pouvez prendre les moyens nécessaires pour atteindre vos buts, et prendre l'habitude d'agir et de décider promptement. *Vous* seul pouvez expérimenter l'enthousiasme. L'enthousiasme couronnera vos efforts et vous vivrez un bonheur permanent. Voici quelques conseils ultimes pour vous y aider.

Tenez bon

N'arrêtez ni après votre premier succès, ni après le second, ni après le dixième. Vous n'êtes pas embarqué dans une expérience unique. Vous vous êtes lancé dans une nouvelle manière de vivre. Continuez de faire des projets, de progresser, de planifier l'avenir, de vivre pleinement.

Ce n'est jamais le passé qui peut susciter l'enthousiasme. Karl Marx a publié le premier tome de *Das Kapital* à 49 ans. Charles Darwin avait 50 ans quand il a publié son livre sur l'*Origine des espèces*. Emmanuel Kant a publié sa *Critique de la raison pure* à 57 ans, sa *Critique de la raison pratique* à 64 ans, et sa *Critique du jugement* à 66 ans. Bertrand Russell a obtenu le Prix Nobel de littérature à 78 ans et écrivait encore régulièrement à 87 ans. Titien peignait encore avec vigueur à 99 ans.

Cette règle ne vaut pas seulement pour les gens célèbres. J'ai connu une femme qui a élevé ses enfants, qui s'est occupé de ses petits-enfants jusqu'à ce qu'ils aient terminé l'école et qui, ensuite, malgré ses cheveux blancs, a décidé de faire le tour de l'Europe sac au dos, en demeurant dans les auberges de jeunesse.

J'aimerais citer deux autres cas de gens heureux, extraits de mon enquête.

"Femme dans les 70 ans. Mari décédé au cours de la première guerre mondiale. Jette sur les autres et sur elle-même un regard critique. Possède un sens de l'humour extraordinaire".

"Femme de 86 ans. Très heureuse. A passé sa vie à aimer les autres et à donner son amitié à tous. A beaucoup voyagé, a beaucoup lu et s'est intéressée à tout".

Un de mes voisins a publié son premier article de journal à 84 ans.

Notre société met l'accent sur la jeunesse et semble mépriser les gens plus âgés. C'est infiniment dommage. De nombreuses personnes estiment qu'à 40 ans la vie n'a plus rien à leur apporter. Ils se préparent tranquillement à vieillir, à perdre leurs moyens et à mourir.

Ne vous laissez pas aller à ces pensées morbides! La jeunesse est merveilleuse bien sûr! C'est le temps des découvertes, de la force et des plaisirs. Si vous êtes jeune, jouissez le plus possible de votre jeunesse et soyez heureux d'avoir pris conscience assez tôt des principes que j'expose dans ce livre. Mais quel que soit votre âge, il n'est jamais trop tard pour recommencer à vivre. Ne fut-ce qu'un an, qu'une semaine, ou même qu'*un seul jour,* il vaut mieux le vivre de façon créatrice, heureuse et enthousiaste, que dans l'amertume et le désespoir.

Continuez votre programme de croissance personnelle avec la même énergie qu'au début. Quel que soit votre âge, n'arrêtez jamais. Plus vous persévérerez, plus vous connaîtrez l'enthousiasme.

Mon livre vous a mis sur la bonne voie. Vous êtes capable de trouver des informations additionnelles et les conseils dont vous avez besoin. Il existe d'autres livres; lisez-les; lisez les journaux, les revues. Informez-vous auprès d'autres personnes. Si vous désirez sincèrement apprendre, la connaissance viendra à vous. Si vous désirez sincèrement utiliser cette connaissance, les occasions de le faire ne manqueront pas. Il vous est possible d'aller aussi loin que vous le voulez.

Soyez honnête avec vous-même

Vivez selon vos convictions. Si vous n'êtes pas honnête avec vous-même, votre vie perdra tout son sel et son intérêt.

Si vous êtes croyant, cramponnez-vous aux dogmes de votre église et respectez ses préceptes. Si vous ne l'êtes pas, soyez fidèle aux principes moraux que vous vous êtes donnés.

Si vous avez décidé d'accepter les idées que j'expose dans ce livre, appliquez-les avec constance et espoir. Etre conscient de faire ce que l'on croit bon et bien, ce que l'on estime sage et utile, procure le plus grand bien-être imaginable.

Contrôlez vos pensées

Je l'ai déjà dit souvent mais c'est tellement important qu'il est bon d'y revenir en guise de conclusion. Il m'est impossible d'exprimer ce que je pense mieux qu'en citant saint Paul: "Pensez aux choses... dans la mesure où ces choses sont vraies, honnêtes, justes, pures, aimables et profitables".

En résumé

L'enthousiasme fait durer le bonheur.
L'action provoque l'enthousiasme.

Il n'est jamais trop tard pour susciter l'enthousiasme.
Cherchez la connaissance et elle viendra à vous.
Soyez honnête avec vous-même.
Contrôlez vos pensées.

Vous semez aujourd'hui les grains de demain.
Quelle moisson allez-vous récolter?

En guise de conclusion

"Tout être humain doit réaliser l'ensemble de ses possibilités".

(THOMAS CARLYLE)

On se sent fortement stimulé à agir — et extrêmement satisfait — quand on sait exactement ce qu'on a déjà accompli et ce qu'il reste à faire. Je reprends donc ici la liste des exercices de mon livre. Vous pourrez ainsi noter la date où vous les avez commencés et le moment où vous les avez finis.

NOTE: certains exercices ne durent pas plus d'un jour; d'autres demandent plus de temps.

Chapitre 1		*Début*	*Fin*
Exercice no 1:	Liste générale des désirs	....	....
Exercice no 2:	Liste des désirs par ordre de difficultés croissantes	....	....
Chapitre 2			
Exercice no 3:	Description détaillée du premier objectif	......	....
Exercice no 4:	Lisez l'exercice no 3 trois fois par jour	......	....

		Début	*Fin*
Exercice no 5:	Pensez à l'exercice no 3 aussi souvent que possible	....	....
Exercice no 6:	Transcrivez l'exercice no 3 quotidiennement	....	....

Chapitre 4

Exercice no 7:	Rédigez l'affirmation pour le premier point.	....	....
Exercice no 8:	Décrivez en détail le second point	....	....

Chapitre 6

Exercice no 9:	Faites des fiches et utilisez-les	....	....

Chapitre 7

Exercice no 10:	Surveillez votre façon de parler	....	....

Chapitre 8

Exercice no 11:	Rédigez l'affirmation pour le second point	....	....
Exercice no 12:	Décrivez en détail le troisième point	....	....

Chapitre 10

Exercice no 13:	Rédigez l'affirmation pour le troisième point	....	....
Exercice no 14:	Décrivez en détail le quatrième point	....	....
Exercice no 15:	Rédigez l'affirmation pour le quatrième point	....	....
Exercice no 16:	Décrivez en détail le cinquième point	....	....
Exercice no 17:	Rédigez l'affirmation pour le cinquième point	....	....
Exercice no 18:	Décrivez en détail le sixième point	....	....
Exercice no 19:	Rédigez l'affirmation pour le sixième point	....	....
Exercice no 20:	Décrivez en détail le septième point	....	....
Exercice no 21:	Rédigez l'affirmation pour le septième point	....	....
Exercice no 22:	Décrivez en détail le huitième point	....	....
Exercice no 23:	Rédigez l'affirmation pour le huitième point	....	....
Exercice no 24:	Décrivez en détail le neuvième point	....	....
Exercice no 25:	Rédigez l'affirmation pour le neuvième point	....	....

		Début	Fin
Exercice no 26:	Décrivez en détail le dixième point	....	....
Exercice no 27:	Rédigez l'affirmation pour le dixième point	....	....

Chapitre 11

Exercice no 28:	Faites la liste des résultats que vous avez obtenus	....	....
Exercice no 29:	Faites-vous un plan d'action sur douze mois	....	....

Chapitre 13

Exercice no 30:	Remplissez le questionnaire	....	....

Chapitre 14

Exercice no 31:	L'habitude de parler de façon positive	....	....
Exercice no 32:	Un comportement calme, confiant et agréable	....	....
Exercice no 33:	Insistez sur les choses positives	....	....

Chapitre 15

Exercice no 34:	Eliminez les soucis	....	....
Exercine no 35:	Eliminez les idées dépressives	....	....
Exercice no 36:	Cessez de vous fâcher pour des riens	....	....
Exercice no 37:	Débarrassez-vous de l'envie	....	....
Exercice no 38:	Débarrassez-vous de la haine et des sentiments de vengeance	....	....
Exercice no 39:	Débarrassez-vous du remords	....	....

Chapitre 17

Exercice no 40:	Eliminez les excuses pour rester pauvre	....	....
Exercice no 41:	Préparez un budget	....	....
Exercice no 42:	Faites vos comptes	....	....
Exercice no 43:	Conditionnez-vous à devenir riche	....	....

Chapitre 18

Exercice no 44:	Eliminez l'ennui.	....	....
Exercice no 45:	Faites-vous un plan de lecture	....	....

Cette liste d'exercices ne représente évidemment qu'un début dans ce programme de développement personnel et de bonheur que vous avez décidé d'entreprendre. L'étape suivante consistera pour vous à faire de nouveaux projets et à les réaliser. Vous savez comment arriver à vos fins! Comment obtenir ce que vous voulez! Et bien! Maintenant, faites-le!

Ouvrages parus chez les éditeurs du groupe Sogides

* Pour l'Amérique du Nord seulement

LES ÉDITIONS DE L'HOMME

AFFAIRES

* **Acheter une franchise,** Levasseur, Pierre
* **Bourse, La,** Brown, Mark
* **Comprendre le marketing,** Levasseur, Pierre
* **Devenir exportateur,** Levasseur, Pierre
Étiquette des affaires, L', Jankovic, Elena
* **Faire son testament soi-même,** Poirier, Me Gérald et Lescault-Nadeau, Martine
Finances, Les, Hutzler, Laurie H.
Gérer ses ressources humaines, Levasseur, Pierre
Gestionnaire, Le, Colwell, Marian
Informatique, L', Cone, E. Paul
* **Lancer son entreprise,** Levasseur, Pierre
Leadership, Le, Cribbin, James
Meeting, Le, Holland, Gary
Mémo, Le, Reinold, Cheryl
* **Ouvrir et gérer un commerce de détail,** Roberge, C.-D. et Charbonneau, A.
Patron, Le, Reinold, Cheryl
* **Stratégies de placements,** Nadeau, Nicole

ANIMAUX

Art du dressage, L', Chartier, Gilles
Cheval, Le, Leblanc, Michel
Chien dans votre vie, Le, Margolis, M. et Swan, C.
Éducation du chien de 0 à 6 mois, L', DeBuyser, Dr Colette et Dehasse, Dr Joël
* **Encyclopédie des oiseaux,** Godfrey, W. Earl
Guide de l'oiseau de compagnie, Le, Dr R. Dean Axelson
Guide des oiseaux, Le, T.1, Stokes, W. Donald
Guide des oiseaux, Le, T.2, Stokes, W. Donald et Stokes, Q. Lilian
* **Mon chat, le soigner, le guérir,** D'Orangeville, Christian
Observations sur les mammifères, Provencher, Paul
* **Papillons du Québec, Les,** Veilleux, Christian et Prévost, Bernard
Petite ferme, T.1, Les animaux, Trait, Jean-Claude
Vous et vos oiseaux de compagnie, Huard-Viau, Jacqueline
Vous et vos poissons d'aquarium, Ganiel, Sonia
Vous et votre beagle, Eylat, Martin
Vous et votre berger allemand, Eylat, Martin

ANIMAUX

Vous et votre boxer, Herriot, Sylvain
Vous et votre braque allemand, Eylat, Martin
Vous et votre caniche, Shira, Sav
Vous et votre chat de gouttière, Mamzer, Annie
Vous et votre chat tigré, Eylat, Odette
Vous et votre chihuahua, Eylat, Martin
Vous et votre chow-chow, Pierre Boistel
Vous et votre cocker américain, Eylat, Martin
Vous et votre collie, Éthier, Léon
Vous et votre dalmatien, Eylat, Martin
Vous et votre danois, Eylat, Martin
Vous et votre doberman, Denis, Paula
Vous et votre fox-terrier, Eylat, Martin
Vous et votre golden retriever, Denis, Paula
Vous et votre husky, Eylat, Martin
Vous et votre labrador, Van Der Heyden, Pierre
Vous et votre lévrier afghan, Eylat, Martin
Vous et votre lhassa apso, Van Der Heyden, Pierre
Vous et votre persan, Gadi, Sol
Vous et votre petit rongeur, Eylat, Martin
Vous et votre schnauzer, Eylat, Martin
Vous et votre serpent, Deland, Guy
Vous et votre setter anglais, Eylat, Martin
Vous et votre shih-tzu, Eylat, Martin
Vous et votre siamois, Eylat, Odette
Vous et votre teckel, Boistel, Pierre
Vous et votre terre-neuve, Pacreau, Marie-Edmée
Vous et votre yorkshire, Larochelle, Sandra

ARTISANAT/BRICOLAGE

Art du pliage du papier, L', Harbin, Robert
* **Artisanat québécois, T.1**, Simard, Cyril
* **Artisanat québécois, T.2,** Simard, Cyril
* **Artisanat québécois, T.3,** Simard, Cyril
* **Artisanat québécois, T.4,** Simard, Cyril et Bouchard, Jean-Louis
* **Construire des cabanes d'oiseaux,** Dion, André
* **Encyclopédie de la maison québécoise,** Lessard, Michel et Villandré, Gilles
* **Encyclopédie des antiquités,** Lessard, Michel et Marquis, Huguette
* **J'apprends à dessiner,** Nassh, Joanna
Taxidermie moderne, La, Labrie, Jean
* **Tissage, Le,** Grisé-Allard, Jeanne et Galarneau, Germaine
Vitrail, Le, Bettinger, Claude

BIOGRAPHIES

* **Brian Orser - Maître du triple axel,** Orser, Brian et Milton, Steve
* **Dans la fosse aux lions,** Chrétien, Jean
* **Dans la tempête,** Lachance, Micheline
* **Duplessis, T.1 - L'ascension,** Black, Conrad
* **Duplessis, T.2 - Le pouvoir,** Black, Conrad
* **Ed Broadbent - La conquête obstinée du pouvoir,** Steed, Judy
* **Establishment canadien, L',** Newman, Peter C.
* **Larry Robinson,** Robinson, Larry et Goyens, Chrystian
* **Michel Robichaud - Monsieur Mode,** Charest, Nicole
* **Monopole, Le,** Francis, Diane
* **Nouveaux riches, Les,** Newman, Peter C.
* **Paul Desmarais - Un homme et son empire,** Greber, Dave
* **Plamondon - Un cœur de rockeur,** Godbout, Jacques
* **Prince de l'Église, Le,** Lachance, Micheline
* **Québec Inc.,** Fraser, M.
* **Rick Hansen - Vivre sans frontières,** Hansen, Rick et Taylor, Jim
* **Saga des Molson, La,** Woods, Shirley
* **Sous les arches de McDonald's,** Love, John F.
* **Trétiak, entre Moscou et Montréal,** Trétiak, Vladislav

BIOGRAPHIES

* **Une femme au sommet - Son excellence Jeanne Sauvé,** Woods, Shirley E.

CARRIÈRE/VIE PROFESSIONNELLE

* **Choix de carrières, T.1,** Milot, Guy
* **Choix de carrières, T.2,** Milot, Guy
* **Choix de carrières, T.3,** Milot, Guy
Comment rédiger son curriculum vitae, Brazeau, Julie
Guide du succès, Le, Hopkins, Tom
* **Je cherche un emploi,** Brazeau, Julie
Parlez pour qu'on vous écoute, Brien, Michèle
Relations publiques, Les, Doin, Richard et Lamarre, Daniel
Techniques de vente par téléphone, Porterfield, J.-D.
* **Test d'aptitude pour choisir sa carrière,** Barry, Linda et Gale
Une carrière sur mesure, Lemyre-Desautels, Denise
Vente, La, Hopkins, Tom

CUISINE

* **À table avec Sœur Angèle,** Sœur Angèle
* **Art d'apprêter les restes, L',** Lapointe, Suzanne
Barbecue, Le, Dard, Patrice
* **Biscuits, brioches et beignes,** Saint-Pierre, A.
* **Boîte à lunch, La,** Lambert-Lagacé, Louise
Brunches et petits déjeuners en fête, Bergeron, Yolande
100 recettes de pain faciles à réaliser, Saint-Pierre, Angéline
* **Confitures, Les,** Godard, Misette
Congélation de A à Z, La, Hood, Joan
Congélation des aliments, La, Lapointe, Suzanne
Conserves, Les, Sœur Berthe
Crème glacée et sorbets, Lebuis, Yves et Pauzé, Gilbert
Crêpes, Les, Letellier, Julien
Cuisine au wok, Solomon, Charmaine
Cuisine aux micro-ondes 1 et 2 portions, Marchand, Marie-Paul
* **Cuisine chinoise traditionnelle, La,** Chen, Jean
* **Cuisine créative Campbell, La,** Cie Campbell
Cuisine facile aux micro-ondes, Saint-Amour, Pauline
* **Cuisine joyeuse de Sœur Angèle, La,** Sœur Angèle
Cuisine micro-ondes, La, Benoît, Jehane
* **Cuisine santé pour les aînés,** Hunter, Denyse
Cuisiner avec le four à convection, Benoît, Jehane
* **Cuisiner avec les champignons sauvages du Québec,** Leclerc, Claire L.
Faire son pain soi-même, Murray Gill, Janice
* **Faire son vin soi-même,** Beaucage, André
Fine cuisine aux micro-ondes, La, Dard, Patrice
Fondues et flambées de maman Lapointe, Lapointe, Suzanne
Fondues, Les, Dard, Patrice
Je me débrouille en cuisine, Richard, Diane
Livre du café, Le, Letellier, Julien
Menus pour recevoir, Letellier, Julien
Muffins, Les, Clubb, Angela
Nouvelle cuisine micro-ondes I, La, Marchand, Marie-Paul et Grenier, Nicole
Nouvelles cuisine micro-ondes II, La, Marchand, Marie-Paul et Grenier, Nicole
Omelettes, Les, Letellier, Julien
Pâtes, Les, Letellier, Julien
* **Pâtisserie, La,** Bellot, Maurice-Marie
* **Recettes au blender,** Huot, Juliette
* **Recettes de gibier,** Lapointe, Suzanne
* **Robot culinaire, Le,** Martin, Pol

DIÉTÉTIQUE

Combler ses besoins en calcium, Hunter, Denyse
* **Compte-calories, Le,** Brault-Dubuc, M. et Caron Lahaie, L.
* **Cuisine du monde entier avec Weight Watchers,** Weight Watchers
Cuisine sage, Une, Lambert-Lagacé, Louise
Défi alimentaire de la femme, Le, Lambert-Lagacé, Louise
* **Diète Rotation, La,** Katahn, Dr Martin
* **Diététique dans la vie quotidienne,** Lambert-Lagacé, Louise
Livre des vitamines, Le, Mervyn, Leonard
Menu de santé, Lambert-Lagacé, Louise
Oubliez vos allergies, et... bon appétit, Association de l'information sur les allergies
* **Petite et grande cuisine végétarienne,** Bédard, Manon
* **Plan d'attaque Weight Watchers, Le,** Nidetch, Jean
* **Plan d'attaque Plus Weight Watchers, Le,** Nidetch, Jean
* **Régimes pour maigrir,** Beaudoin, Marie-Josée
Sage bouffe de 2 à 6 ans, La, Lambert-Lagacé, Louise
* **Weight Watchers - Cuisine rapide et savoureuse,** Weight Watchers
* **Weight Watchers - Agenda 85 - Français,** Weight Watchers
* **Weight Watchers - Agenda 85 - Anglais,** Weight Watchers
* **Weight Watchers - Programme - Succès Rapide,** Weight Watchers

ENFANCE

* **Aider son enfant en maternelle,** Pedneault-Pontbriand, Louise
Années clés de mon enfant, Les, Caplan, Frank et Thérèsa
Art de l'allaitement maternel, L', Ligue internationale La Leche
Avoir un enfant après 35 ans, Robert, Isabelle
Bientôt maman, Whalley, J., Simkin, P. et Keppler, A.
Comment nourrir son enfant, Lambert-Lagacé, Louise
Deuxième année de mon enfant, La, Caplan, Frank et Thérèsa
Développement psychomoteur du bébé, Calvet, Didier
Douze premiers mois de mon enfant, Les, Caplan, Frank
* **En attendant notre enfant,** Pratte-Marchessault, Yvette
* **Enfant unique, L',** Peck, Ellen
Évoluer avec ses enfants, Gagné, Pierre-Paul
Exercices aquatiques pour les futures mamans, Dussault, J. et Demers, C.
* **Femme enceinte, La,** Bradley, Robert A.
* **Futur père,** Pratte-Marchessault, Yvette
Jouons avec les lettres, Doyon-Richard, Louise
Langage de votre enfant, Le, Langevin, Claude
Mal des mots, Le, Thériault, Denise
Manuel Johnson et Johnson des premiers soins, Le, Rosenberg, Dr Stephen N.
Massage des bébés, Le, Auckette, Amédia D.
Mon enfant naîtra-t-il en bonne santé? Scher, Jonathan et Dix, Carol
* **Pour bébé, le sein ou le biberon?** Pratte-Marchessault, Yvette
* **Pour vous future maman,** Sekely, Trude
Préparez votre enfant à l'école, Doyon-Richard, Louise
Psychologie de l'enfant de 0 à 10 ans, Cholette-Pérusse, Françoise
Respirations et positions d'accouchement, Dussault, Joanne
Soins de la première année de bébé, Les, Kelly, Paula
Tout se joue avant la maternelle, Ibuka, Masaru

ÉSOTÉRISME

Avenir dans les feuilles de thé, L,
Fenton, Sasha
Graphologie, La, Santoy, Claude
Interprétez vos rêves, Stanké, Louis
Lignes de la main, Stanké, Louis
Lire dans les lignes de la main,
Morin, Michel
Vos rêves sont des miroirs, Cayla, Henri
Votre avenir par les cartes,
Stanké, Louis

HISTOIRE

* **Arrivants, Les,** Collectif
* **Civilisation chinoise, La,** Guay, Michel
* **Or des cavaliers thraces, L',**
Palais de la civilisation
* **Samuel de Champlain,**
Armstrong, Joe C.W.

JARDINAGE

* **Chasse-insectes pour jardins, Le,**
Michaud, O.
* **Comment cultiver un jardin potager,**
Trait, J.-C.
* **Encyclopédie du jardinier,**
Perron, W. H.
* **Guide complet du jardinage,**
Wilson, Charles
J'aime les azalées, Deschênes, Josée
J'aime les cactées, Lamarche, Claude
J'aime les rosiers, Pronovost, René
J'aime les tomates, Berti, Victor
J'aime les violettes africaines,
Davidson, Robert
Jardin d'herbes, Le, Prenis, John
* **Je me débrouille en aménagement extérieur,** Bouillon, Daniel et Boisvert, Claude
* **Petite ferme, T.2- Jardin potager,**
Trait, Jean-Claude
* **Plantes d'intérieur, Les,** Pouliot, Paul
* **Techniques de jardinage, Les,**
Pouliot, Paul
Terrariums, Les, Kayatta, Ken

JEUX/DIVERTISSEMENTS

* **Améliorons notre bridge,**
Durand, Charles
* **Bridge, Le,** Beaulieu, Viviane
* **Clés du scrabble, Les,** Sigal, Pierre A.
Dictionnaire des mots croisés, noms communs, Lasnier, Paul
Dictionnaire des mots croisés, noms propres, Piquette, Robert
Dictionnaire raisonné des mots croisés,
Charron, Jacqueline
* **Jouons ensemble,** Provost, Pierre
Livre des patiences, Le, Bezanovska, M. et Kitchevats, P.
Monopoly, Orbanes, Philip
* **Ouverture aux échecs,** Coudari, Camille
* **Scrabble, Le,** Gallez, Daniel
Techniques du billard, Morin, Pierre

LINGUISTIQUE

Anglais par la méthode choc, L',
Morgan, Jean-Louis
J'apprends l'anglais, Sillicani, Gino et Grisé-Allard, Jeanne
* **Secrétaire bilingue, La,** Lebel, Wilfrid

LIVRES PRATIQUES

* **Acheter ou vendre sa maison,** Brisebois, Lucille
* **Assemblées délibérantes, Les,** Girard, Francine
Chasse-insectes dans la maison, Le, Michaud, O.
Chasse-taches, Le, Cassimatis, Jack
* **Comment réduire votre impôt,** Leduc-Dallaire, Johanne
* **Guide de la haute-fidélité, Le,** Prin, Michel
Je me débrouille en aménagement intérieur, Bouillon, Daniel et Boisvert, Claude
Livre de l'étiquette, Le, du Coffre, Marguerite
* **Loi et vos droits, La,** Marchand, Me Paul-Émile
* **Maîtriser son doigté sur un clavier,** Lemire, Jean-Paul
* **Mécanique de mon auto, La,** Time-Life
* **Mon automobile,** Collège Marie-Victorin et Gouv. du Québec
Notre mariage (étiquette et planification), du Coffre, Marguerite
* **Petits appareils électriques,** Collaboration
Petit guide des grands vins, Le, Orhon, Jacques
* **Piscines, barbecues et patio,** Collaboration
* **Roulez sans vous faire rouler, T.3,** Edmonston, Philippe
Séjour dans les auberges du Québec, Cazelais, Normand et Coulon, Jacques
Se protéger contre le vol, Kabundi, Marcel et Normandeau, André
* **Tout ce que vous devez savoir sur le condominium,** Dubois, Robert
Univers de l'astronomie, L', Tocquet, Robert
Week-end à New York, Tavernier-Cartier, Lise

MUSIQUE

Chant sans professeur, Le, Hewitt, Graham
Guitare, La, Collins, Peter
Guitare sans professeur, La, Evans, Roger
Piano sans professeur, Le, Evans, Roger
Solfège sans professeur, Le, Evans, Roger

NOTRE TRADITION

* **Encyclopédie du Québec, T.2,** Landry, Louis
Généalogie, La, Faribeault-Beauregard, M. et Beauregard Malak, E.
* **Maison traditionnelle au Québec, La,** Lessard, Michel
* **Moulins à eau de la vallée du Saint-Laurent, Les,** Villeneuve, Adam
* **Sculpture ancienne au Québec, La,** Porter, John R. et Bélisle, Jean
* **Temps des fêtes au Québec, Le,** Montpetit, Raymond

PHOTOGRAPHIE

Apprenez la photographie avec Antoine Désilets, Désilets, Antoine
8/Super 8/16, Lafrance, André
Fabuleuse lumière canadienne, Hines, Sherman
* **Initiation à la photographie,** London, Barbara
* **Initiation à la photographie-Canon,** London, Barbara
* **Initiation à la photographie-Minolta,** London, Barbara
* **Initiation à la photographie-Nikon,** London, Barbara

PHOTOGRAPHIE

* **Initiation à la photographie-Olympus,** London, Barbara
* **Initiation à la photographie-Pentax,** London, Barbara

Photo à la portée de tous, La, Désilets, Antoine

PSYCHOLOGIE

Aider mon patron à m'aider, Houde, Eugène
* **Amour de l'exigence à la préférence, L',** Auger, Lucien
Apprivoiser l'ennemi intérieur, Bach, Dr G. et Torbet, L.
Art d'aider, L', Carkhuff, Robert R.
Auto-développement, L', Garneau, Jean
* **Bonheur au travail, Le,** Houde, Eugène
Bonheur possible, Le, Blondin, Robert
Ces hommes qui méprisent les femmes... et les femmes qui les aiment, Forward, Dr S. et Torres, J.
Changer ensemble, les étapes du couple, Campbell, Suzan M.
Chimie de l'amour, La, Liebowitz, Michael
Comment animer un groupe, Office Catéchèse
Comment déborder d'énergie, Simard, Jean-Paul
Communication dans le couple, La, Granger, Luc
Communication et épanouissement personnel, Auger, Lucien
Contact, Zunin, L. et N.
Découvrir un sens à sa vie avec la logo-thérapie, Frankl, D^r^ V.
* **Dynamique des groupes,** Aubry, J.-M. et Saint-Arnaud, Y.
Élever des enfants sans perdre la boule, Auger, Lucien
Enfants de l'autre, Les, Paris, Erna
Être soi-même, Corkille Briggs, D.
Facteur chance, Le, Gunther, Max
Infidélité, L', Leigh, Wendy
Intuition, L', Goldberg, Philip
* **J'aime,** Saint-Arnaud, Yves
Journal intime intensif, Le, Progoff, Ira
Mensonge amoureux, Le, Blondin, Robert
Parce que je crois aux enfants, Ruffo, Andrée
Parle-moi... j'ai des choses à te dire, Salomé, Jacques
Perdant / Gagnant - Réussissez vos échecs, Hyatt, Carole et Gottlieb, Linda
* **Personne humaine, La ,** Saint-Arnaud, Yves
* **Plaisirs du stress, Les,** Hanson, Dr Peter, G.
Pourquoi l'autre et pas moi? - Le droit à la jalousie, Auger, Dr Louise
Prévenir et surmonter la déprime, Auger, Lucien
* **Prévoir les belles années de la retraite,** D. Gordon, Michael
* **Psychologie de l'amour romantique,** Branden, D^r^ N.
Puissance de l'intention, La, Leider, R.-J.
S'affirmer et communiquer, Beaudry, Madeleine et Boisvert, J.R.
S'aider soi-même, Auger, Lucien
S'aider soi-même d'avantage, Auger, Lucien
* **S'aimer pour la vie,** Wanderer, Dr Zev
Savoir organiser, savoir décider, Lefebvre, Gérald
Savoir relaxer pour combattre le stress, Jacobson, Dr Edmund
Se changer, Mahoney, Michael
Se comprendre soi-même par les tests, Collectif
Se connaître soi-même, Artaud, Gérard
Se créer par la Gestalt, Zinker, Joseph
* **Se guérir de la sottise,** Auger, Lucien
Si seulement je pouvais changer! Lynes, P.
Tendresse, La, Wolfl, N.
Vaincre ses peurs, Auger, Lucien
Vivre avec sa tête ou avec son cœur, Auger, Lucien

ROMANS/ESSAIS/DOCUMENTS

* **Baie d'Hudson, La,** Newman, Peter, C.
* **Conquérants des grands espaces, Les,** Newman, Peter, C.
* **Des Canadiens dans l'espace**, Dotto, Lydia
* **Dieu ne joue pas aux dés,** Laborit, Henri
* **Frères divorcés, Les**, Godin, Pierre
* **Insolences du Frère Untel, Les,** Desbiens, Jean-Paul
* **J'parle tout seul**, Coderre, Émile

Option Québec, Lévesque, René
* **Oui,** Lévesque, René
* **Provigo,** Provost, René et Chartrand, Maurice

Sur les ailes du temps (Air Canada), Smith, Philip
* **Telle est ma position,** Mulroney, Brian
* **Trois semaines dans le hall du Sénat,** Hébert, Jacques
* **Un second souffle,** Hébert, Diane

SANTÉ/BEAUTÉ

* **Ablation de la vésicule biliaire, L',** Paquet, Jean-Claude
* **Ablation des calculs urinaires, L',** Paquet, Jean-Claude
* **Ablation du sein, L',** Paquet, Jean-claude
* **Allergies, Les,** Delorme, Dr Pierre

Bien vivre sa ménopause, Gendron, Dr Lionel
Charme et sex-appeal au masculin, Lemelin, Mireille
Chasse-rides, Leprince, C.
* **Chirurgie vasculaire, La,** Paquet, Jean-Claude

Comment devenir et rester mince, Mirkin, Dr Gabe
De belles jambes à tout âge, Lanctôt, D^r G.
* **Dialyse et la greffe du rein, La**, Paquet, Jean-Claude

Être belle pour la vie, Bronwen, Meredith
Glaucomes et les cataractes, Les, Paquet, Jean-Claude
* **Grandir en 100 exercices,** Berthelet, Pierre
* **Hernies discales, Les,** Paquet, Jean-Claude

Hystérectomie, L', Alix, Suzanne
Maigrir: La fin de l'obsession, Orbach, Susie
* **Malformations cardiaques congénitales, Les,** Paquet, Jean-Claude

Maux de tête et migraines, Meloche, Dr J. , Dorion, J.
Perdre son ventre en 30 jours H-F, Burstein, Nancy et Roy, Matthews
* **Pontage coronarien, Le,** Paquet, Jean-Claude
* **Prothèses d'articulation,** Paquet, Jean-Claude
* **Redressements de la colonne,** Paquet, Jean-Claude
* **Remplacements valvulaires, Les,** Paquet, Jean-Claude

Ronfleurs, réveillez-vous, Piché, Dr J. et Delage, J.
Syndrome prémenstruel, Le, Shreeve, Dr Caroline
Travailler devant un écran, Feeley, Dr Helen
30 jours pour avoir de beaux cheveux, Davis, Julie
30 jours pour avoir de beaux ongles, Bozic, Patricia
30 jours pour avoir de beaux seins, Larkin, Régina
30 jours pour avoir de belles fesses, Cox, D. et Davis, Julie
30 jours pour avoir un beau teint, Zizmon, Dr Jonathan
30 jours pour cesser de fumer, Holland, Gary et Weiss, Herman
30 jours pour mieux s'organiser, Holland, Gary
30 jours pour redevenir un couple amoureux, Nida, Patricia et Cooney, Kevin
30 jours pour un plus grand épanouissement sexuel, Schneider, A.
Vos dents, Kandelman, Dr Daniel
Vos yeux, Chartrand, Marie et Lepage-Durand, Micheline

SEXUALITÉ

Contacts sexuels sans risques, I.A.S.H.S.

* **Guide illustré du plaisir sexuel,** Corey, Dr Robert et Helg, E.

Ma sexualité de 0 à 6 ans, Robert, Jocelyne

Ma sexualité de 6 à 9 ans, Robert, Jocelyne

Ma sexualité de 9 à 12 ans, Robert, Jocelyne

Mille et une bonnes raisons pour le convaincre d'enfiler un condom et pourquoi c'est important pour vous..., Bretman, Patti, Knutson, Kim et Reed, Paul

* **Nous on en parle,** Lamarche, M. et Danheux, P.

Pour jeunes seulement, photoroman d'éducation à la sexualité, Robert, Jocelyne

Sexe au féminin, Le, Kerr, Carmen

Sexualité du jeune adolescent, La, Gendron, Lionel

Shiatsu et sensualité, Rioux, Yuki

* **100 trucs de billard,** Morin, Pierre

SPORTS

Apprenez à patiner, Marcotte, Gaston

Arc et la chasse, L', Guardo, Greg

Armes de chasse, Les, Petit-Martinon, Charles

Badminton, Le, Corbeil, Jean

* **Canadiens de 1910 à nos jours, Les,** Turowetz, Allan et Goyens, C.

Carte et boussole, Kjellstrom, Bjorn

Comment se sortir du trou au golf, Brien, Luc

Comment vivre dans la nature, Rivière, Bill

Corrigez vos défauts au golf, Bergeron, Yves

* **Curling, Le,** Lukowich, E.

De la hanche aux doigts de pieds, Schneider, Myles J. et Sussman, Mark D.

Devenir gardien de but au hockey, Allaire, François

Golf au féminin, Le, Bergeron, Yves

Grand livre des sports, Le, Groupe Diagram

Guide complet de la pêche à la mouche, Le, Blais, J.-Y.

Guide complet du judo, Le, Arpin, Louis

Guide complet du self-defense, Le, Arpin, Louis

Guide de l'alpinisme, Le, Cappon, Massimo

Guide de la survie de l'armée américaine, Le, Collectif

Guide des jeux scouts, Association des scouts

Guide du trappeur, Le, Provencher, Paul

Initiation à la planche à voile, Wulff, D. et Morch, K.

J'apprends à nager, Lacoursière, Réjean

Je me débrouille à la chasse, Richard, Gilles et Vincent, Serge

Je me débrouille à la pêche, Vincent, Serge

Je me débrouille à vélo, Labrecque, Michel et Boivin, Robert

Je me débrouille dans une embarcation, Choquette, Robert

Jogging, Le, Chevalier, Richard

* **Jouez gagnant au golf,** Brien, Luc

* **Larry Robinson, le jeu défensif,** Robinson, Larry

Manuel de pilotage, Transport Canada

Marathon pour tous, Le, Anctil, Pierre

Maxi-performance, Garfield, Charles A. et Bennett, Hal Zina

Mon coup de patin, Wild, John

Musculation pour tous, La, Laferrière, Serge

* **Partons en camping,** Satterfield, Archie et Bauer, Eddie

Partons sac au dos, Satterfield, Archie et Bauer, Eddie

Passes au hockey, Chapleau, Claude

Pêche à la mouche, La, Marleau, Serge

Pêche à la mouche, Vincent, Serge

Planche à voile, La, Maillefer, Gérard

Programme XBX, Aviation Royale du Canada

Racquetball, Corbeil, Jean

Racquetball plus, Corbeil, Jean

Rivières et lacs canotables, Fédération québécoise du canot-camping

S'améliorer au tennis, Chevalier Richard

Saumon, Le, Dubé, J.-P.

SPORTS

Secrets du baseball, Les, Raymond, Claude
Ski de randonnée, Le, Corbeil, Jean
Taxidermie, La, Labrie, Jean
Taxidermie moderne, La, Labrie, Jean
Techniques du billard, Morin, Pierre
Techniques du golf, Brien, Luc
Techniques du hockey en URSS, Dyotte, Guy
Techniques du ski alpin, Campbell, S., Lundberg, M.
Techniques du tennis, Ellwanger
Tennis, Le, Roch, Denis
* **Viens jouer**, Villeneuve, Michel José
Vivre en forêt, Provencher, Paul
Volley-ball, Le, Fédération de volley-ball

ÉSOTÉRISME

Astrologie pratique, L', Reinicke, Wolfgang
Grand livre de la cartomancie, Le, Von Lentner, G.
Grand livre des horoscopes chinois, Le, Lau, Theodora
* **Horoscope chinois,** Del Sol, Paula
Lu dans les cartes, Jones, Marthy
Synastrie, La, Thornton, Penny
Traité d'astrologie, Hirsig, H.

GUIDES PRATIQUES/JEUX/LOISIRS

* **1,500 prénoms et significations,** Grisé-Allard, J.
* **Backgammon,** Lesage, D.

NOTRE TRADITION

* **Lettre à un Français qui veut émigrer au Québec**, Dubuc, Carl

PSYCHOLOGIE/VIE AFFECTIVE ET PROFESSIONNELLE

Adieu, Halpern, Dr Howard
Adieu Tarzan, Franks, Helen
Aimer son prochain comme soi-même, Murphy, Dr Joseph
* **Anti-stress, L',** Eylat, Odette
Apprendre à vivre et à aimer, Buscaglia, L.
Art d'engager la conversation et de se faire des amis, L', Gabor, Don
Art de convaincre, L', Heinz, Ryborz
* **Art d'être égoïste, L',** Kirschner, Joseph
Autre femme, L', Sévigny, Hélène
Bains flottants, Les, Hutchison, Michael
Ces hommes qui ne communiquent pas, Naifeh S. et White, S.G.
Ces vérités vont changer votre vie, Murphy, Dr Joseph
Comment aimer vivre seul, Shanon, Lynn
Comment dominer et influencer les autres, Gabriel, H.W.
Comment faire l'amour à la même personne pour le reste de votre vie!, O'Connor, D.
Comment faire l'amour à une femme, Morgenstern, M.
Comment faire l'amour à un homme, Penney, A.
Comment faire l'amour ensemble, Penney, A.
Contacts en or avec votre clientèle, Sapin Gold, Carol
Contrôle de soi par la relaxation, Le, Marcotte, Claude
Dire oui à l'amour, Buscaglia, Léo
* **Famille moderne et son avenir, La,** Richards, Lyn
Femme de demain, Keeton, K.
Gestalt, La, Polster, Erving
Homme au dessert, Un, Friedman, Sonya
Homme nouveau, L', Bodymind, Dychtwald Ken
Influence de la couleur, L', Wood, Betty
Jeux de nuit, Bruchez, C.
Maigrir sans obsession, Orbach, Susie
Maîtriser son destin, Kirschner, Joseph
Massage en profondeur, Le, Painter, J., Bélair, M.
Mémoire, La, Loftus, Élizabeth
* **Mémoire à tout âge, La,** Dereskey, Ladislaus
Miracle de votre esprit, Le, Murphy, Dr Joseph
Négocier entre vaincre et convaincre, Warschaw, Dr Tessa
On n'a rien pour rien, Vincent, Raymond
Oracle de votre subconscient, L', Murphy, Dr Joseph

PSYCHOLOGIE/VIE AFFECTIVE ET PROFESSIONNELLE

Passion du succès, La, Vincent, R.
Pensée constructive et bon sens, La, Vincent, Raymond
* **Personnalité, La,** Buscaglia, Léo
Petit répertoire des excuses, Le, Charbonneau, C., Caron, N.
Pourquoi remettre à plus tard?, Burka, Jane B., Yuen, L.M.
Pouvoir de votre cerveau, Le, Brown, Barbara
Puissance de votre subconscient, La, Murphy, Dr Joseph
Réfléchissez et devenez riche, Hill, Napoleon
S'aimer ou le défi des relations humaines, Buscaglia, Léo
Sexualité expliquée aux adolescents, La, Boudreau, Y.
Succès par la pensée constructive, Le, Hill, Napoleon et Stone, W.-C.
Transformez vos faiblesses en force, Bloomfield, Dr Harold
Triomphez de vous-même et des autres, Murphy, Dr Joseph
Univers de mon subconscient, L', Vincent, Raymond
Vaincre la dépression par la volonté et l'action, Marcotte, Claude
Vieillir en beauté, Oberleder, Muriel
Vivre avec les imperfections de l'autre, Janda, Dr Louis H.
Vivre c'est vendre, Chaput, Jean-Marc

ROMANS/ESSAIS

* **Affrontement, L',** Lamoureux, Henri
* **C't'a ton tour Laura Cadieux,** Tremblay, Michel
* **Cœur de la baleine bleue, Le,** Poulin, Jacques
* **Coffret petit jour,** Martucci, Abbé Jean
* **Contes pour buveurs attardés,** Tremblay, Michel
* **De Z à A,** Losique, Serge
* **Femmes et politique,** Cohen, Yolande
* **Il est par là le soleil,** Carrier, Roch
* **Jean-Paul ou les hasards de la vie,** Bellier, Marcel
* **Neige et le feu, La,** Baillargeon, Pierre
* **Objectif camouflé**, Porter, Anna
* **Oslovik fait la bombe,** Oslovik
* **Train de Maxwell, Le,** Hyde, Christopher
* **Vatican -Le trésor de St-Pierre,** Malachi, Martin

SANTÉ

Tao de longue vie, Le, Soo, Chee
Vaincre l'insomnie, Filion, Michel et Boisvert, Jean-Marie

SPORT

* **Guide des rivières du Québec,** Fédération cano-kayac
* **Ski nordique de randonnée,** Brady, Michael

TÉMOIGNAGES

Merci pour mon cancer, De Villemarie, Michelle.

DIVERS

* **Mythe de Nelligan, Le,** Larose, Jean
* **Nouveau Canada à notre mesure,** Matte, René
* **Papineau,** De Lamirande, Claire
* **Personne ne voudrait savoir,** Schirm, François
* **Philosophe chat, Le,** Savoie, Roger
* **Pour une économie du bon sens,** Bailey, Arthur
* **Québec sans le Canada, Le,** Harbron, John D.
* **Qui a tué Blanche Garneau?,** Bertrand, Réal
* **Réformiste, Le,** Godbout, Jacques
* **Relations du travail,** Centre des dirigeants d'entreprise
* **Sauver le monde,** Sanger, Clyde
* **Silences à voix haute,** Harel, Jean-Pierre

LIVRES DE POCHES 10 /10

* **37 1/2 AA,** Leblanc, Louise
* **Aaron,** Thériault, Yves
* **Agaguk,** Thériault, Yves
* **Blocs erratiques,** Aquin, Hubert
* **Bousille et les justes,** Gélinas, Gratien
* **Chère voisine,** Brouillet, Chrystine
* **Cul-de-sac,** Thériault, Yves
* **Demi-civilisés, Les,** Harvey, Jean-Charles
* **Dernier havre, Le,** Thériault, Yves
* **Double suspect, Le,** Monette, Madeleine
* **Faire sa mort comme faire l'amour,** Turgeon, Pierre
* **Fille laide, La,** Thériault, Yves
* **Fuites et poursuites,** Collectif
* **Première personne, La,** Turgeon, Pierre
* **Scouine, La,** Laberge, Albert
* **Simple soldat, Un,** Dubé, Marcel
* **Souffle de l'Harmattan, Le,** Trudel, Sylvain
* **Tayaout,** Thériault, Yves

LIVRES JEUNESSE

* **Marcus, fils de la louve,** Guay, Michel et Bernier, Jean

MÉMOIRES D'HOMME

* **À diable-vent,** Gauthier Chassé, Hélène
* **Barbes-bleues, Les,** Bergeron, Bertrand
* **C'était la plus jolie des filles,** Deschênes, Donald
* **Bête à sept têtes et autres contes de la Mauricie, La,** Legaré, Clément
* **Contes de bûcherons,** Dupont, Jean-Claude
* **Corbeau du Mont-de-la-Jeunesse, Le,** Desjardins, Philémon et Lamontagne, Gilles
* **Guide raisonné des jurons,** Pichette, Jean
* **Menteries drôles et merveilleuses,** Laforte, Conrad
* **Oiseau de la vérité, L',** Aucoin, Gérard
* **Pierre La Fève et autres contes de la Mauricie,** Legaré, Clément

ROMANS/THÉÂTRE

* **1, place du Québec, Paris VIe,** Saint-Georges, Gérard
* **7° de solitude ouest,** Blondin, Robert
* **37 1/2 AA,** Leblanc, Louise
* **Ah! l'amour l'amour,** Audet, Noël
* **Amantes,** Brossard, Nicole
* **Amour venin, L',** Schallingher, Sophie
* **Aube de Suse, L',** Forest, Jean
* **Aventure de Blanche Morti, L',** Beaudin-Beaupré, Aline
* **Baby-boomers,** Vigneault, Réjean
* **Belle épouvante, La,** Lalonde, Robert
* **Black Magic,** Fontaine, Rachel
* **Cœur sur les lèvres, Le,** Beaudin-Beaupré, Aline
* **Confessions d'un enfant d'un demi-siècle,** Lamarche, Claude
* **Coup de foudre,** Brouillet, Chrystine
* **Couvade, La,** Baillie, Robert
* **Danseuses et autres nouvelles, Les,** Atwood, Margaret
* **Double suspect, Le,** Monette, Madeleine
* **Entre temps,** Marteau, Robert
* **Et puis tout est silence,** Jasmin, Claude
* **Été sans retour, L',** Gevry, Gérard
* **Filles de beauté, Des,** Baillie, Robert
* **Fleur aux dents, La,** Archambault, Gilles
* **French Kiss,** Brossard, Nicole
* **Fridolinades, T. 1, (1945-1946),** Gélinas, Gratien
* **Fridolinades, T. 2, (1943-1944),** Gélinas, Gratien
* **Fridolinades, T. 3, (1941-1942),** Gélinas, Gratien
* **Fridolinades, T. 4, (1938-39-40),** Gélinas, Gratien
* **Grand rêve de Madame Wagner, Le,** Lavigne, Nicole
* **Héritiers, Les,** Doyon, Louise
* **Hier, les enfants dansaient,** Gélinas, Gratien
* **Holyoke,** Hébert, François
* **IXE-13,** Saurel, Pierre
* **Jérémie ou le Bal des pupilles,** Gendron, Marc
* **Livre, Un,** Brossard, Nicole
* **Loft Story,** Sansfaçon, Jean-Robert
* **Maîtresse d'école, La,** Dessureault, Guy
* **Marquée au corps,** Atwood, Margaret
* **Mensonge de Maillard, Le,** Lavoie, Gaétan
* **Mémoire de femme, De,** Andersen, Marguerite
* **Mère des herbes, La,** Marchessault, Jovette
* **Mrs Craddock,** Maugham, W. Somerset
* **Nouvelle Alliance, La,** Fortier, Jacques
* **Nuit en solo,** Pollak, Véra
* **Ours, L',** Engel, Marian
* **Passeport pour la liberté,** Beaudet, Raymond
* **Petites violences,** Monette, Madeleine
* **Père de Lisa, Le,** Fréchette, José
* **Plaisirs de la mélancolie,** Archambault, Gilles
* **Pop Corn,** Leblanc, Louise
* **Printemps peut attendre, Le,** Dahan, Andrée
* **Rose-Rouge,** Pollak, Véra
* **Sang de l'or, Le,** Leblanc, Louise
* **Sold Out,** Brossard, Nicole
* **Souffle de l'Harmattan, Le,** Trudel, Sylvain
* **So Uk,** Larche, Marcel
* **Triangle brisé, Le,** Latour, Christine
* **Vaincre sans armes,** Descarries, Michel et Thérèse
* **Y'a pas de métro à Gélude-la-Roche,** Martel, Pierre

Achevé d'imprimer au Canada
Imprimerie Gagné Ltée Louiseville